Richard Goedeke

WANDERN MIT BUS UND BAHN

Harz

Einzigartige Touren zu bedeutenden Orten
und einsamen Naturschönheiten

J. BERG

VORWORT

Liebe Leserinnen und Leser!

Das große Mittelgebirge im Norden Deutschlands ist ein ideales Wanderziel. Für Gelegenheitswanderer ebenso wie für Leute, die häufig und mit Leidenschaft wandern. Die geologische Vielfalt und die unterschiedliche Höhenlage prägen natürliche Lebensgemeinschaften ebenso wie die frühere oder heutige Nutzung von Wald, Acker, Weide und Bergbau.

Es gibt im und am Harz einige kulturell und landschaftlich besondere Orte. Sie sind attraktiv für viele Besucher. Aber vor allem warten weite Bereiche für ruhiges Naturerleben. Immer wieder anders sind aus der Vielfalt von Erdgeschichte, Waldnutzung, Bergbau und Handel vielfältig interessante und oft unverwechselbare schöne Orte entstanden. So können alle, die hierherkommen, passende Ziele für sich finden.

Die natürlichen Systeme vertragen unsere Gewohnheiten von Leben und Konsum in der uns gewohnten Intensität nicht. Es wird immer deutlicher, dass wir unser Leben anders organisieren müssen – auch im Tourismus und darin, wie wir von den großen und kleinen Städten im Umland in dieses Gebirge kommen. Das gewohnte Auto mit seinem enormen Anspruch an Platz, Energie und Emissionen ist ja durchaus ersetzbar und eigentlich überflüssig. Deshalb biete ich hier Vorschläge zum Umdenken und Umgewöhnen. Wandern mit Anreise per öffentlicher Verkehrsmittel, mit Bahn und Bus. Das hat auch handfeste praktische Vorteile.

Die Anreise bleibt unterwegs für alle frei vom Stress des Straßenverkehrs. Das erlaubt den entspannten Blick aus dem Fenster oder lockere Gespräche in der Kleingruppe. Wir können auch mal ganz andere Menschen kennenlernen, denen wir sonst nie begegnen. Außerdem ist Zeit, noch mal etwas zur Tour nachzusehen und sich überhaupt schon auf den Tag draußen zu freuen.

Wir können vom Startpunkt aus zu anderen Zielen gehen und von denen aus direkt nach Hause fahren. Dabei können wir die Route nach unseren Wünschen einrichten: Wollen wir es bequemer und insgesamt abwärts wandern, oder lieber sportlicher und gelenkschonend insgesamt rauf und dafür von weiter oben heimfahren? Wir können quer über einen reizvollen Berg gehen und von der anderen Seite zurückfahren und sind nicht darauf angewiesen, zu unserem fahrbaren Untersatz zurückzukommen. Ganz einfach: Wir können von A nach B gehen.

Wir können Wanderungen parallel zu Verkehrslinien unterwegs nach Wetter,

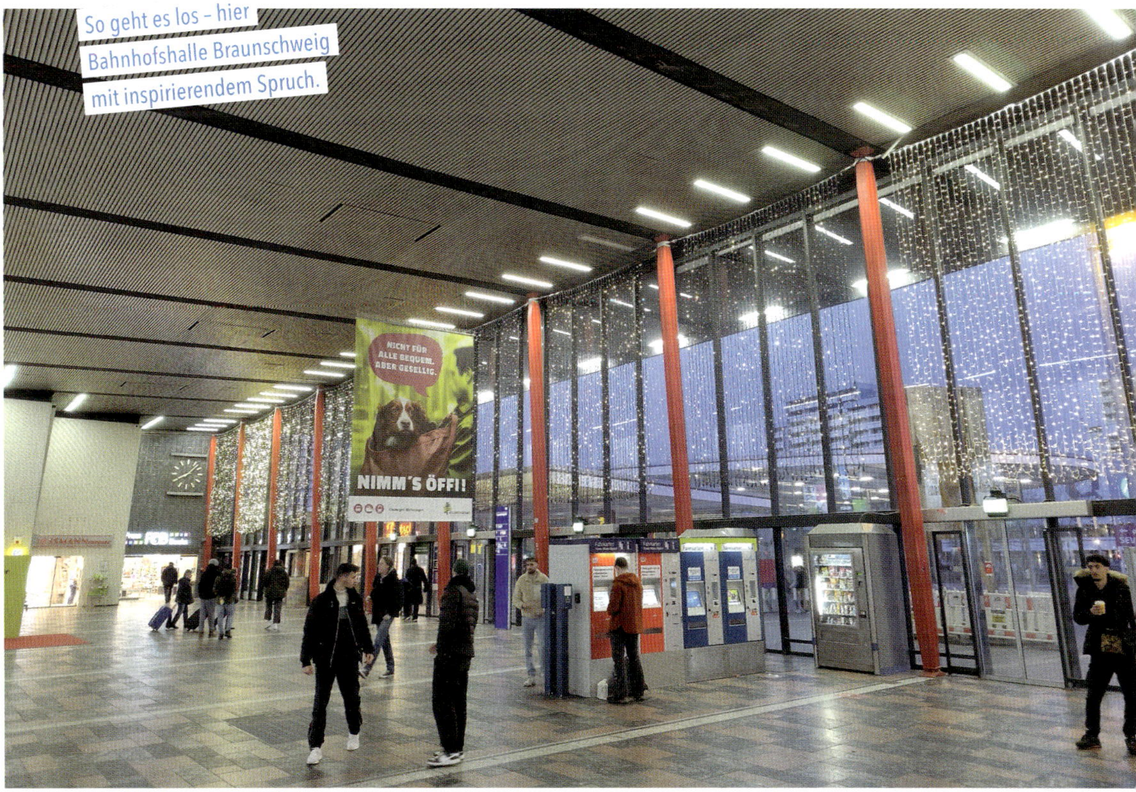

So geht es los – hier Bahnhofshalle Braunschweig mit inspirierendem Spruch.

Tagesform und Laune früher oder auch später als geplant an einem anderen Bahnhof oder Bushalt beenden. Ganz flexibel nur ein Häppchen von einem längeren Wanderweg gehen oder noch ein Stückchen weiter.

Wir können frei vom Auto wandern. Dabei dauert die Anfahrt zwar meist spürbar länger, aber die Gesamtkosten sind deutlich niedriger. Besonders wenn wir als Übernachtungsgast im Harz den ÖV inklusive haben. Oder wenn wir uns Zeitkarten lösen und die Fahrkosten schon bezahlt sind – während beim Auto zu den weit höheren Festkosten für Anschaffung, Abschreibung, Wartung, Steuer und Versicherung noch üppig Sprit und Parkgebühren kommen.

Das Wandern mit ÖV geschieht mit viel kleinerem ökologischem Fußabdruck. Es schenkt ein gutes Gewissen. Was damit an reizvollen und oft völlig neuen Möglichkeiten verbunden ist, beschreibt dieses Buch.

Weil Landschaft und auch Verkehrsangebote sich verändern und ich auch Fehler machen kann, freue ich mich über Hinweise auf Unstimmigkeiten.

Vor allem aber wünsche ich viel Freude unterwegs!

Herzlich,

Richard Goedeke

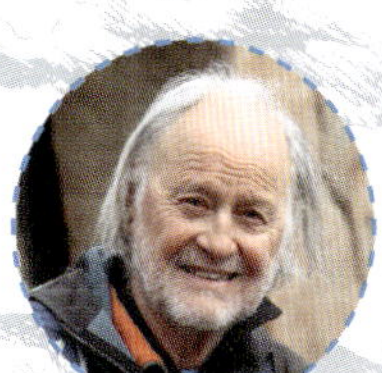

INHALTSVERZEICHNIS

Deine Touren

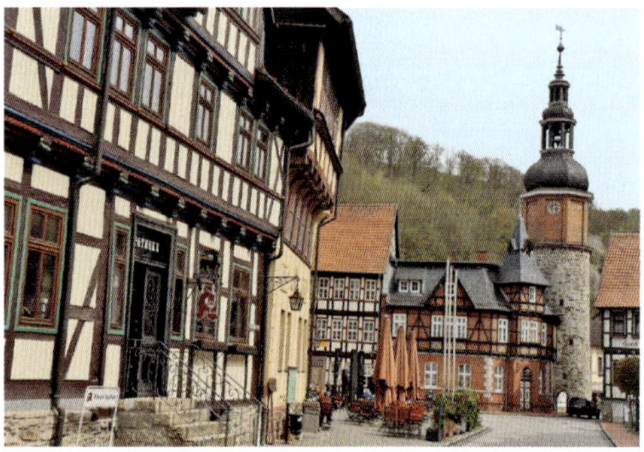

Kulturell besondere Städte

Populäre Lokalitäten

Landschaftliche Kostbarkeiten

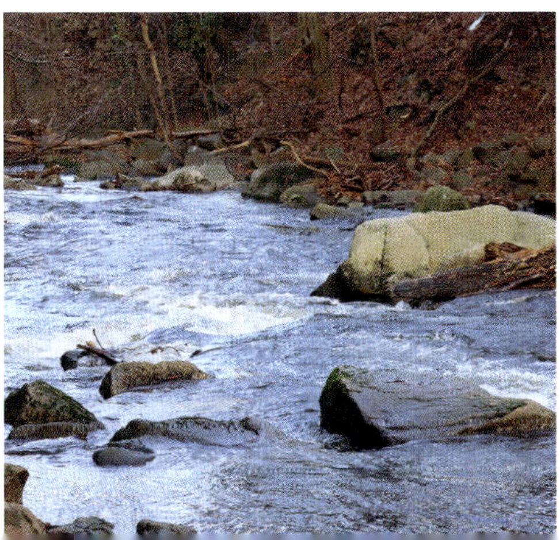

Unterwegs auf den höchsten Berg im Norden

TOUR 10 / SEITE 40

Die Fahrt mit der nostalgieträchtigen und gerade noch ohne Zahnradstrecken auskommenden Brockenbahn ist zu jeder Jahreszeit beliebt. Nur an Wintertagen mit sehr viel Schnee und Sturm schafft der Zug die Route nicht.

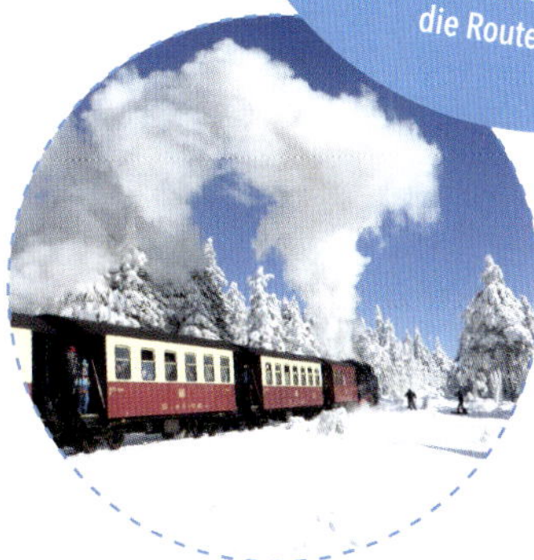

Über einen großen Berg

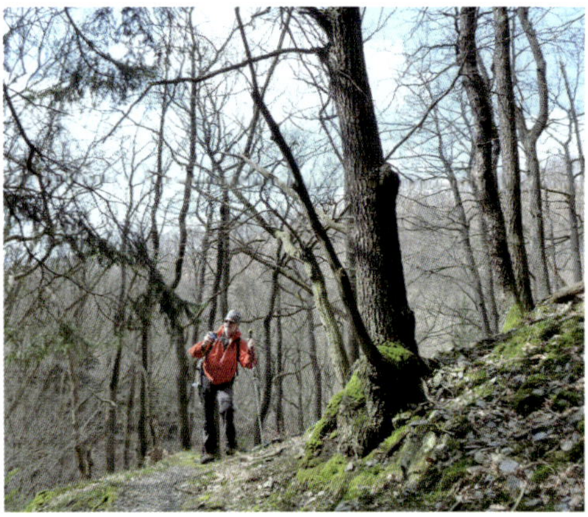

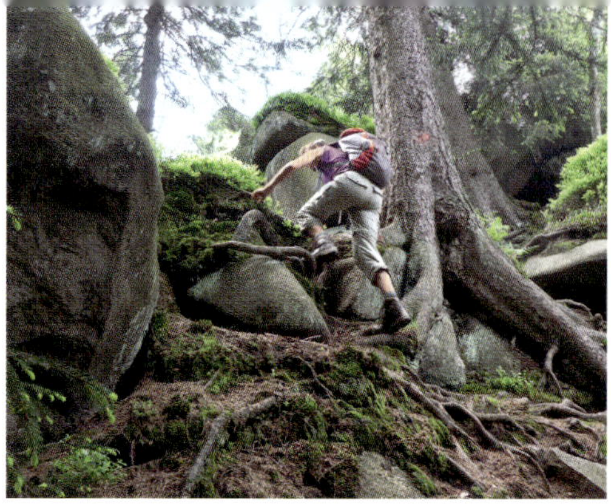

Appetithappen von Fernwanderwegen

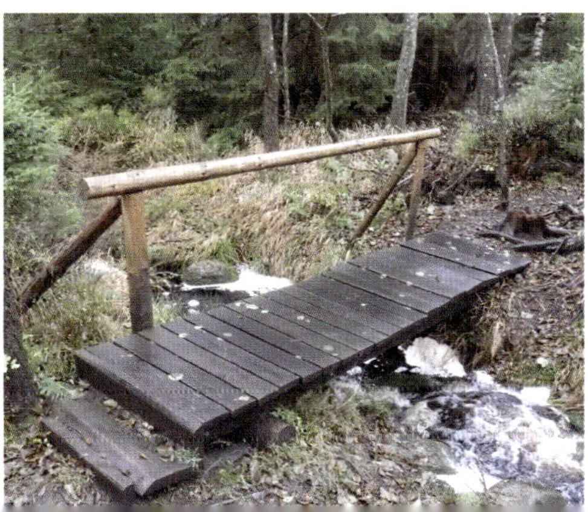

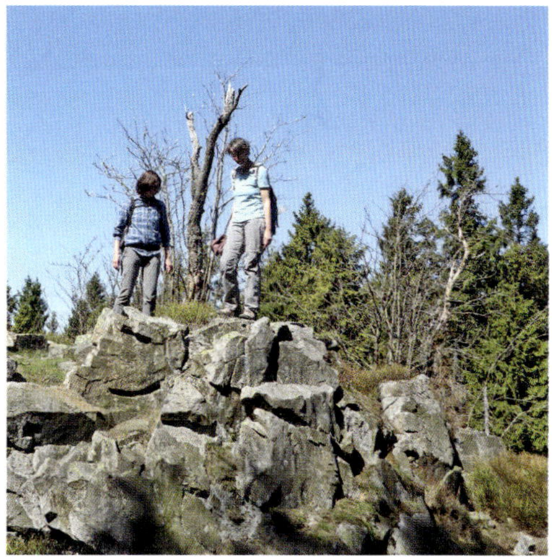

Tourenfinder

Tournummer und -name											
1	Von Goslar bis Rammelsberg	mittel	8 km	200 Hm	3 h	✓	✓		✓		
2	Bürger- und Fürstenpracht	leicht	5 km	50 Hm	3 h	✓	✓	✓	✓		
3	Vom Schlosspark durch die Fachwerkstadt	leicht	5 km	120/200 Hm	3 h	✓	✓	✓	✓	✓	
4	Um die Residenzstadt Stolberg	mittel	2 km + 6,5 km	100 Hm + 300/100 Hm	1 h + 2:30 h	✓	✓	✓	✓		
5	Von Burg Falkenstein nach Ballenstedt	mittel	11 km	250/150 Hm	3:30 h	✓	✓	✓	✓	✓	
6	Hexentanzplatz oder Rosstrappe	mittel	7 km	250 Hm	3-4 h	✓	✓	(✓)	✓		✓
7	Seilbahnberg mit Wanderabstiegen	mittel	7 km	200 Hm (ab)	3 h	✓			✓		✓
8	Von Hahnenklee über den Bocksberg	leicht	4 km	210 Hm	1:30 h	✓	✓	(✓)		✓	✓
9	Alte Harzburg und Luchsgehege	leicht	7,5 km	150 Hm	3 h	✓	✓	✓	✓		✓
10	Der Brocken per Bahn und Spazierrunde	leicht	2 km	60 Hm	1 h	✓	✓	✓	✓		✓
11	Über die Talrandkuppe Hoher Kleef	mittel	2-3 km	100/50 Hm	1:30 h	✓	✓			✓	
12	Einhornhöhle und Ruine Scharzfels	mittel	6,5 km	230 Hm	3 h	✓	✓	(✓)		✓	
13	Von Bad Grund zum HöhlenErlebnisZentrum	mittel	6 km	300/100 Hm	3 h	✓	✓			✓	
14	Im Bodetal von Treseburg nach Thale	mittel	9,5 km	150/80 Hm	3 h	✓				✓	(✓)
15	Vom Okertal zur Käste	mittel	13 km	400/80 Hm	4 h	✓	✓		✓		
16	Von Stieglitzecke nach Clausthal	mittel	15 km	220 Hm (ab)	4 h	✓	✓	✓	✓		
17	Zum Rehberger Graben und Oderteich	mittel	12 km	200 Hm (auf)	3:30 h	✓	✓	✓	✓		
18	Von Drei Annen zur Landmannklippe	schwer	13,5 km	450/690 Hm	5 h	✓	✓		✓		
19	Hinab ins Tal der Ilse	schwer	18 km	300/700 Hm	6 h		✓		✓		
20	Vom Netzkater nach Ilfeld	mittel	9 km	300/350 Hm	4 h		✓			✓	
21	Vom Auerhahn über Schalke und Herzberg	mittel	12 km	180/580 Hm	4 h		✓	✓	✓		
22	Schierke - Brocken - Torfhaus	mittel	14 km	550/370 Hm	4 h	✓	✓	✓	✓		
23	Über das Radautal und Eckertal	schwer	18 km	750/370 Hm	7 h	✓	(✓)	✓	✓		
24	Auf dem Heinrich-Heine-Weg	schwer	20 km	900/370 Hm	9 h	✓	(✓)	✓			
25	Von Oderbrück nach Königskrug	mittel	5 km	150 Hm	2 h	✓	✓	✓	✓		
26	Über die Wolfswarte zum Torfhaus	mittel	10 km	450/200 Hm	3 h	✓	✓	✓	✓		

Tournummer und -name											
27	Von der Stieglitzecke nach Osterode	mittel	18 km	150/700 Hm	5 h	✓	✓	✓	✓		
28	Jordanshöhe - Bad Lauterberg	schwer	19 km	370/800 Hm	6 h	✓	✓	✓	✓		
29	Von Wieda über Stöberhai und Ravensberg	mittel	13 km	390/350 Hm	4 h	✓	✓	✓	✓	✓	
30	Zum Carlsturm und nach Hasselfelde	mittel	9,5 km	200 Hm	3 h	✓	✓	✓	✓		
31	Über die Große Harzhöhe zum Birkenmoor	mittel	9 km + 3 km	250 Hm	3 h + 1 h		✓	✓	✓		
32	Von Güntersberge nach Gernrode	mittel	11 km + 13 km	100/400 Hm	3 h + 4 h	✓	✓	✓		✓	
33	Ilsenburg - Darlingerode - Wernigerode	leicht	12 km	220 Hm	3:30 h	✓	✓	✓		✓	
34	Von Altenau über den Acker nach Sieber	mittel	15 km + 2,5 km	300/500 Hm + 60 Hm	6 h + 1 h	✓	✓	✓	✓		
35	Zwischen Zorge und Wieda	mittel	16 km	150/450 Hm	4-5 h		✓	✓	✓		
36	Von Sophienhof zum Netzkater	mittel	7 km	100/300 Hm	2:30 h	✓	✓	✓		✓	
37	Durch das felsige Tal nach Mägdesprung	mittel	6,5 km + 15 km	180/50 Hm + 50/150 Hm	2:30 h + 4 h	✓	✓	✓	✓	✓	
38	Durch Gipskarstlandschaft nach Ellrich	mittel	11,5 km	150 Hm	3:30 h	✓	✓	✓	✓	✓	
39	Von Osterode zur Clausthaler Hochfläche	mittel	16 km	380/70 Hm	5 h		✓	✓	✓		

Piktogramme erleichtern den Überblick

leicht | mittel | schwer

Weglänge in km

Höhenunterschied Aufstieg/Abstieg in Hm

Gehzeit in h

Einkehr

Sehenswürdigkeit

wintergeeignet

viel Sonne

viel Schatten

Seilbahn

DER WEG IST DAS ZIEL …

Alles, was du wissen musst für deine Tour!

Der Harz zeigt in einprägsamer und weithin ruhiger Landschaft eine Fülle von Sehenswertem und Erfahrenswertem. Natur, Kultur, Geschichte, Sport und Spaßangebote werden in den Wandervorschlägen erwähnt. Wer spezielle Fragen und Interessen hat, kann im Internet viele weitere Vorschläge und Inspirationen finden. Wichtig ist, bei der Tourenwahl zu wissen, dass die hohen Kuppen des Harzes echtes Mittelgebirge sind, mit kühlerem und feuchterem Klima und mit Wurzeln, Blöcken, Felsen und Pfützen. Das verlangt entsprechende Schuhe und Kleidung sowie die Wahl der günstigeren Jahres- und Tageszeiten mit passendem Wetter.

Der Harz wird von **Bahnlinien** vor allem in Goslar, Bad Harzburg, Wernigerode, Blankenburg, Thale, Quedlinburg, Aschersleben und Hettstedt sowie im Westen und Süden in Gittelde, Osterode, Herzberg, Walkenried, Nordhausen, Berga und Sangerhausen erreicht. Von dort gibt es mehrere Tausend Kilometer **Buslinien**. Sie bilden ein erstaunlich engmaschiges Netz zu den einzelnen Orten. Die Hauptlinien werden tagsüber stündlich bedient, die anderen seltener, einige nur jahreszeitlich oder nur über einen vorweg anzumeldenden Rufbus.

Abkürzungen: Bf = Bahnhof, HP = Bedarfshalt Bahn, B = Bushalt, (B) = Bushalt nur zeitweise

Die Angebote der DB und der verschiedenen Verkehrsverbünde sind am besten über die **App DB Navigator** zu finden. Der Navigator gibt die Reiseinformation von einer beliebigen Haltestelle zu einer belie-

Varianten sind meist ruhiger.

Wanderwege parallel zu Verkehrslinien sind ein Sonderangebot für flexibles Wandern häppchenweise statt Powerwandern an einem Stück.

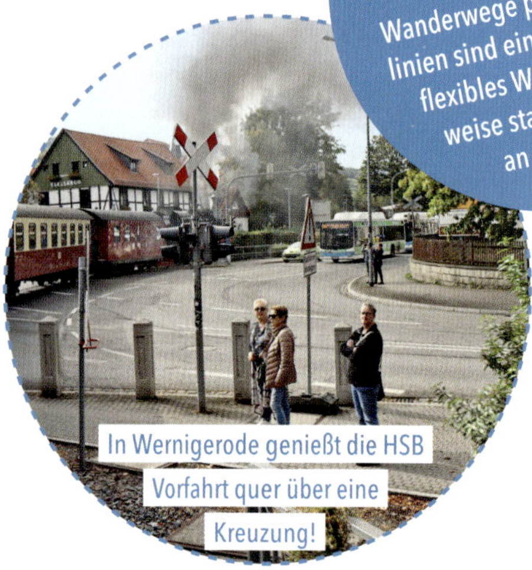

In Wernigerode genießt die HSB Vorfahrt quer über eine Kreuzung!

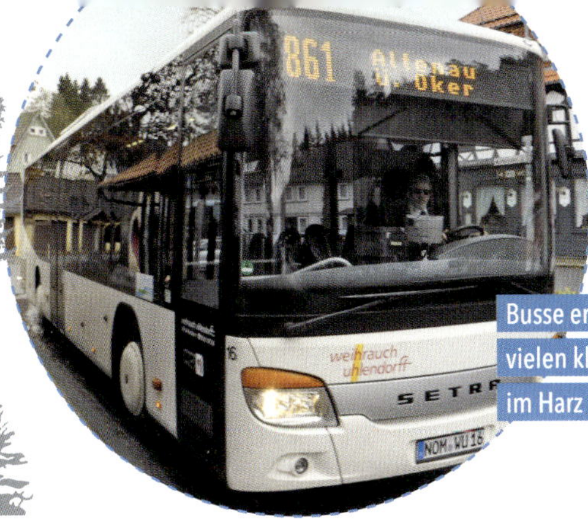

Busse erschließen die vielen kleinen Orte in der Fläche – im Harz meist recht gut!

bigen anderen Haltestelle. Das gilt sowohl für die Planung wie für den aktuellen Zeitpunkt. Im Navigator leider nur stellenweise enthalten sind die Angebote der Harzer Schmalspurbahnen HSB. Deren Fahrpläne sind unter www.hsb-wr.de zu finden.

Im DB Navigator sind der **Startort und der Zielort** einzugeben. Dann zeigt die App aktuell mögliche Verbindungen. Für Planungsanfragen ist in der App zusätzlich zu Start und Ziel extra der Starttag und die Startzeit einzugeben. Mit dem Deutschlandticket können wir sofort losfahren oder bei installierter Zahlverbindung mit dem Smartphone buchen. Wer im Harz übernachtet, bekommt oft gleich die Karte für den Harzer ÖV dazu.

Zur Benutzung des DB Navigators sind die **genauen Bezeichnungen der Haltepunkte** wichtig. Der Navigator macht dazu selbst Vorschläge. Bei häufig vorkommenden Bezeichnungen ist jedoch wichtig, den richtigen dazugehörigen Ort zu wählen. Bei einer vorgeschlagenen Verbindung können auch im Untermenü »Gesamter Fahrtverlauf« alle Haltepunkte der Gesamtstrecke abgelesen werden (die früher zusätzlich gezeigte Karte der Strecke ist leider in der neuen App nicht mehr enthalten).

Fahren mit Bus und Bahn

Die Abfahrtszeiten vom Zielort sind harte Termine. Die rate ich, ganz bieder analog aufzuschreiben. Ebenso alle Reserveverbindungen. Es gibt im Harz auch heute noch Funklöcher.

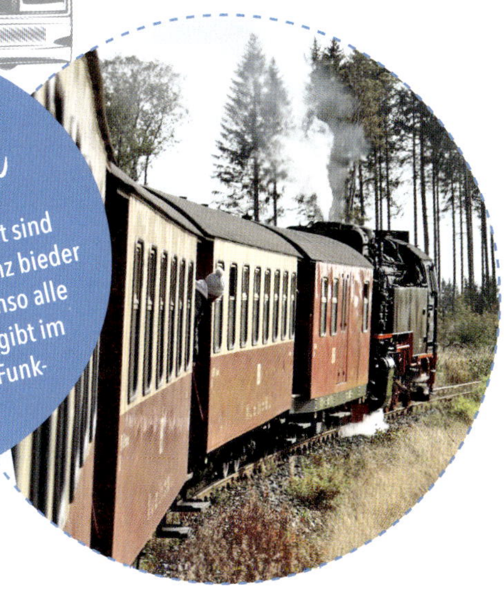

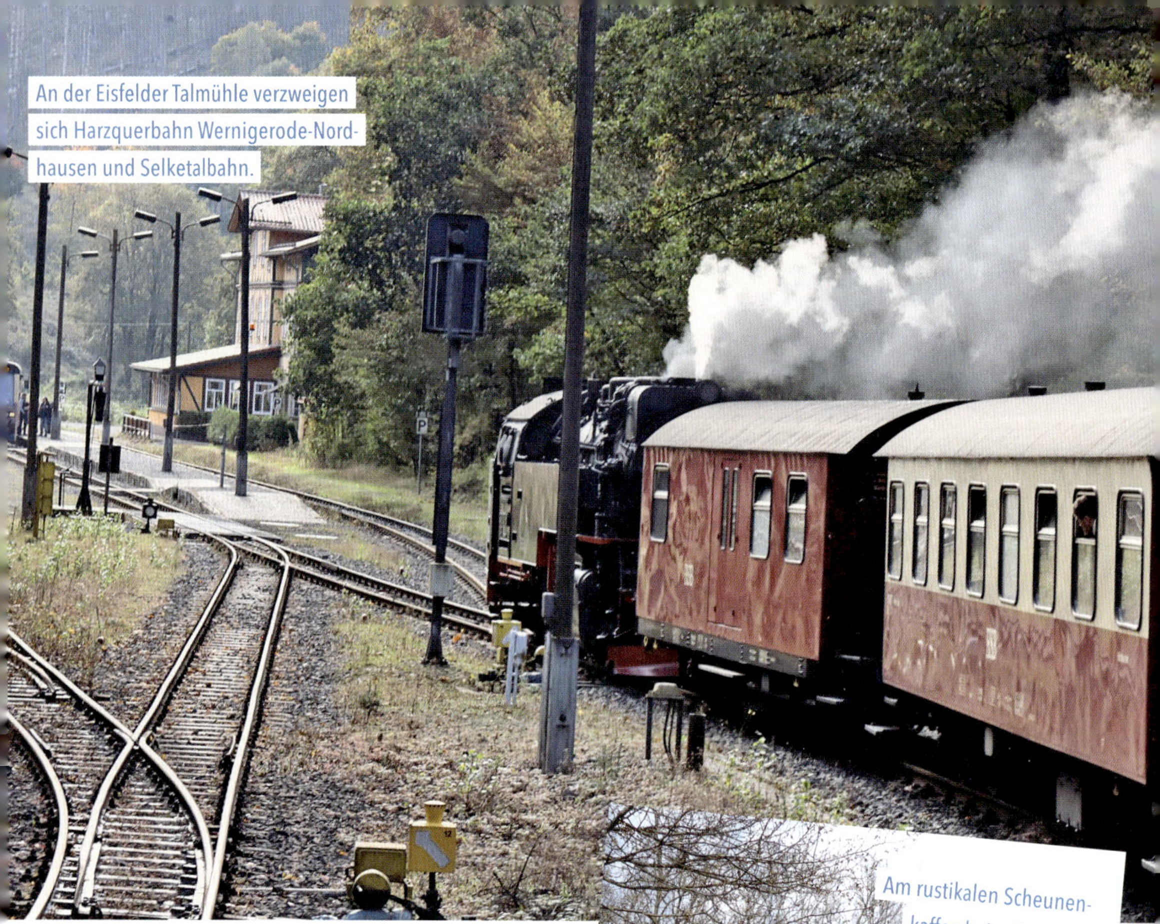

An der Eisfelder Talmühle verzweigen sich Harzquerbahn Wernigerode-Nordhausen und Selketalbahn.

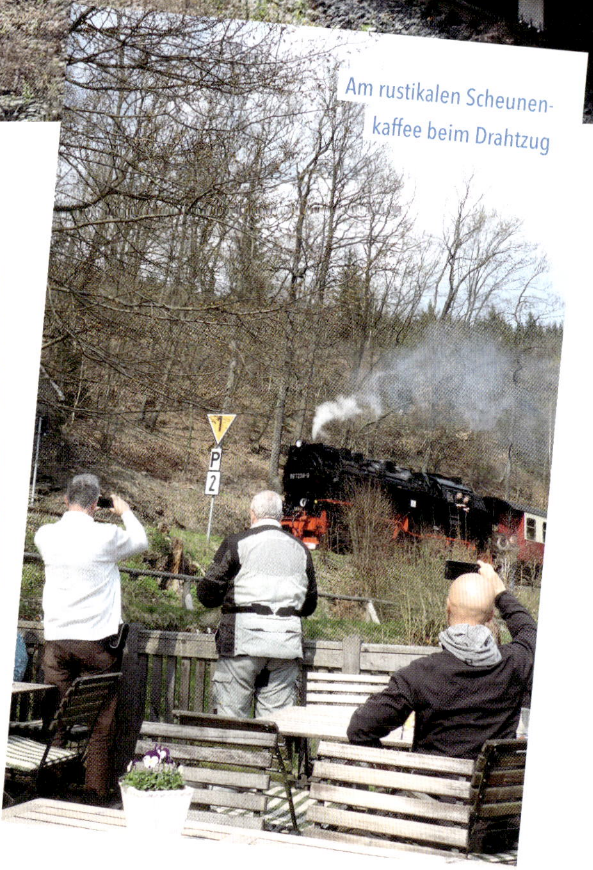

Am rustikalen Scheunenkaffee beim Drahtzug

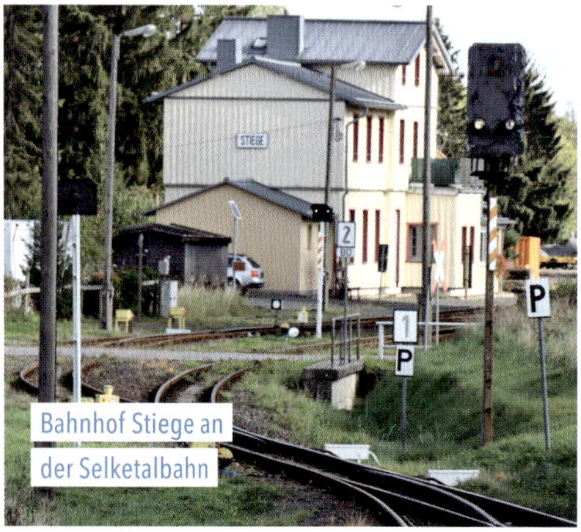

Bahnhof Stiege an der Selketalbahn

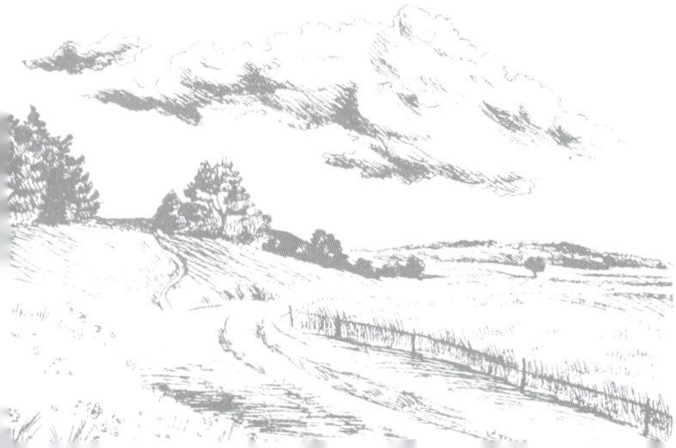

Für unterwegs empfehle ich unbedingt, die **Wanderkarte** auch materiell mitzunehmen. Die hilft auch im Funkloch und zeigt mehr Details. Aktuell am besten ist die mit Wandervereinen und Nationalpark abgeglichene Karte 1:30 000 »Der Harz in vier Teilen« des Verlags Schmidt-Buch. In den Beschreibungen gelten Richtungsangaben wie rechts/links im Sinne der Hauptbewegungsrichtung an dieser Stelle der Tour, oft ergänzt durch die Angaben zur Himmelsrichtung wie südwärts, nordwärts usw.

Die angegebenen **Wanderzeiten** sind Gehzeiten. Die Zeiten für Rasten und Schauen und Noch-da-drüben-Hingehen und Dort-noch-eben-Gucken sind dazuzurechnen. Besonders bei den Angaben zu den Stadtrundgängen und bei Besichtigungen muss das bedacht werden. Obendrein ist klar: Die Abfahrtszeiten der Busse und Bahnen sind harte Termine. Sie sind unverhandelbar und werden auch trotz oftmaligem Gemecker über die Pünktlichkeit von Bahnen und Bussen gewöhnlich gut kalkuliert und eingehalten. Meine Bewunderung für das Personal ist hoch!

Antizyklisch unterwegs sein

Populäre Ziele sind nun mal populär. Das heißt, wer es dort ruhig wünscht, muss besonders früh oder besonders spät unterwegs sein. ÖV-Startpunkte erreicht man oft zeitgleich mit anderen. Wer nicht gern im Pulk geht, startet schnell und läuft den anderen davon. Oder lässt die anderen laufen und setzt sich nach hinten ab.

Hier sind die Wanderstöcke noch nicht nötig.

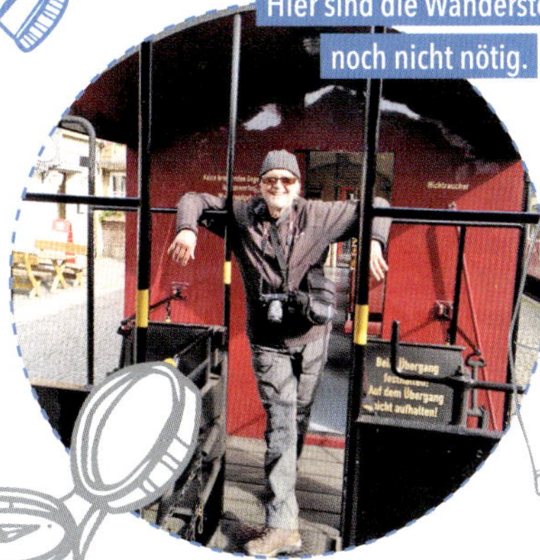

Checkliste zum Wandern … Was brauche ich …

- Brotzeit ✓
- genug zu Trinken ✓
- Erste-Hilfe-Set ✓
- Regenschutz ✓
- Wechselshirt ✓
- Karte/Smartphone mit Offlinekarte ✓
- Wanderstöcke ✓
- Taschenmesser ✓
- Stirnlampe ✓
- Rettungsfolie ✓
- Kompass ✓
- Sonnenschutz ✓
- Mütze ✓
- Handschuhe ✓

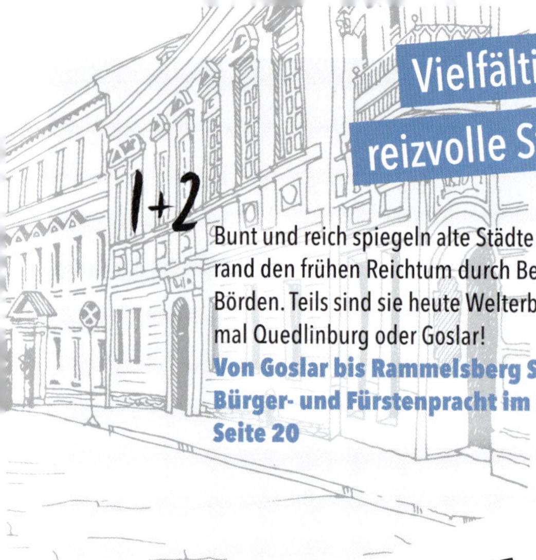

Vielfältig reizvolle Städte

1+2

Bunt und reich spiegeln alte Städte am Harzrand den frühen Reichtum durch Bergbau und Börden. Teils sind sie heute Welterbe. Besuche mal Quedlinburg oder Goslar!

Von Goslar bis Rammelsberg Seite 18
Bürger- und Fürstenpracht im Lössland Seite 20

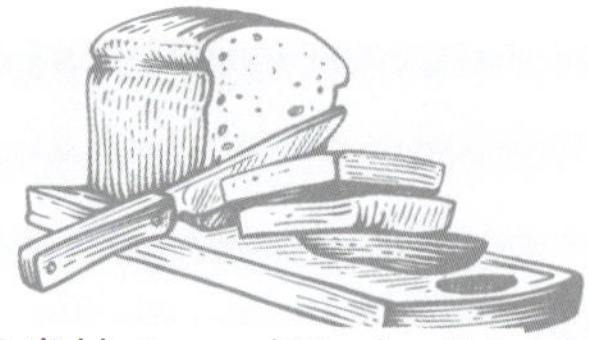

Köstlichkeiten und Wanderglück

Regionale Leckereien warten in vielen Lokalitäten wie etwa dem Polsterberger Hubhaus.

Von Stieglitzecke nach Clausthal Seite 62

16

UNSERE BESTEN TOUREN Highlights

Es ist die Qual der Wahl, denn eigentlich haben wir viel mehr Lieblingstouren. Aber bei diesen sieben vorgestellten Wanderungen sind wir schon zu Wiederholungstätern geworden und werden auch in Zukunft dort anzutreffen sein.

14

Natur pur!

Tief eingeschnittene Täler mit steilen Hängen, teils auch schroffen Felsen und wild gezackten Granitgraten locken den Wanderer hierher und lassen ihn staunen.

Im Bodetal von Treseburg nach Thale Seite 54

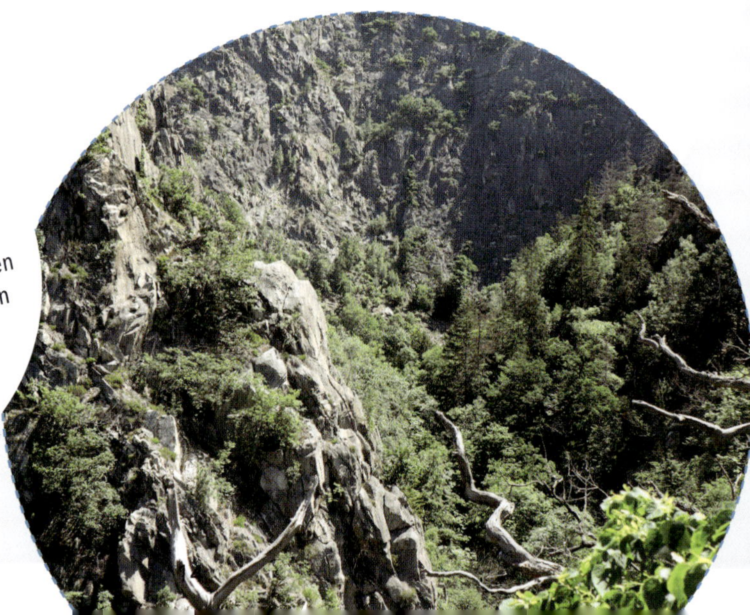

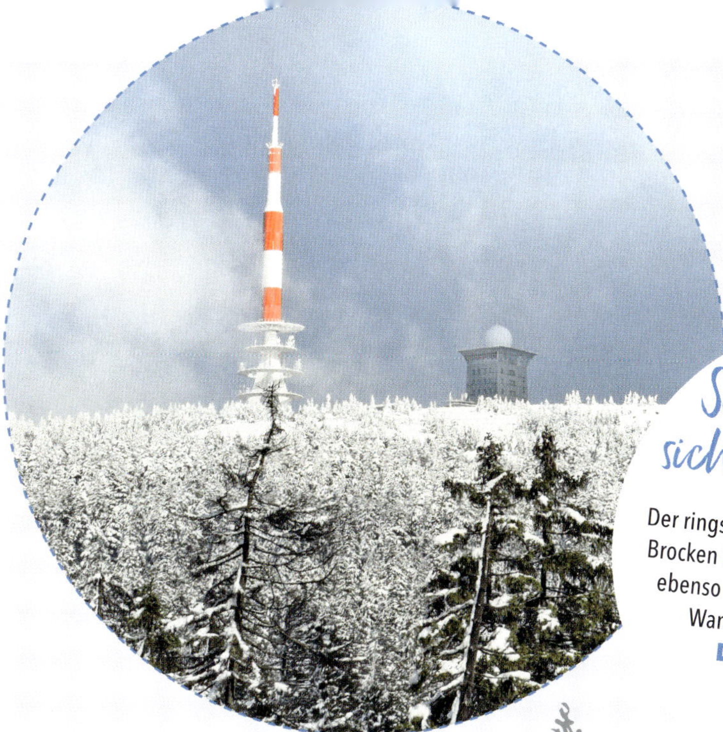

10

Schon von Weitem sichtbar – der Brocken

Der ringsum von weit her sichtbare massige Brocken ist attraktives Ziel von allen Seiten, ebenso wie seine herben Nachbarberge. Wandere mal über den Brocken!

Der Brocken per Bahn und Spazierrunde
Seite 40

Interessante Bergbaurelikte entlang der Wanderwege

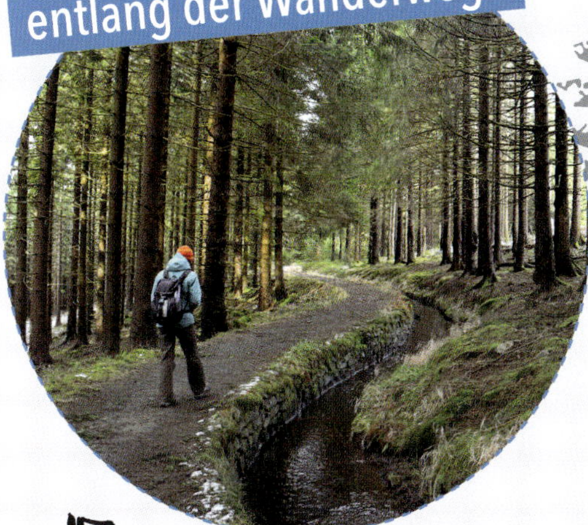

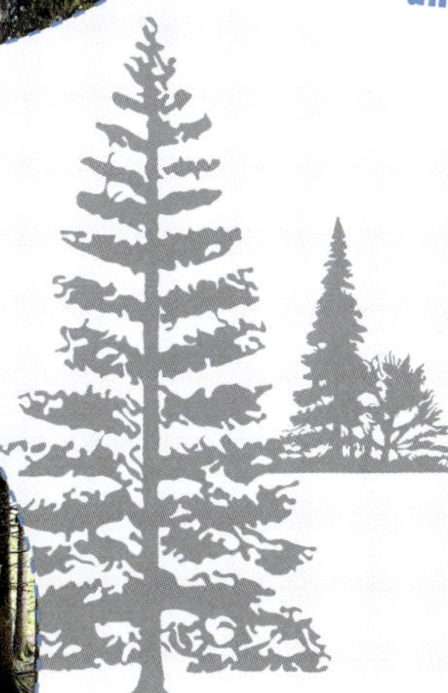

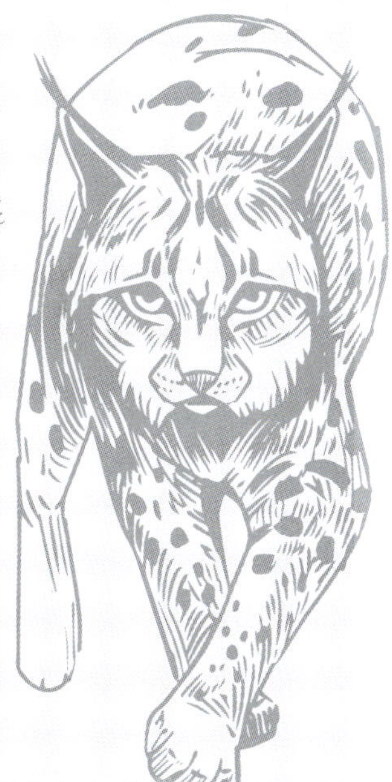

17

Relikte vom über viele Jahrhunderte betriebenen Bergbau und seinen Energie liefernden Teichen und Wassergräben prägen die weiten Hochflächen.

Zum Rehberger Graben und Oderteich
Seite 66

9

Die Welt der Luchse

Im Nationalpark werden Tiere und Wald besonders geschützt und klug gefördert.

Alte Harzburg und Luchsgehege
Seite 38

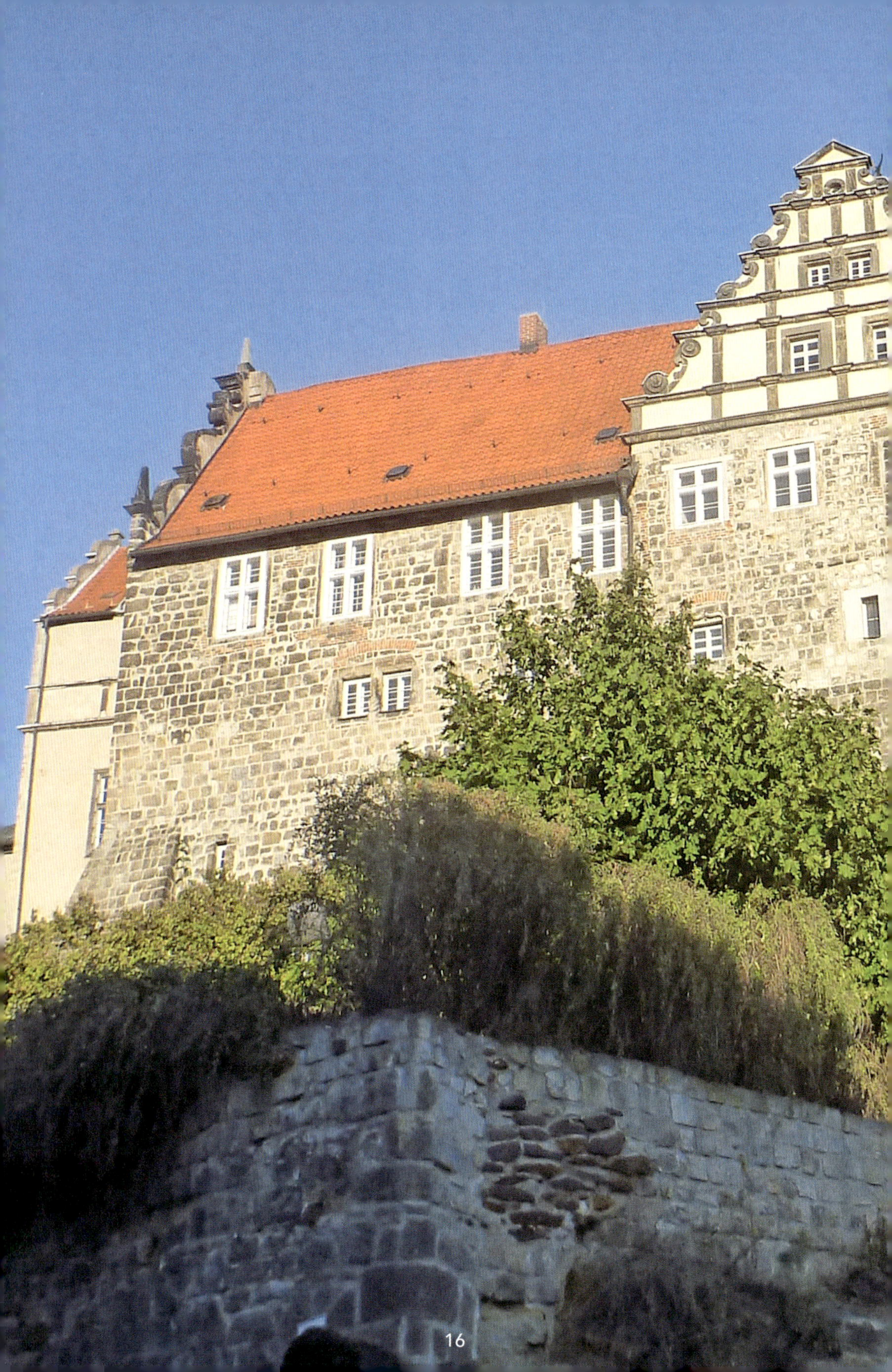

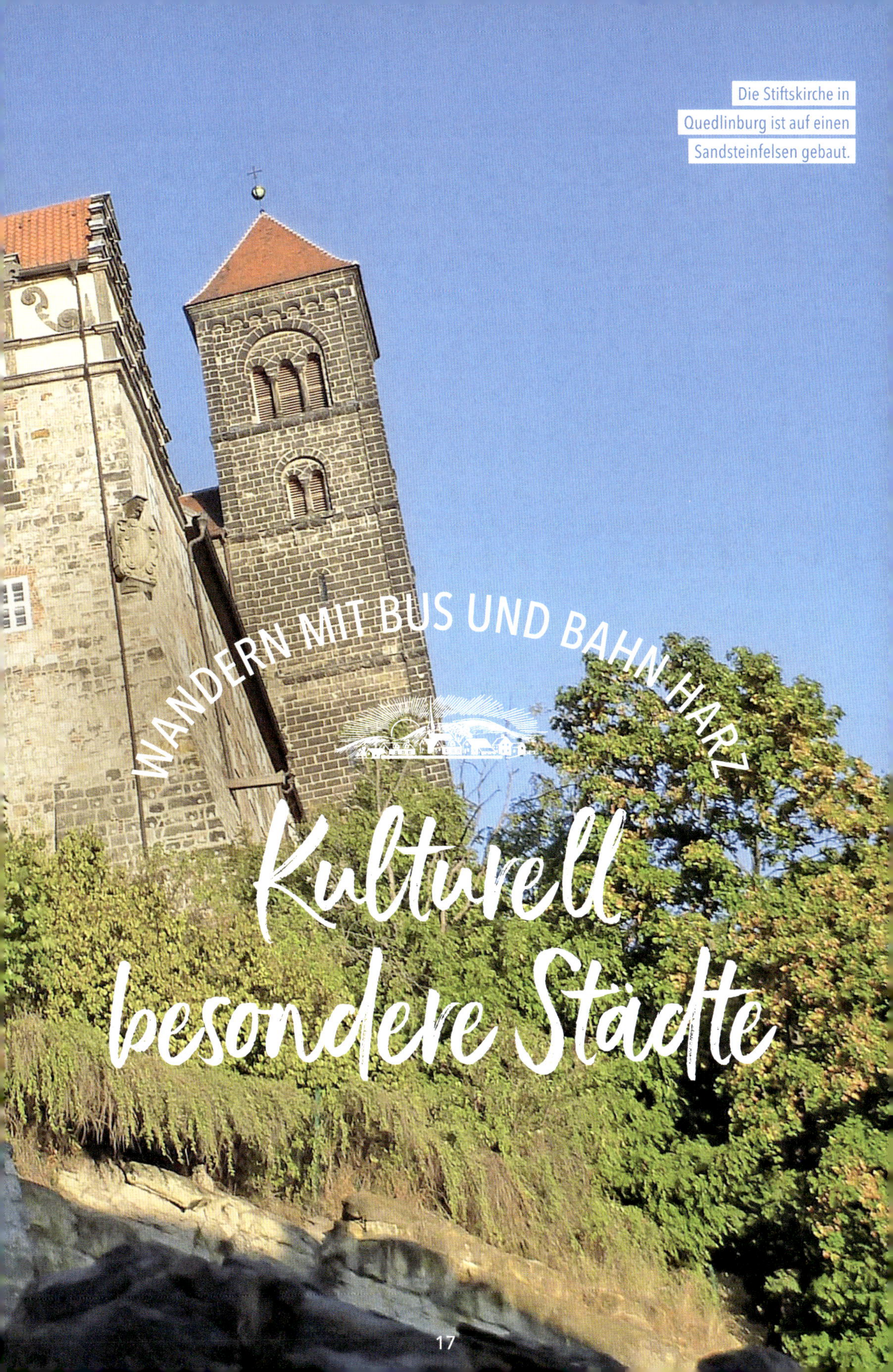

Die Stiftskirche in Quedlinburg ist auf einen Sandsteinfelsen gebaut.

DIE WELTERBESTADT GOSLAR

I

Von Goslar bis Rammelsberg

Der Rundgang durch die entzückende Stadt ist vielfältig interessant. Mit viel Geschichte zum Anfassen. Sie steckt in prächtigen, oft schiefergedeckten Fachwerkbauten und alten Kirchen und ganz besonders in den Relikten des Bergbaus. Der machte die Stadt schon früh reich und als freie Reichsstadt von Landesherren unabhängig. Je mehr wir von diesen vergangenen Zeiten erfahren, umso mehr Dimensionen gewinnt der Besuch.

Durch die Stadt zum Maltermeister

Ich rate, zunächst südostwärts vom Bahnhof (A) die Klubgartenstraße zum bulligen Hotel Achtermann zu gehen und von dort südwärts die Rosenstraße und etwas links die Fischmakerstraße zum **Markt** (1) (mit prächtigem Rathaus und Brunnen mit Reichsadler und anderen sehenswerten Details). Nun etwas rechts gelangen wir auf dem Hohen Weg zum Rest des früheren Doms und der wuchtigen **Kaiserpfalz** (2). Weiter südwärts überschreiten wir die Bundesstraße. Danach gehen wir kurz nach links und dann rechts die Bergdorfstraße hinauf zu ihrem Ende. Nun folgen wir dem Weg über die Wiesen südwärts direkt hinauf (mit schönen Blicken zurück auf die Stadt) zum Waldrand. Von dort gehen wir neben einem Fahrweg hinauf zur Gaststätte **Maltermeister** (3) beim historischen Rundturm.

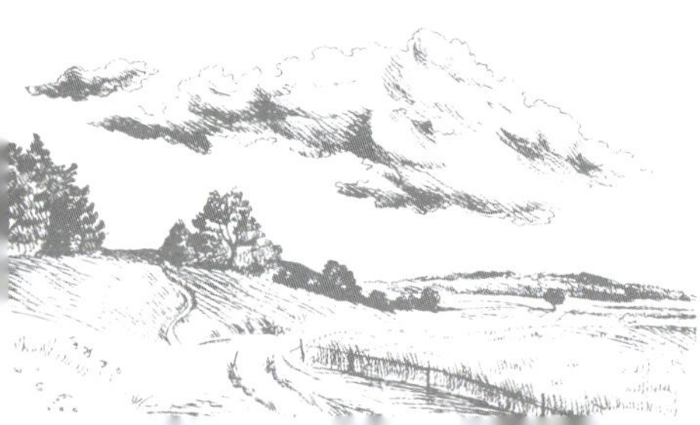

Steiler Aufstieg zum Ramseck

Von den unterhalb davon stehenden grauen Knappenhäusern (auch Winkler Wetterschacht) führt nun im Wald ein steiler Zickzackweg hinauf. Bald nach rechts abzweigend führt ein kurzer Hohlweg auf die Terrasse eines großen alten Steinbruches. Wir queren sie mit weiten Ausblicken zu ihrem südwestlichen Rand. Dort beginnt ein steiler schmaler Weg und führt über den Hang am Rand des Bruches hinauf. Oben leitet er im Wald nach rechts und dann links zum Aussichtspunkt **Ramseck** (4) (Hütte, Geländer. Weniger anspruchsvoll, aber länger zu gehen, ist der in der Karte als Variante gestrichelt eingezeichnete Aufstieg).

Abstieg zum Welterbe-Museumsbergwerk Rammelsberg

Wir folgen dem breiten horizontalen Hangweg in südlicher Richtung etwa 1,5 Kilometer zu einer breiten Querstraße und dieser rechts zur **Waldschrathütte** (5). Von hier bringt uns nun der breite Wanderweg Borchersweg nordwestwärts schräg hinab. Dies

mittel | 8 km | 200 Hm | 3 h

Auf einen Blick

Übersicht
Bf Goslar – Rosentorstraße – Marktkirche – Rathaus – Hoher Weg – Dom – Kaiserpfalz – Am Stollen – Maltermeister – Ramseck – Waldschrathütte – Borchersweg – Museumsbergwerk Rammelsberg – B Rammelsberger Straße

Tourencharakter
Durch die Stadt auf den markanten Aussichtspunkt

Ausgangspunkt
Bahnhof Goslar

Endpunkt
Rammelsberger Straße, durch Stadtbus vielfach abkürzbar

Anfahrt
Bahn gut von Braunschweig, Hildesheim, Hannover, aber auch passabel von Magdeburg, dazu Stadtbus GS, beide siehe DB Navigator

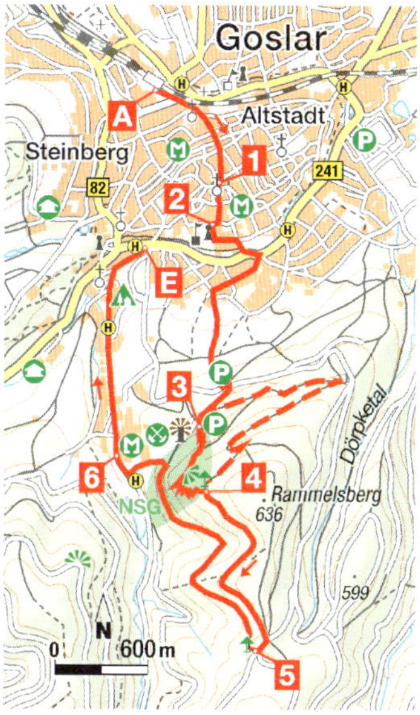

Rückfahrt
Bahnhof Goslar, kann nach Belieben per Stadtbus auch früher erfolgen

Karte
»Der Harz in vier Teilen« 1:30 000, Verlag Schmidt-Buch, Blatt Oberharz

Einkehr
Unterwegs Maltermeister (tolle Lage), in der Stadt

Info
- *www.goslar.de*
- *www.harzinfo.de*
- *www.harztourist.de*
- *www.oberharz.de*
- *www.rammelsberg.de*

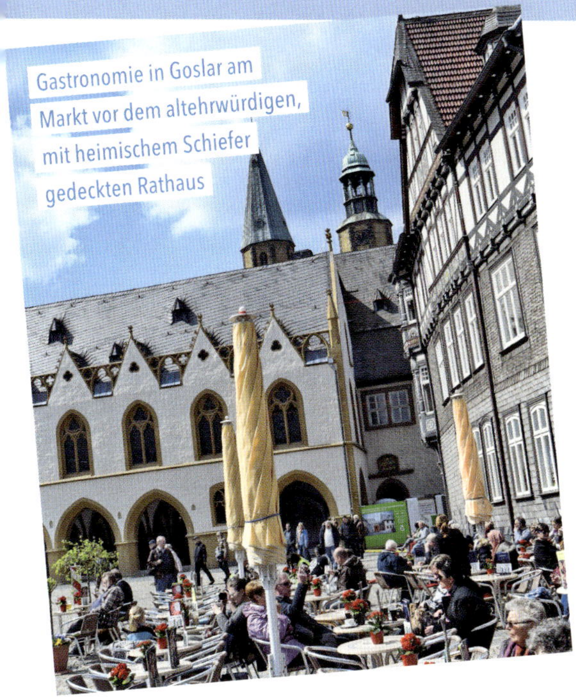
Gastronomie in Goslar am Markt vor dem altehrwürdigen, mit heimischem Schiefer gedeckten Rathaus

ist ein alter Bergmannsweg, der weiter unten teils aus dem Fels gehauen ist. Er mündet auf der unteren Terrasse in Höhe des Maltermeisters. Statt von diesem aus zur Stadt abzusteigen, empfehle ich einen kurz vor der Gaststätte beginnenden schmalen und teils gestuften Weg nach links hinab. Zuletzt vorbei am Eingang zum sehr sehenswerten Roederschacht (Führungen) gelangen wir unten zum nach weit über 1000 Jahren Bergbau altehrwürdigen **Museumsbergwerk Rammelsberg** 6. Die hier beginnende Rammelsberger Straße führt nordwärts zu einer **Haltestelle des Stadtbus** E oder für noch gehfreudige Menschen beliebig durch die Stadt zum Bahnhof.

DIE WELTERBE-STADT QUEDLINBURG

2

Bürger- und Fürstenpracht im Lössland

Die Basis dieser zweiten Welterbestadt am Harz waren die Landwirtschaft und der daraus folgende Handel. Das machte sie auch für die Fürsten zum Zentrum. So entstanden hier neben reich erhaltenen Fachwerkensembles auch markante Sakralbauten und Verteidigungsanlagen, eingebettet in die reizvolle Landschaft des Harzvorlandes.

Durch den Brühl zur Stiftskirche

Vom östlich der Altstadt gelegenen **Bahnhof** Ⓐ gehen wir vom Kreisel noch vor der Brücke nach links die gerade Straße Harzweg einige Minuten entlang zum nächsten Kreisel. Danach führt die Straße etwas nach rechts weiter zur Bodebrücke und links in die Straße **Am Schiffsbleek** ❶.

Nun verlaufen hübsche Wege westwärts weiter nahe der Bode durch den Landschaftspark Brühl. Er ist meist naturnah gestaltet, ein kleiner Bereich auch mit Brunnen und strenger Geometrie. Später trennt eine breite Wiese den Weg vom Fluss. Etwa 100 Meter nach einem **Pavillon** ❷ zweigt ein schnurgerader Weg nach rechts ab. Er bringt uns direkt durch den Wald zum Nordrand. Wir gehen genau in Richtung der markanten Stiftskirche weiter durch den Abteigarten an einem Brunnen vorbei zur Kaiser-Otto-Straße. Links erreichen wir rasch die Rittergasse und gehen rechts zu den Sandsteinfelsen des Schlossberges. Über die gleichnamige Straße steil hinauf und dann nach rechts gelangen wir zur beherrschenden **Stiftskirche** ❸.

Durch die Stadt

Was alles für sehenswerte Orte und Gebäude warten, verraten Wikipedia und Touris-

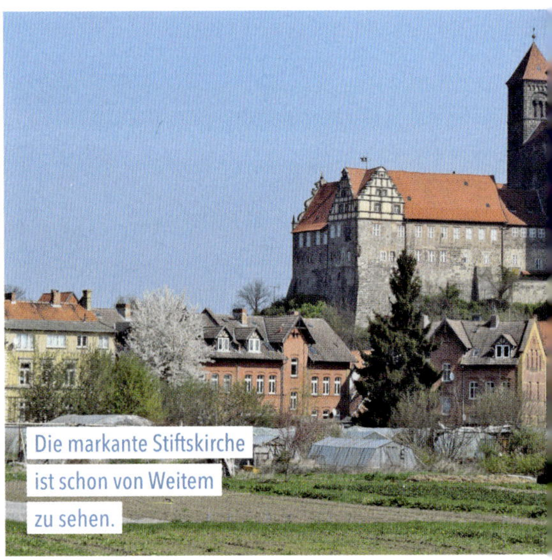

Die markante Stiftskirche ist schon von Weitem zu sehen.

leicht | 5 km | 50 Hm | 3 h

Auf einen Blick

Übersicht
Bf Quedlinburg - Landschaftspark Brühl - Stadtrundgang - Bf Quedlinburg

Tourencharakter
Park und Stadtrundgang

Ausgangs-/Endpunkt
Bahnhof Quedlinburg

An-/Rückfahrt
Von Magdeburg/Halberstadt, von Westen über Vienenburg

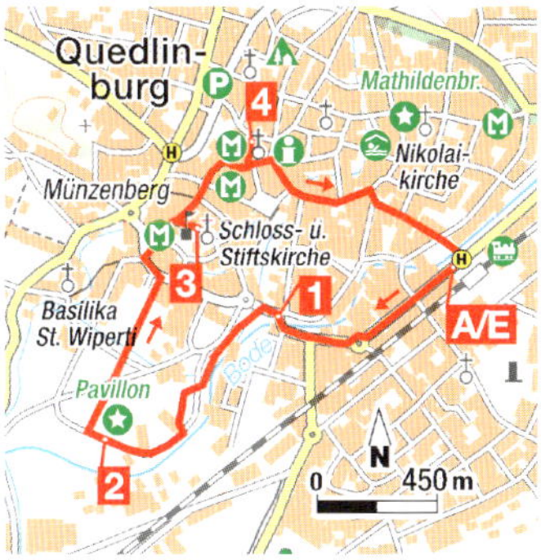

Karte
»Der Harz in vier Teilen« 1:30 000, Verlag Schmidt-Buch, Blatt Ostharz

Einkehr
In der Stadt

Info
- www.quedlinburg.de
- www.harzinfo.de

tenbüro genauer, als ich es in diesem Büchlein kann. Jedenfalls sollten neben der Stiftskirche unbedingt auch der **Markt** ❹ und einige der urigen Hinterhöfe besucht werden. Für den Rückweg hilft die Frage nach der **Bahnhofstraße** Ⓔ.

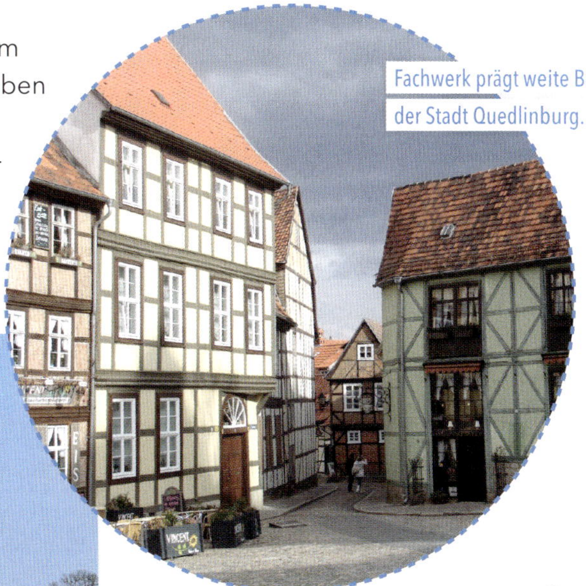

Fachwerk prägt weite Bereiche der Stadt Quedlinburg.

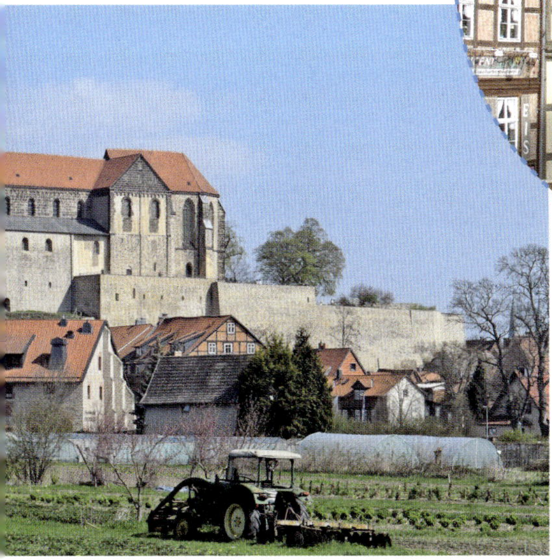

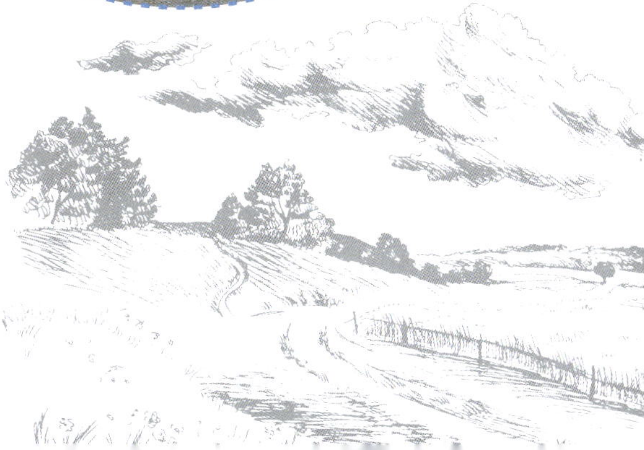

DIE FACHWERKSTADT WERNIGERODE

3

Vom Schlosspark durch die Fachwerkstadt

Die Stadt wuchs in den Mündungen von Harzrandtälern und ist ein Kleinod mit Fachwerkhäusern, überragt von einem Schloss. Die alten Straßenzüge atmen die Atmosphäre von Nostalgie pur. Obendrein fährt von den gründerzeitlichen Gewerbebereichen aus die originelle Harzquerbahn und Brockenbahn ins Gebirge.

Durch den Park zum Schloss

Ich empfehle, vom Bahnhof den Bus in Richtung Elbingerode zum **Bushalt Christianenthal** Ⓐ zu nehmen. Durch den Tierpark führt ein Sträßchen hinauf zur Gaststätte **Christianenthal** ❶. Kurz davor beginnt ein Treppenweg steil hinauf zu einem Wegekreuz am **Bergkamm** ❷ (hier gibt es auch von der Gaststätte weiter östlich sanftere, längere Aufstiege). Wir folgen nun dem breiten, horizontalen Anna-Weg westwärts etwas südlich vom Bergrücken durch urigen Wald. Hinter einem Bergsporn erreichen wir ein markantes Wegekreuz. Von hier steigen wir rechts auf. Der Weg direkt über den Bergrücken des Agnesberg, oder etwas tiefer der Agnesweg, bringen uns zum markanten **Aussichtspunkt Agnesberg** ❸ mit Blick zum nahen Schloss und zum fernen Brocken. Auf schmalen Zickzackwegen gelangen wir hinab zum Bergsattel vor dem Schloss und von dort zu einem steilen Treppenweg hinauf zum **Schloss** ❹.

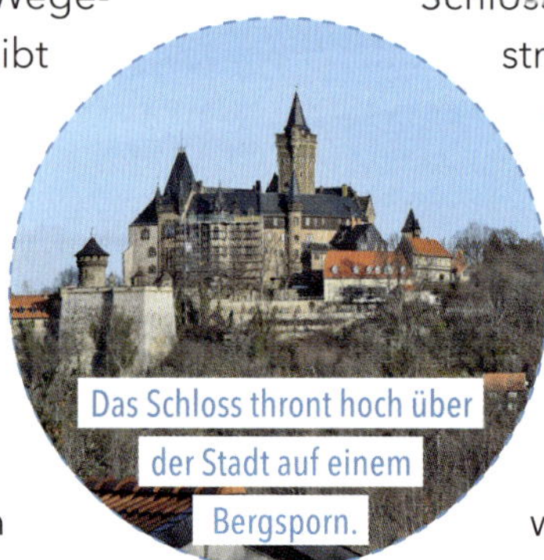

Das Schloss thront hoch über der Stadt auf einem Bergsporn.

Durch die Stadt zurück

Vom tiefsten Punkt der Schlossanlage führt nach der Bastion mit Brockenblick der Schlossaufstieg steil hinab zur Burgstraße (rechts die **Nationalparkverwaltung** ❺). Noch vor dieser führt nach links (westwärts) eine steile Einbahnstraße hinab zu Resten der alten Stadtbefestigung und weiter zur Straße Am Vorwerk. Diese leitet westwärts in die Altstadt. Nach einem Zickzack durch andere Straßen und Gassen gelangen wir zum Markt mit dem stattlichen **Rathaus** ❻ und nebenan dem markanten Gothischen Haus. Östlich von hier zeigt die Breite Straße besonders markante Fachwerkhäuser. Der schließlich anzustrebende **Bahnhof** Ⓔ liegt nördlich der Altstadt.

leicht | 5 km | 120/200 Hm | 3 h

Auf einen Blick

Übersicht
B Wernigerode Christianenthal – Park Agnesberg – Schloss – Stadtrundgang – Bf Wernigerode

Tourencharakter
Kurze Wanderung durch Park, Schloss und Stadt, mit vielen Gelegenheiten zu Varianten

Ausgangspunkt
Bushaltestelle Wernigerode Christianenthal

Endpunkt
Bahnhof Wernigerode

Anfahrt
Bahn bis Wernigerode, Bus in Richtung Elbingerode-Hasselfelde

Rückfahrt
Bahn

Karte
»Der Harz in 4 Teilen« 1:30 000, Verlag Schmidt-Buch, Blatt Mittlerer Harz

Einkehr
Vielfältig

Info
- www.wernigerodc.de
- www.wernigerode-tourismus.de
- www.harzinfo.de

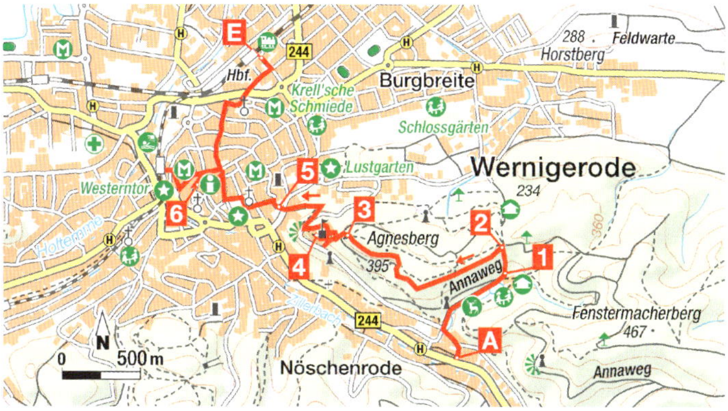

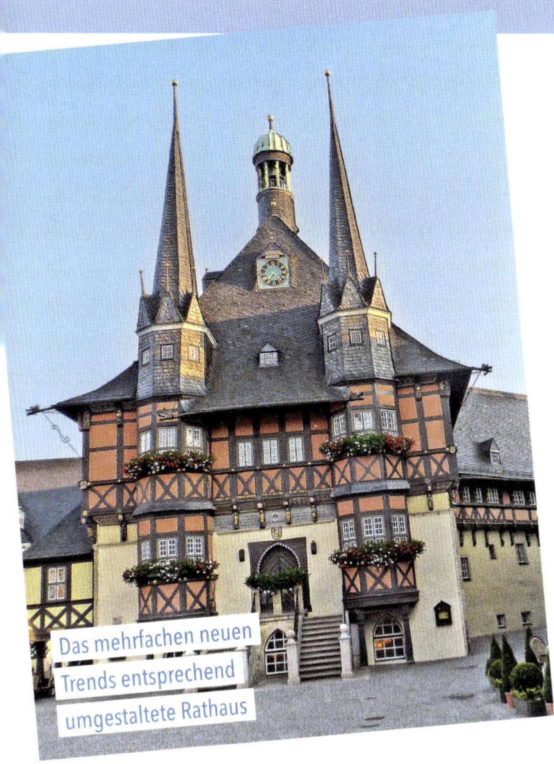
Das mehrfachen neuen Trends entsprechend umgestaltete Rathaus

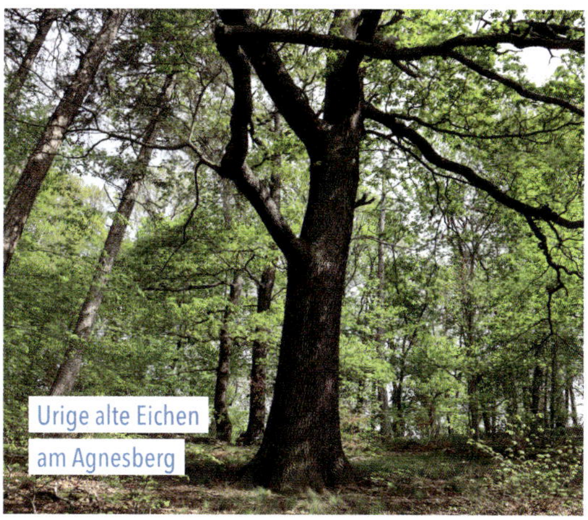
Urige alte Eichen am Agnesberg

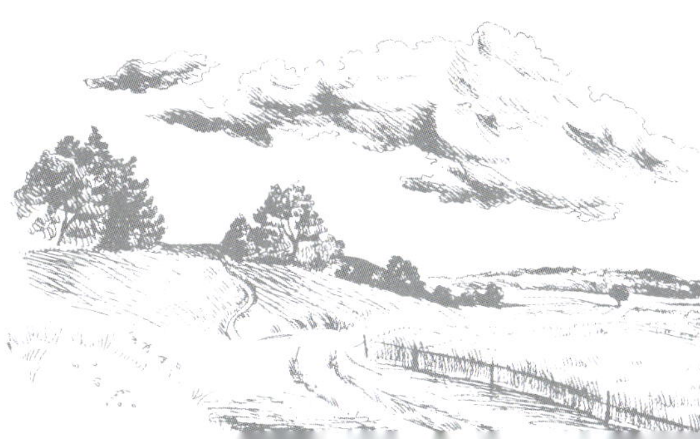

RUNDGANG STOLBERG UND JOSEFSKREUZ

4

Um die Residenzstadt Stolberg

Dies ist ein weiteres altes Bergwerksstädtchen, jedoch mit einem Fürstensitz und dem dazugehörigen Schloss. Das alles steht im südlichen Harz idyllisch in eine steilhängige Talgabel gedrängt und so mit dem Waldgebirge eng verbunden. Ein Geheimtipp.

Vom Rathaus zur Lutherbuche

Wir gehen vom ehemaligen **Bahnhof Stolberg** Ⓐ nordwärts zum prächtigen **Rathaus** ❶ (originell sparsam mit Außentreppen, davor eindrucksvolles Müntzer-Denkmal). Wir gehen zurück durch den markanten Saigerturm südwärts und dann von der Hauptstraße rechts durch die Stubengasse. Nach der Brücke führt nach links ein steiler Treppenweg hinauf bis zum Waldrand zur **Lutherbuche** ❷.

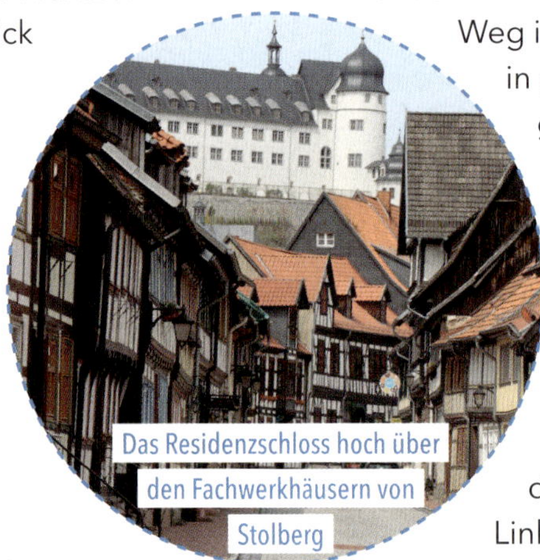

Das Residenzschloss hoch über den Fachwerkhäusern von Stolberg

Zum Schloss und zurück in die Stadt

Von hier gehen wir wieder hinab zum Unteren Bandweg und folgen ihm mit Stadtblick am Hang entlang zur Nordwestecke der Stadt zur Rittergasse. Gleich gegenüber gelangen wir auf der Straße Waschberg ostwärts bis vor das markante bullige **Schloss** ❸. Rechts führen Treppen oder die Straße Schlossberg hinab zur Talstraße Am Markt.

Zum Josefskreuz und zum Bushalt Auerberg

Durch die Neustadt gelangen wir ostwärts ins Zechental. Nun gehen wir rechts im Sträßchen Am Moorberg hinauf, den Weg im Tal weiter zur Straße und in gleicher Richtung zu einem großen **Wegekreuz** ❹ mit Wanderhütte. Schräg links (zuerst nordostwärts) führt die Holzchaussee zuerst noch ansteigend, aber bald fast eben bis vor die markante Gipfelkuppe des alten Vulkans. Von einer Linksbiegung der Straße führt ein steiler Fußweg über die Südostseite direkt hinauf zum südlichen Gipfel des Auerberg mit dem markanten **Josefskreuz** ❺ (Aufstieg kostenpflichtig, viele Stufen, imperiale Rundsicht). Der Naturweg direkt ostwärts hinab ist teils steil (1 km). Der harte Abstieg auf der Zufahrtsstraße (1,5 km) führt zuerst nordwärts, dann ostwärts zum **Bushalt Auerberg** Ⓔ (Rückfahrt nach Stolberg oder Quedlinburg).

mittel | 2 km + 6,5 km | 100 Hm + 300/100 Hm | 1 h + 2:30 h

Auf einen Blick

Übersicht
B Stolberg – Lutherbuch – Schloss – Josephskreuz – B Auerberg

Tourencharakter
Stadtrundgang mit allerlei Treppen, dazu Wanderung zu einem monumentalen Aussichtsgestell

Ausgangspunkt
Bushaltestelle Stolberg

Endpunkt
Bushaltestelle Stolberg oder Auerberg

Anfahrt
Bahn bis Berga, dann Bus, auch Bahn bis Quedlinburg, Bus nach Stolberg

Rückfahrt
Von Stolberg Bus nach Berga, dann Bahn, Bus von Auerberg nach Stolberg oder Quedlinburg

Karte
»Der Harz in vier Teilen« 1:30 000, Verlag Schmidt-Buch, Blatt Ostharz und Blatt Südharz

Einkehr
In der Stadt und beim Josefskreuz

Info
- *www.stadt-stolberg.de*
- *www.harzinfo.de*

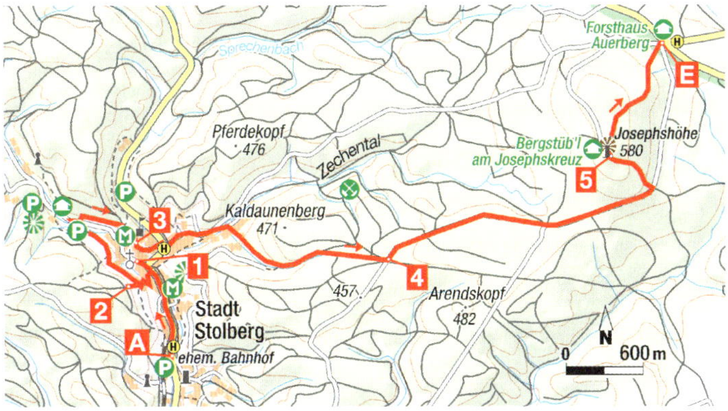

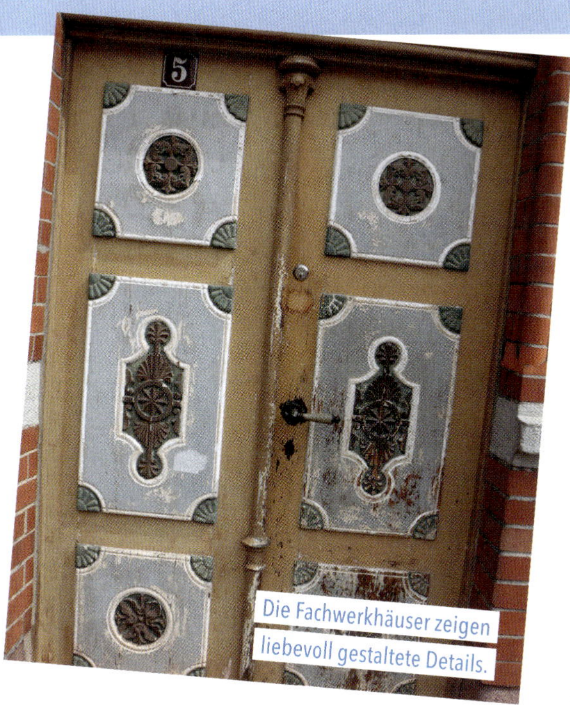

Die Fachwerkhäuser zeigen liebevoll gestaltete Details.

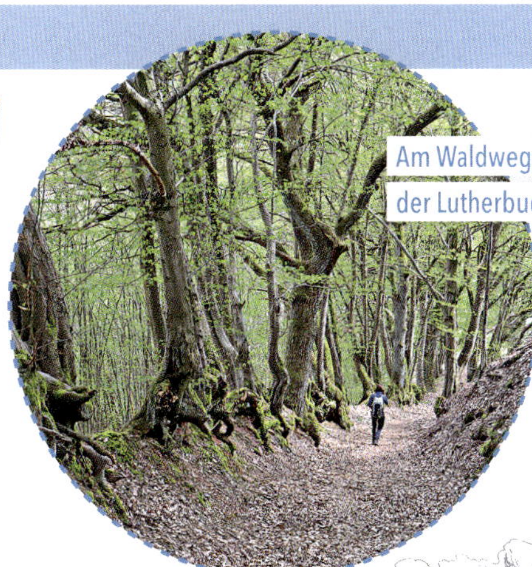

Am Waldweg südlich der Lutherbuche

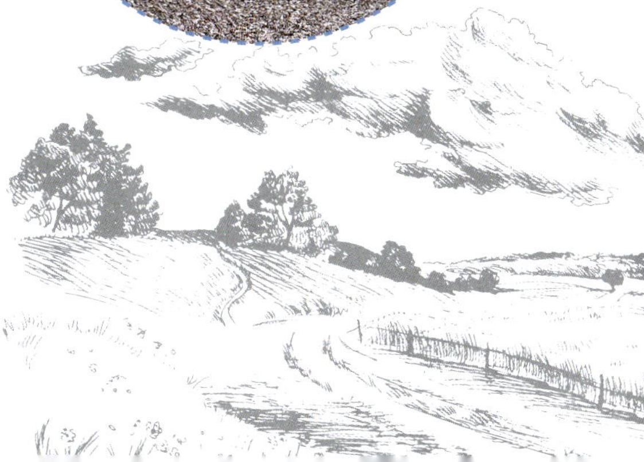

BILDERBUCHBURG UND RESIDENZSTADT

5

Von Burg Falkenstein nach Ballenstedt

Diese Wanderung führt von der Burg Falkenstein quer durch das untere Selketal und nahe dem Waldrand zum Ort Ballenstedt mit dem wuchtigen Askanierschloss. Es prägt auch hier eine kleine Stadt am Harzrand.

Zur Burg und ins Selketal

Von der Bushaltestelle **Gartenhaus Pansfelde** Ⓐ gehen wir südwestwärts auf der gepflasterten Friederikenstraße zum Wald. Dort folgen wir den Schildern nach rechts zur Stelle der ehemaligen **Vorburg** ❶ und noch vor dem Ende der Wiesen einem unbefestigten Weg nach links in den Wald. Er führt an einem Teich vorbei und dann oberhalb der steilen Hänge weiter. Zuletzt leitet er rechts über den Bergrücken zur Zufahrtsstraße und zum Platz vor der malerischen **Burg Falkenstein** ❷ (ab Gartenhaus 2 km). Nach ihrem Besuch bringt uns der Fußweg Eselsstieg nach Osten durch die steileren Talhänge hinab zum Talgrund und zum Hotel **Zum Falken** ❸.

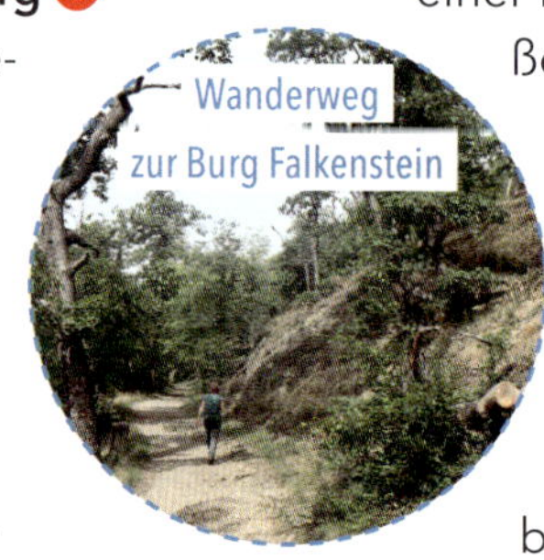

Zum Kohlenschacht

Wir gehen über die Brücke zum Nordufer der Selke und etwas nach rechts zum Beginn des **Lumpenstiegs** ❹ (von hier nordwärts entlang der Selke, am Mausoleum vorbei und danach rechts über die Brücke zum Bushalt Meisdorf Liethe 2,5 km). Auf dem Lumpenstieg steigen wir zuerst hohlwegartig, dann der Trasse nach stetig steil bis zur Hochfläche und flacher weiter zu einer Kreuzung mit der markanten Straße **Meisdorfer Trift** ❺. Wir gehen zuerst in gleicher Richtung weiter, machen mit der Straße eine Rechts-Links-Schleife und gehen dann in nordwestlicher Richtung auf dem Falkenweg weiter. So erreichen wir nahe beim Waldrand den **Kohlenschacht** ❻ mit Wanderhütte und Stempelstelle (von hier nordwärts zum Bushalt Ballenstedt, Opperode Am Kirchplatz, 1,5 km).

Zum Schloss Ballenstedt

Wir folgen dem Falkenweg weiter, zuerst westwärts, dann nordwärts zu einer Waldecke, und dann wieder westwärts am Waldrand unter dem düsteren Gebäudekomplex Ziegenberg durch, bis vor eine Klinik. Um diese gehen wir links auf der Straße Am

mittel | 11 km | 250/150 Hm | 3:30 h

Auf einen Blick

Übersicht
B Pansfelde-Gartenhaus – Burg Falkenstein – Selketal Zum Falken – Lumpenstieg (B Meisdorf Liethe) – Kohlenschacht (B Oppenrode) – Schloss Ballenstedt – B Ballenstedt Felsenkellerweg

Tourencharakter
Ruhige, weithin fast ebene Wanderung, am Lumpenstieg teils steiler hinauf im Wald. Die Tour lässt sich zu anderen Bushaltestellen hin kürzen.

Ausgangspunkt
Gaststätte und Bushaltestelle Pansfelde Gartenhaus

Endpunkt
Bushaltestelle Ballenstedt Felsenkellerweg

Anfahrt
Bahn RE Goslar – Halberstadt – Aschersleben – Halle, an Buslinie Quedlinburg – Ermsleben – Aschersleben

Rückfahrt
Buslinie Quedlinburg – Ballenstedt – Aschersleben, oder auch Opperode – Ballenstedt – Quedlinburg, Bahn RE Goslar – Halberstadt – Aschersleben – Halle

Karte
»Der Harz in 4 Teilen« 1:30 000, Verlag Schmidt-Buch, Blatt Ostharz

Einkehr
Gartenhaus und im Schloss Ballenstedt

Info
- *www.falkenstein-harz.de*
- *www.ballenstedt.de*
- *www.harztourist.de*
- *www.harzinfo.de*

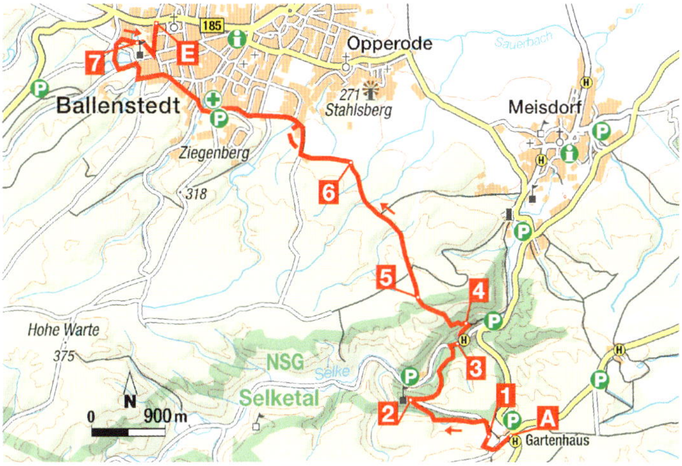

Kaufberg und an einem Teich vorbei und dann auf der Heinestraße bis zu Gewerbegebäuden. Die Straße Am Brauberg führt links zum Schlosspark. Dort gehen wir am schönsten im Bogen zum Schlossteich und dann ostwärts durch die hier streng regelhafte Garten- und Parkanlage zur Südostecke des Schlossparks. Nun liegt das **Schloss** 7 westlich vor uns. Von diesem Parkeingang führt nordwärts die Straße Am Schlosspark nach 400 Metern hinab zur **Bushaltestelle Ballenstedt, Felsenkellerweg** E.

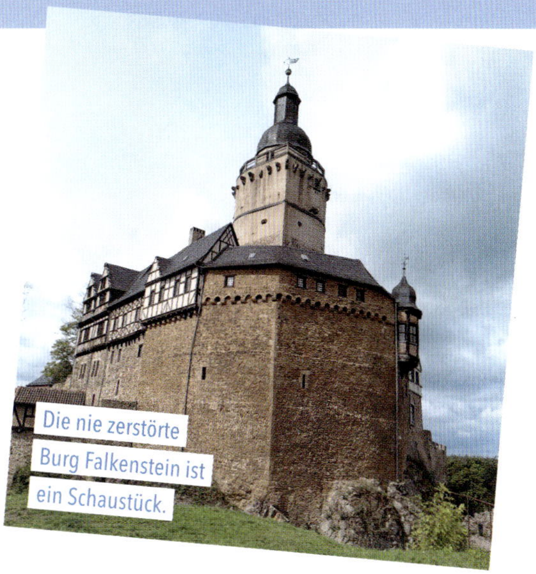

Die nie zerstörte Burg Falkenstein ist ein Schaustück.

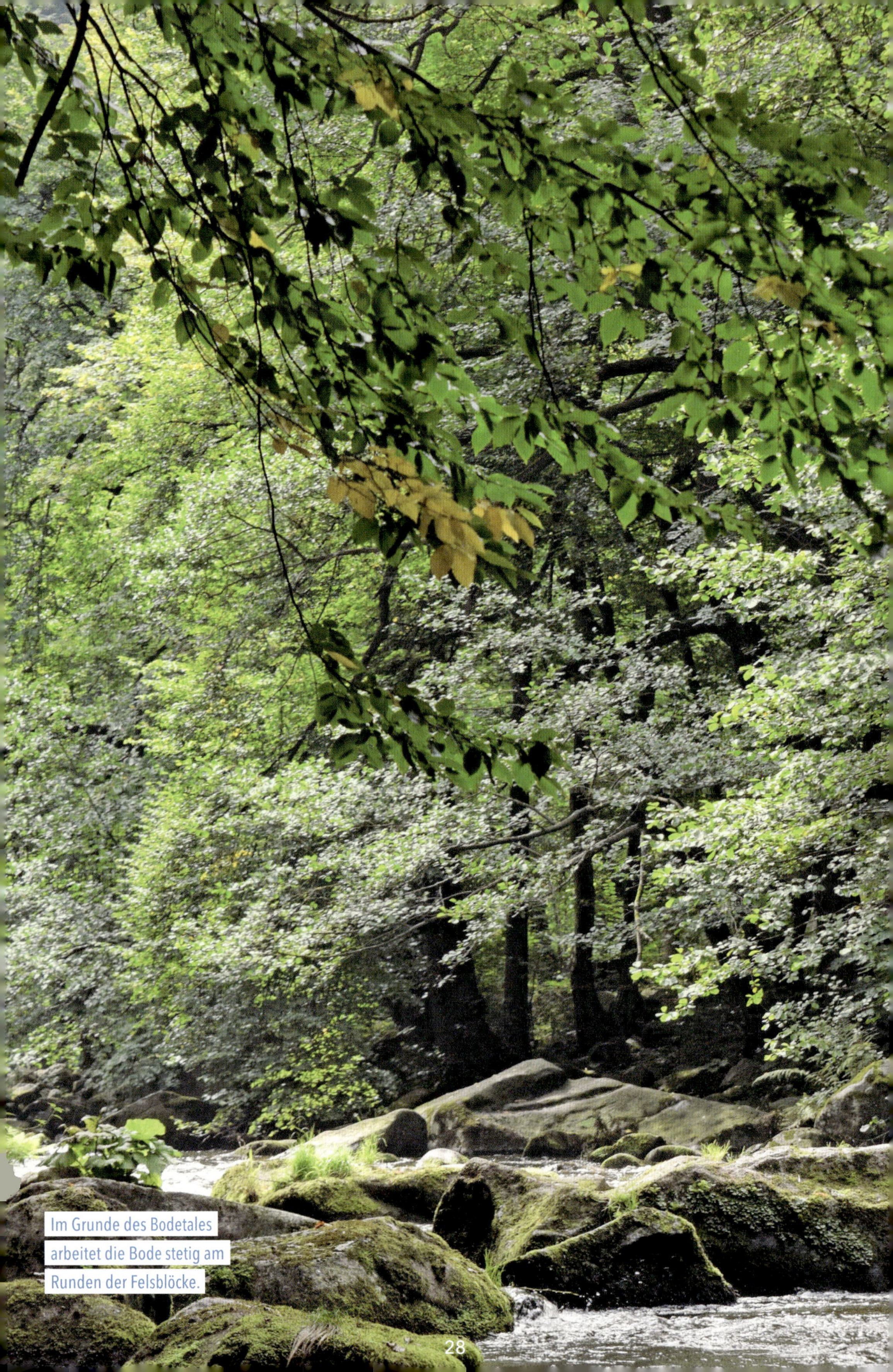

Im Grunde des Bodetales arbeitet die Bode stetig am Runden der Felsblöcke.

WANDERN MIT BUS UND BAHN HARZ

Populäre Lokalitäten

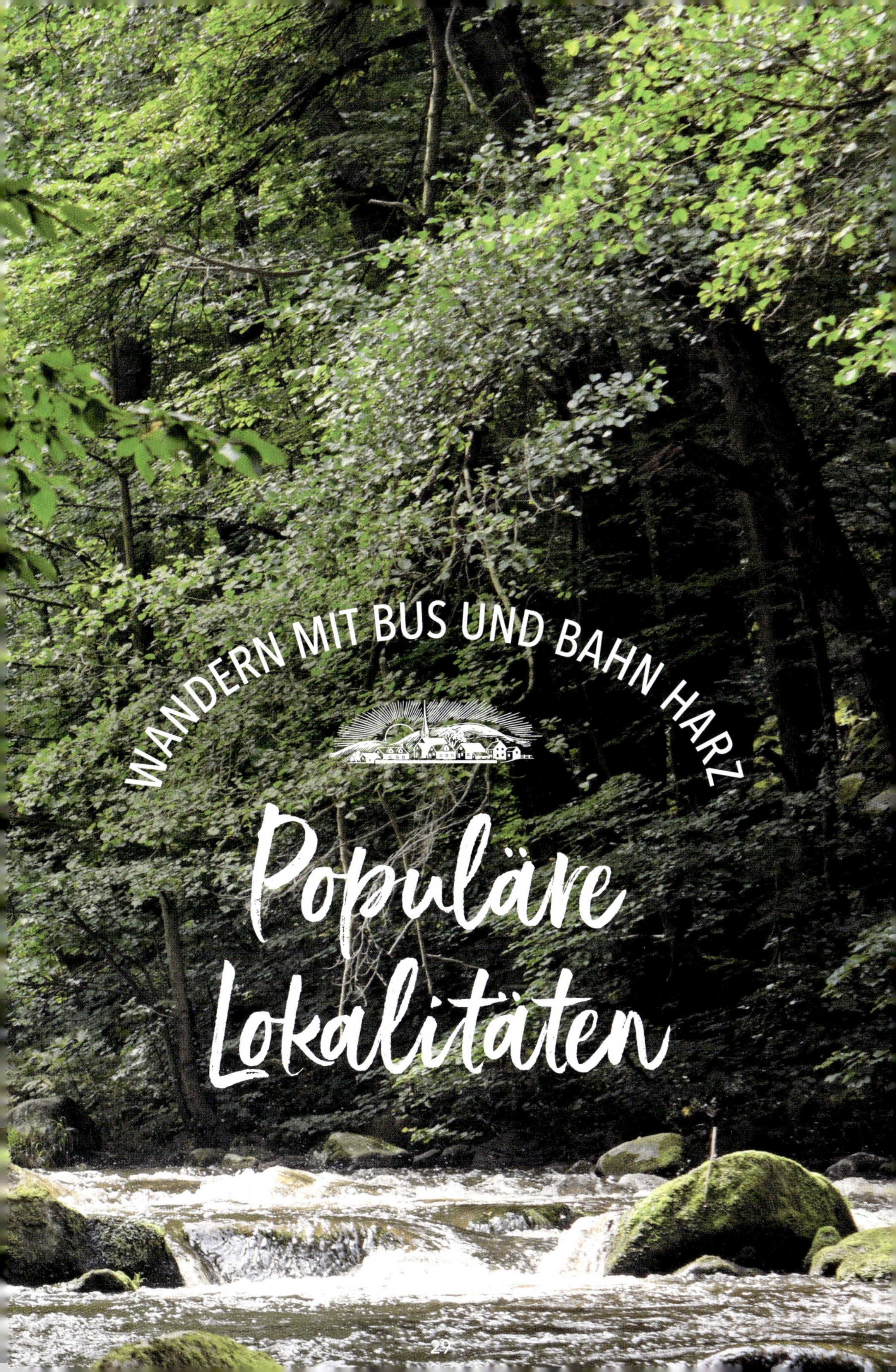

AM GRAND CANYON DES HARZES

6

Hexentanzplatz oder Rosstrappe

Der Hexentanzplatz ist einer der touristischen Brennpunkte des Harzes. Der Blick auf die schroffen Felsen der gegenüber aufragenden Rosstrappe sucht seinesgleichen. Bahnhofsnah gelegene Talstationen lassen dies alles ohne Schweiß per Seilbahn erreichen. Zu Fuß bietet sich noch eine eindrucksvollere Erfahrung dieser für Norddeutschland einmaligen Felsenwelt.

Zum Hexentanzplatz

Vom **Bahnhof Thale** Ⓐ gehen wir westwärts die Walter-Rathenau-Straße zur Therme und dann südwärts den Goetheweg zur **Talstation** ❶ der Kabinenbahn zum Hexentanzplatz (und auch des Sessellifts zur Rosstrappe). Wer sportlich hinaufsteigen will, geht ostwärts über die Bode. Dort empfehle ich den oberhalb der Straße bei einem kleinen Gebäude beginnenden schmalen Weg. Er führt zunächst noch unweit der Straße am Talhang allmählich aufwärts talein bis oberhalb der Jugendherberge Waldkater. Hier trifft dieser Weg auf den von dort heraufführenden Brünnhildenweg. Diesem folgen wir nun wieder nach links, nordwärts unter der Kabinenbahn durch und dann in langen Kehren hinauf zu den untersten Häusern des Hexentanzplatzes und dem dort vorgelagerten **Wachtlerfelsen** ❷ mit großartiger Aussicht. Der Weg nahe dem Rand der Hochfläche führt bald zur **Bergstation Hexentanzplatz** ❸ und weiter zum **Berghotel Hexentanzplatz** ❹. Hier gibt es jede Menge Konsumangebote. Am Hotel ist über Stufen eine Terrasse zu erreichen. Von der geht ein grandioser Blick zu den Wänden der gegenüber auf der anderen Seite des Tales aufragenden Rosstrappe.

Abstieg durch den Hirschgrund und nach Thale

Wir folgen südwestwärts dem Weg nahe dem Rand der Hochfläche unterhalb vom **Tierpark** ❺ und hinab zur über hohe Stufen

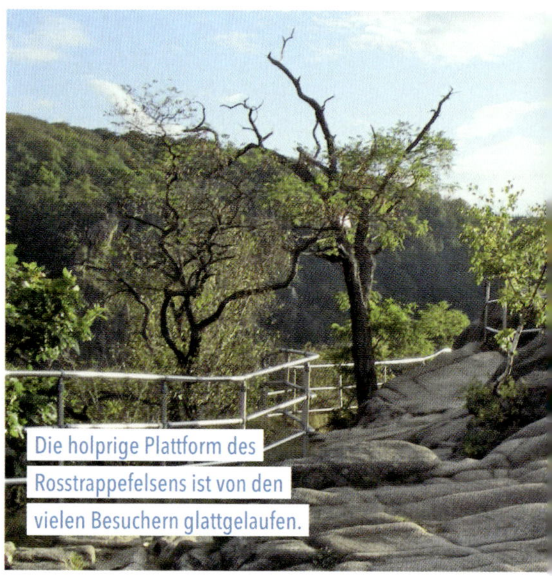

Die holprige Plattform des Rosstrappefelsens ist von den vielen Besuchern glattgelaufen.

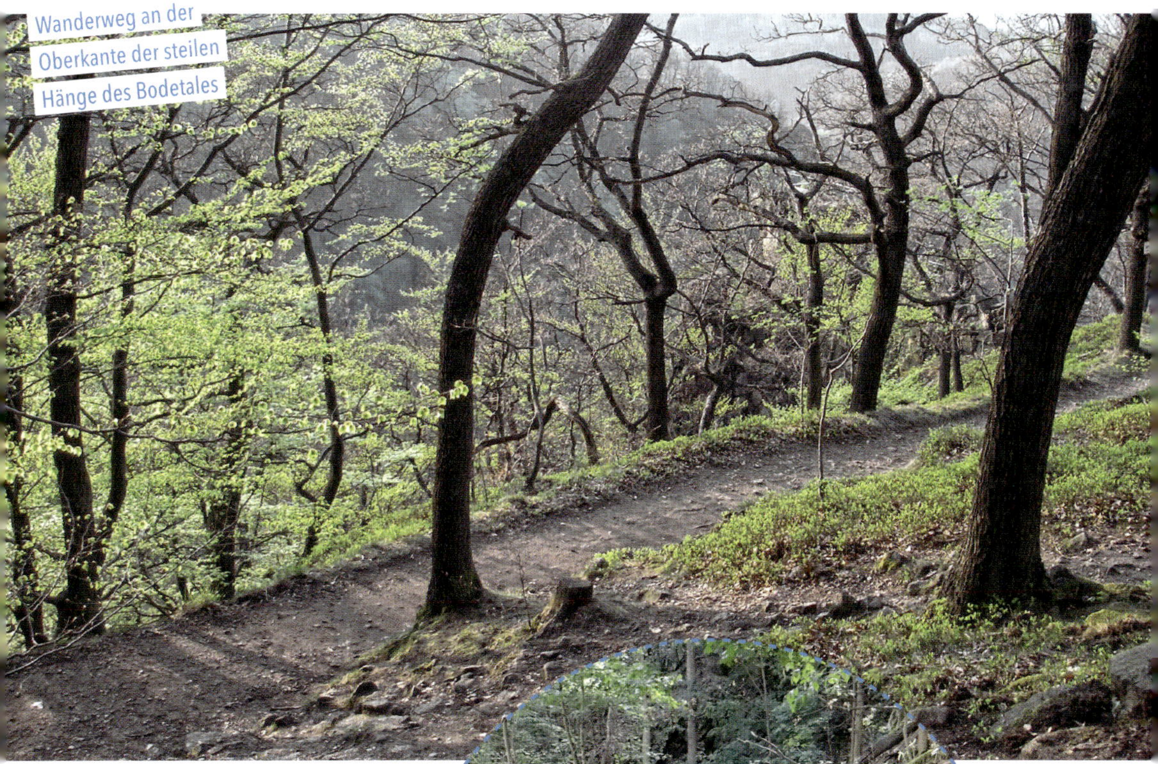

Wanderweg an der Oberkante der steilen Hänge des Bodetales

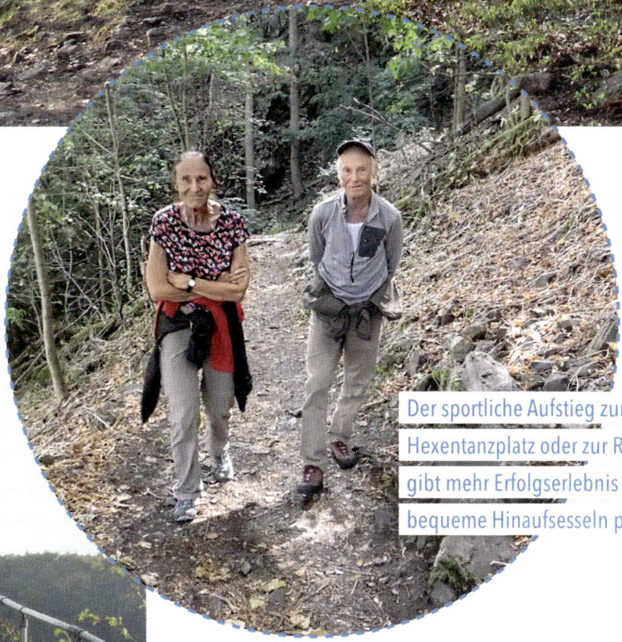

Der sportliche Aufstieg zum Hexentanzplatz oder zur Rosstrappe gibt mehr Erfolgserlebnis als das bequeme Hinaufsesseln per Seilbahn.

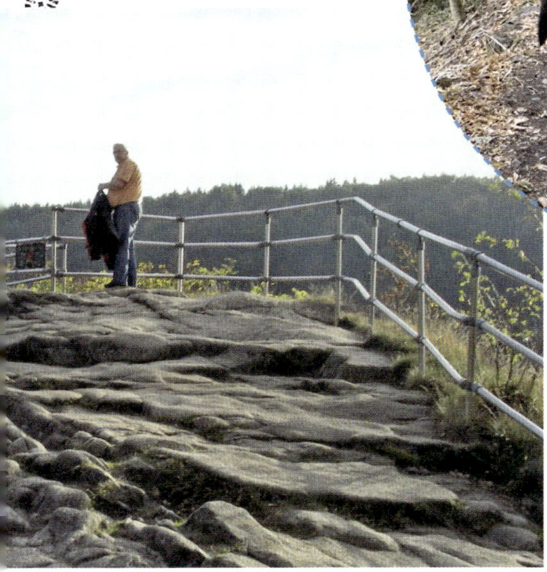

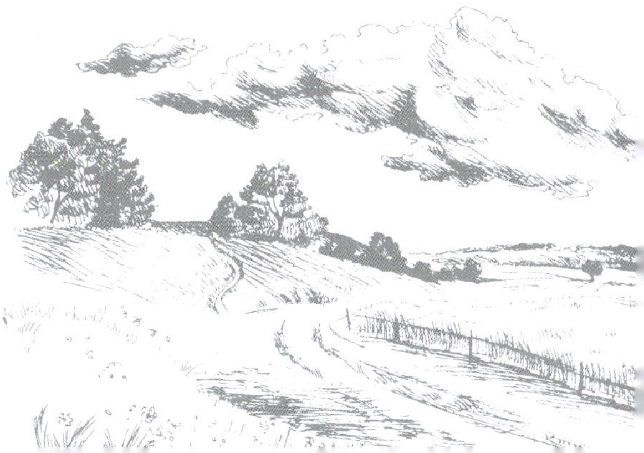

besteigbaren Felskanzel **La-Vieres-Höhe** 6 (Geländer, Aussicht). Vor dieser beginnt der Steig durch den wildromantischen Hirschgrund. Er führt mit 33 Kehren und wilden Nah- und Fernblicken im Zickzack hinab bis vor die Terrasse der **Gaststätte Königsruhe** 7. Eine Steinbrücke führt hinüber. Die harte Straße der Zufahrt lässt sich über den Weg südlich der Bode vermeiden.
Er führt ostwärts zuerst zum Jugendgästehaus **Waldkater** 8, und dann am besten auf der westlichen Seite der Bode zurück zur Talstation und zum **Bahnhof Thale** E.

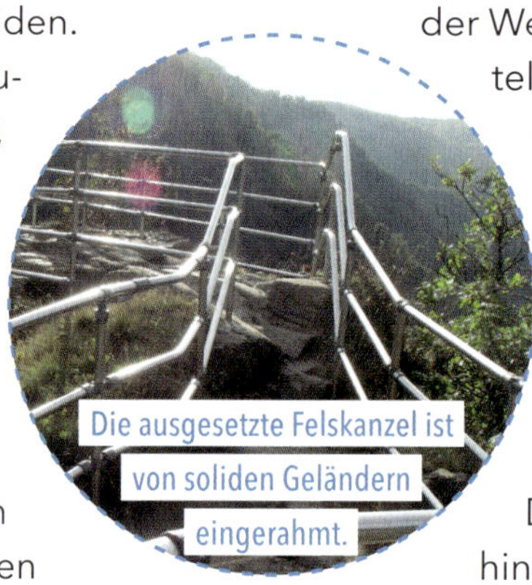

Die ausgesetzte Felskanzel ist von soliden Geländern eingerahmt.

Variante Rosstrappe

Auch die Rosstrappe lässt sich per Sessellift mit einigen Kosten ohne Mühen erreichen. Wer sportlich zu Fuß dorthin will, dem rate ich, zuerst im Talgrund zur Gaststätte Königsruhe zu gehen. Von dort führt ein luftiger Weiterweg über solide gebaute Stege noch vor der Teufelsbrücke zum Beginn der Schurre. Dieser klassische Zickzackweg ist jetzt wieder als »Alpiner Steig« freigegeben, jedoch außer einer kurzen blockigen Unterbrechung nach wie vor bestens ausgebaut. Er führt hinauf zur Teufelskanzel (Geländer, Aussicht). Von hier ist, von deutlich sichtbaren Geländern flankiert, nach Süden über Stufen die sensationelle Aussichtskanzel Rosstrappe zu erreichen. Nach oben führt der Weg weiter hinauf zum Berghotel Rosstrappe. Von dort verläuft der Abstieg nach Thale ostwärts auf dem Präsidentenweg. Der führt zunächst in Zickzacks hinab, an der rechts erreichbaren Felskanzel Bülow-Aussicht (Treppe, Geländer) vorbei. Danach geht es links haltend hinab zu einer markanten Kehre oberhalb einer Autostraße. Nun leitet der Weg immer nach rechts, ostwärts. Er mündet nahe dem Waldkater. Die Gehzeit beträgt insgesamt 3 Stunden oder auch mehr. Zu den üblichen Tageszeiten bietet sich der Lift auch hier für die Kürzung der Tour an.

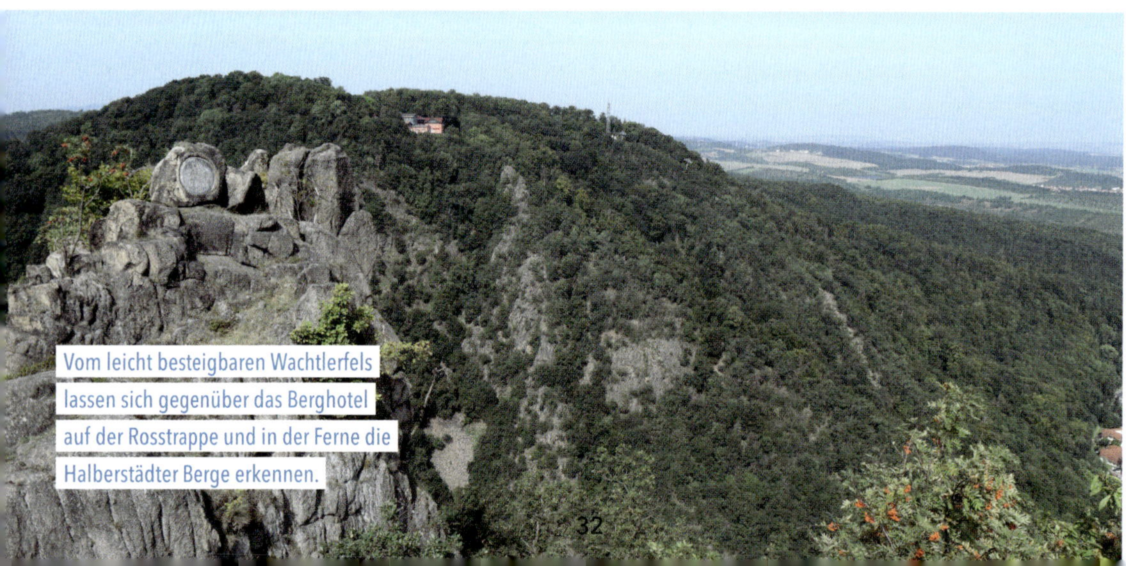

Vom leicht besteigbaren Wachtlerfels lassen sich gegenüber das Berghotel auf der Rosstrappe und in der Ferne die Halberstädter Berge erkennen.

Hier wird der Blick von der Brücke zur Gischt der Bode genüsslich auf Mittelaltergrusel abgefeiert.

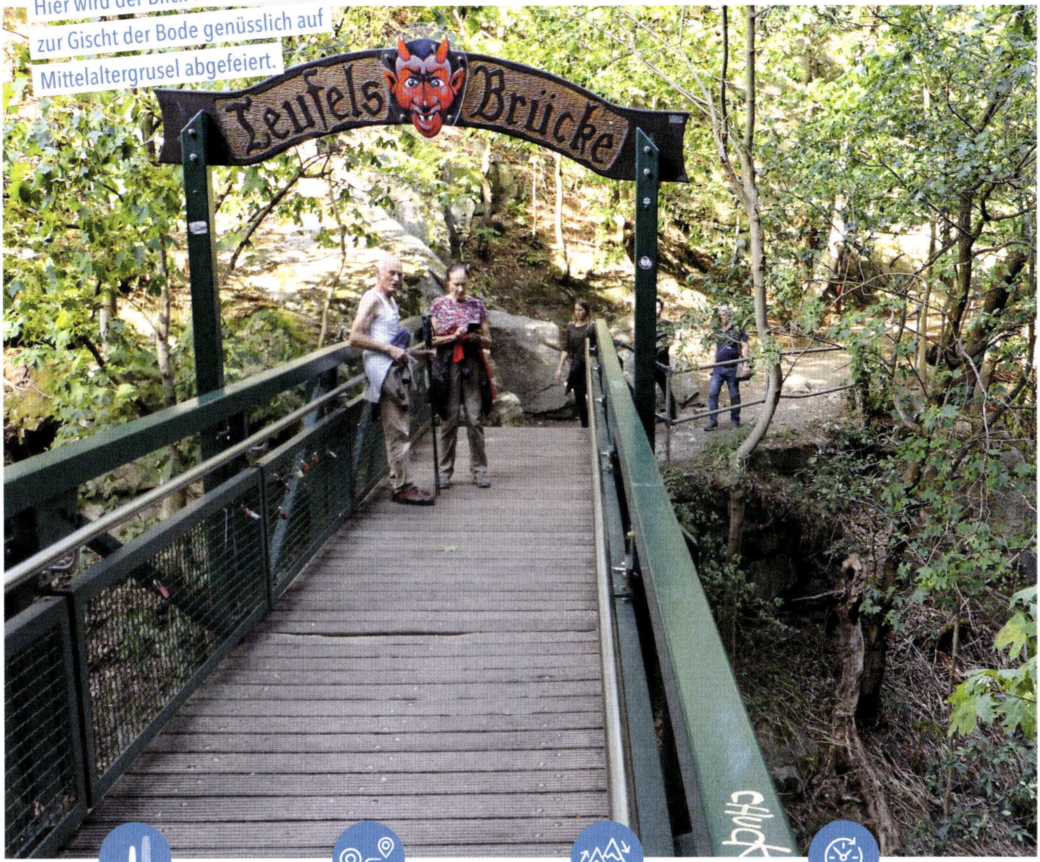

mittel | 7 km | 250 Hm | 3-4 h

Auf einen Blick

Übersicht
Bf Thale – Aufstieg Brünnhildensteig (oder Kabinenbahn) – Hexentanzplatz (+ Tierpark – La Vieres-Höhe – Abstieg Hirschgrund – Königsruhe – Bf Thale) oder: Bf Thale – Aufstieg Präsidentenweg (oder Sessellift) – Rosstrappe und Abstieg Schurre – Königsruhe – Bf Thale

Tourencharakter
Landschaftlich unvergesslich eindrucksvoll. Stramme Auf- und Abstiege auf steilen, steinigen Wegen und/oder Seilbahnfahrten, nach Lust und Laune kombinierbar

Ausgangs-/Endpunkt
Bahnhof Thale

An-/Rückfahrt
Bahn bis Thale, dann zu Fuß weiter oder auch mit Kabinenbahn und Lift

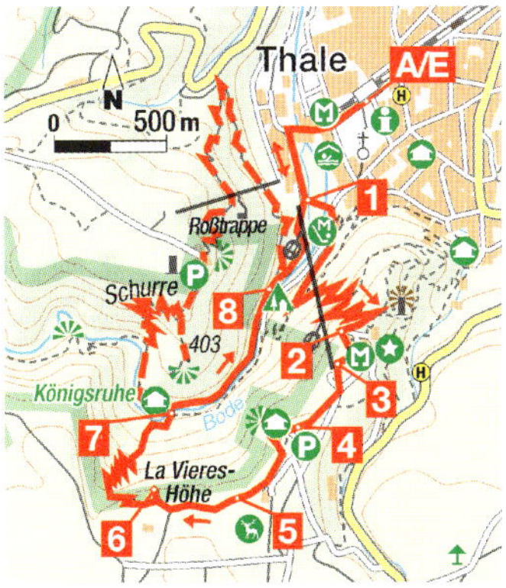

Karte
»Der Harz in vier Teilen« 1:30 000, Verlag Schmidt-Buch, Blatt Ostharz

Einkehr
Hexentanzplatz, Berghotel Rosstrappe, Königsruhe

Info
- *www.harztourist.de*
- *www.harzinfo.de*
- *www.bodetal.de*

DER HÖCHSTE BERG NIEDERSACHSENS

7

Seilbahnberg mit Wanderabstiegen

Vom östlichen und südlichen Harz aus gesehen ist dieser Berg ein markantes Gegenüber des Brocken, vom nördlichen Vorland aus gesehen bleibt er hinter dem großen Berg versteckt. Die Transport- und Fun-Angebote sind vielfältig. Aber selbst hier finden Wandernde reizvolle ruhige Wege wie beschrieben.

Abstieg vom Wurmberg nach Oderbrück

Nach der Anfahrt zum **Braunlager Eisstadion** Ⓐ fahren wir mit der Kabinenbahn hinauf zur **Mittelstation** ❶ und nach Umstieg zum **Wurmberg-Gipfel** ❷. Nach Konsum der Gipfelangebote bietet der Abstieg über den Westrücken und nach Oderbrück eine vielseitige und nicht allzu lange Wanderung. Dazu gehen wir von der westlichen Bergstation vor dem großen Stauteich nach rechts und nordseitig den grasigen Kuhlagerweg hinab. Er führt weiter unten auf einen Querweg, etwa 30 Meter von der links an der Straße gelegenen **Wurmberg-Stieglitzecke** ❸. Wir gehen hier nicht links, sondern auf dem Querweg nach rechts zum schmalen Ulmer Weg. Diesem folgen wir nordwestwärts über Wurzeln und Steine zum **Brockenstein** ❹ und schließlich bis vor eine Straße. Hier gehen wir rechts den schmalen Weg zur nahen Betonplattenstraße des Grenzweges. Dieser folgen wir etwa zwei Kilometer nordwärts zum Pavillon an der alten Schierker Straße. Diese gehen wir links 100 Meter zum historischen **Grenzstein Dreieckiger Pfahl** ❺. Hier nehmen wir die Straße links, südwestwärts hinab. Nach etwa 500 Metern folgen wir an einer Linkskurve geradeaus dem Steig am **Aussichtspunkt Bodebruch** ❺ vorbei und

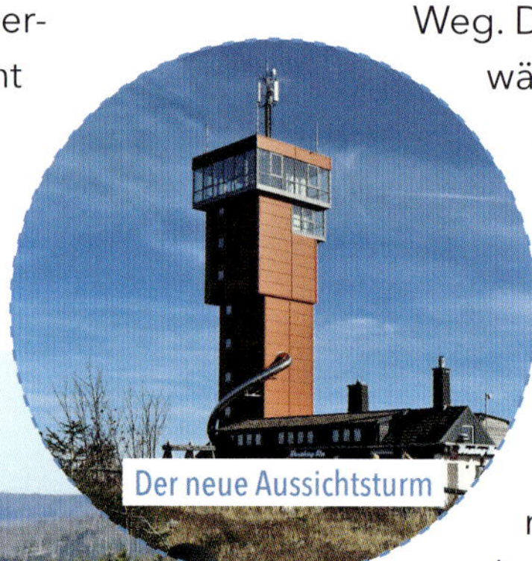

Der neue Aussichtsturm

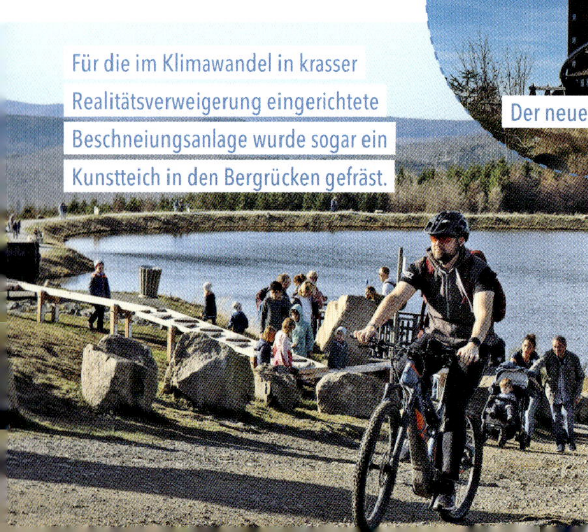

Für die im Klimawandel in krasser Realitätsverweigerung eingerichtete Beschneiungsanlage wurde sogar ein Kunstteich in den Bergrücken gefräst.

mittel | 7 km | 200 Hm (ab) | 3 h

Auf einen Blick

Übersicht
B Braunlage – Seilbahn bis Gipfel Wurmberg (Variante Abstieg zur Mittelstation beim Rodelhaus) – Dreieckiger Pfahl – B Oderbrück

Tourencharakter
Abstieg vom Trubelgipfel durch rauen Hochharz, teils auf kleinen Wegen

Ausgangspunkt
In Braunlage, Bushaltestelle Eisstadion

Endpunkt
Bushaltestelle Oderbrück (800 m)

Anfahrt
Bahn bis Bad Harzburg, dann tagsüber stündlich Bus, auch von Herzberg

Rückfahrt
Bus bis Haltestelle Bad Harzburg oder Herzberg

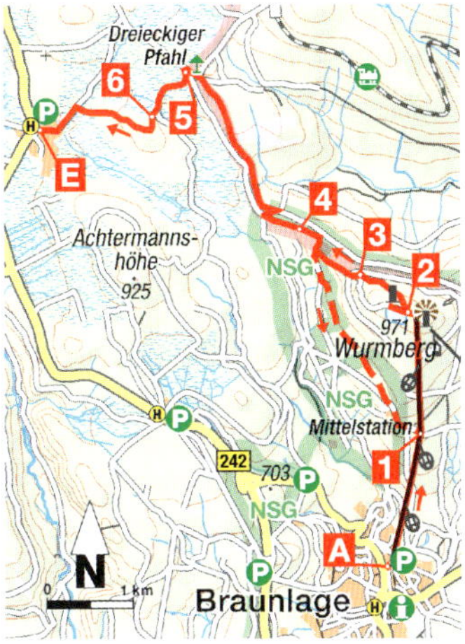

Karte
»Der Harz in vier Teilen« 1:30 000, Verlag Schmidt-Buch, Blatt Oberharz

Einkehr
Am Gipfel

Info
- *www.braunlage.de*
- *www.harztourist.de*
- *www.harzinfo.de*

auf Stegen am Bodemoor entlang zum festen Wald. Dort führt der Weg nach rechts bald zum Kaiserweg. Dieser bringt uns nach links, südwestwärts nahe dem Bach hinab zum **Bushalt Oderbrück** E.

Variante: Abstieg vom Gipfel zur Mittelstation

Zuerst wie oben bis zum Querweg und links zur Stieglitzecke. Wir folgen der festen Straße bis 300 Meter nach einer großen Kehre. Nun nehmen wir nach links den grasigen Stieger Weg. Er steigt zuerst etwas an und führt dann sanft abwärts quer durch steilere Berghänge zur Gaststätte Rodelhaus und zur Mittelstation (4 km) zum geruhsamen Hinabgondeln nach Braunlage.

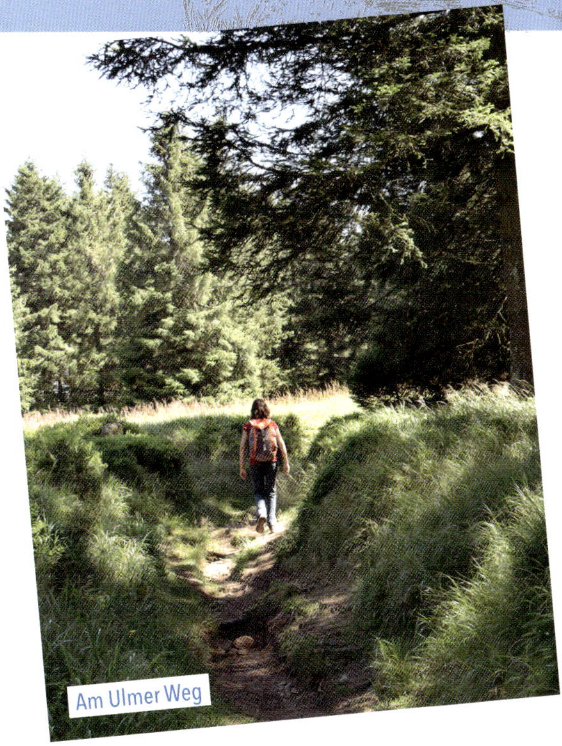
Am Ulmer Weg

VOM KURORT ÜBER DEN JUHU-BERG

8

Von Hahnenklee über den Bocksberg

Dies ist eine der bekanntesten und beliebtesten Bergkuppen des Harzes. Sie ist per Seilbahn erreichbar und im Gipfelbereich zusätzlich zu den Ausblicken mit Bespaßungsangeboten ausgestattet. Zu Fuß ist das trotzdem eine nette und weithin ruhige Streckenwanderung zum Bushalt am Bergsattel Auerhahn.

Über den Liebesbankweg zum Auerhahn

Von der Bushaltestelle **Kurhaus** Ⓐ gehen wir (eventuell mit einem Bogen durch gepflegtes Grün und über den Damm zwischen dem Kleinen und dem Großen Kranichteich) zum südlichen Teil der Parkstraße und südostwärts über die Bockswieser Straße zur **Stabkirche** ❶. Oberhalb von dieser führt eine kurze Gasse zum Weg südlich des großen Parkplatzes und damit zum Beginn des **Liebesbankweges** ❷. Wir folgen diesem ostwärts unter der Kabinenbahn durch und in der Nordseite des Bocksberges ansteigend. Es geht auch an einer malerischen Versammlung von Schlössern vorbei, zur **Kreuzung** ❸ mit der Straße, die über den Nordostrücken zum **Bocksberg-Gipfel** ❹ führt (über diese ist der Gipfel rasch zu erreichen, ebenso wie für Bahnnutzer von dort schnell hierher abgestiegen werden kann). Wir folgen dem Liebesbankweg weiter. Nach etwa 300 Metern gehen wir nach links hinab zur Bushaltestelle am ehemaligen Wegehaus **Auerhahn** Ⓔ.

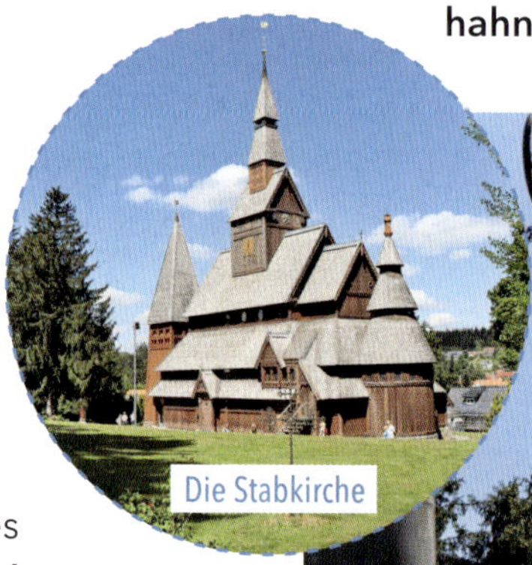

Die Stabkirche

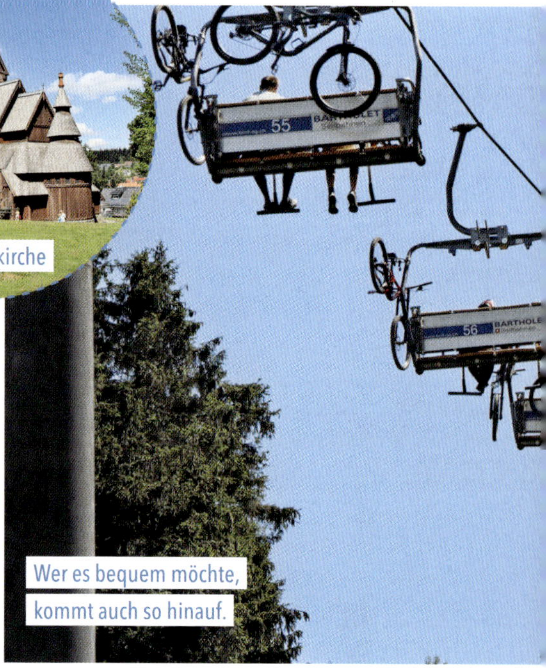

Wer es bequem möchte, kommt auch so hinauf.

leicht | 4 km | 210 Hm | 1:30 h

Auf einen Blick

Übersicht
B Hahnenklee – Aufstieg Bocksberg oder Seilbahn – Abstieg zum B Auerhahn

Tourencharakter
Hübsche Spazierwege in sich wandelndem Wald mit Bänken hie und da

Ausgangspunkt
Bushaltestelle Hahnenklee Kurhaus

Endpunkt
Bushaltestelle Auerhahn an der B 241

Anfahrt
Bahn bis Goslar, Bus Richtung Clausthal-Zellerfeld

Rückfahrt
Bus zur Haltestelle Goslar

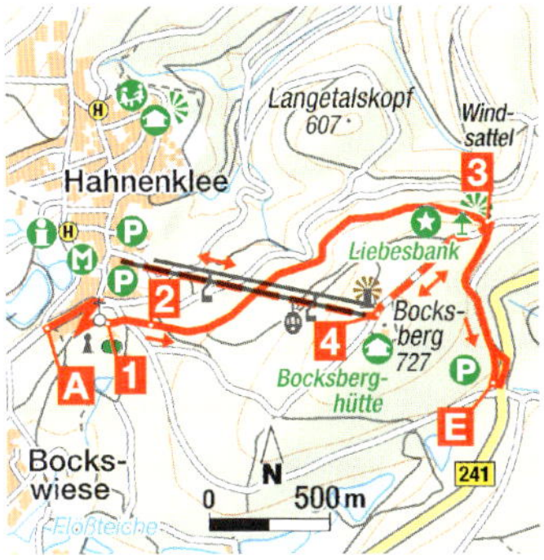

Karte
»Der Harz in vier Teilen« 1:30 000, Verlag Schmidt-Buch, Blatt Oberharz

Einkehr
In Hahnenklee und auf dem Bocksberg

Info
- www.harztourist.de
- www.harzinfo.de

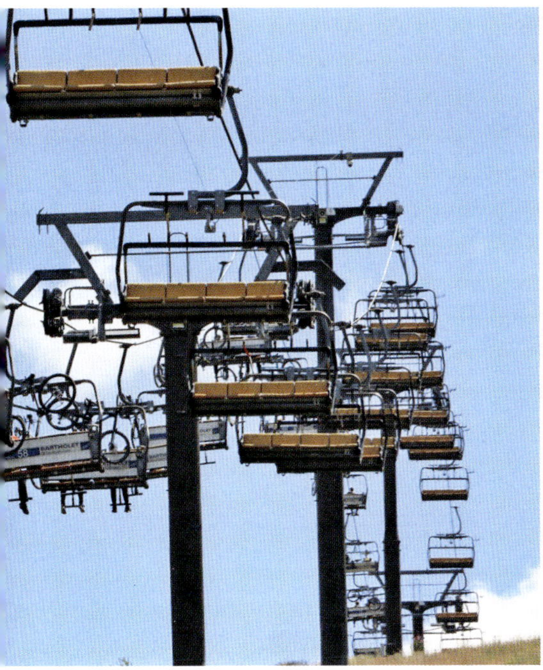

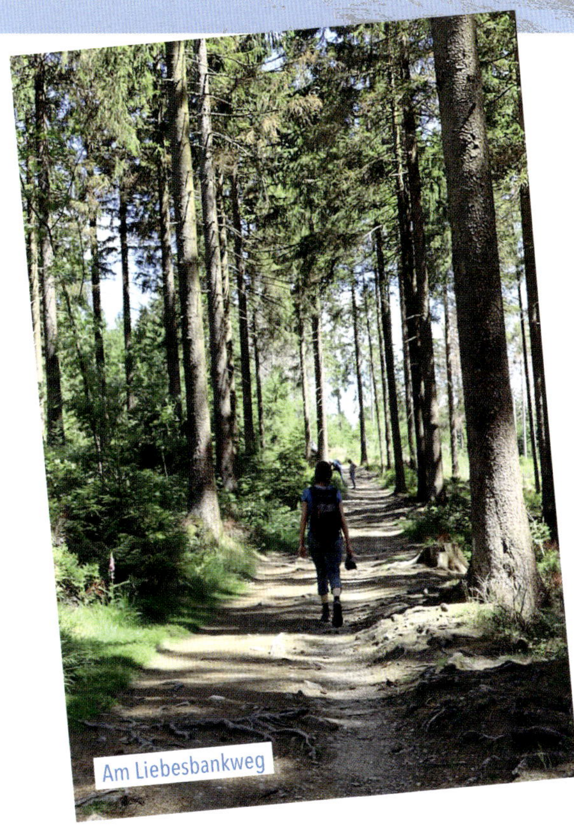

Am Liebesbankweg

PANORAMA-HÖHENWEGE MIT SEILBAHN

9

Alte Harzburg und Luchsgehege

Vom per Seilbahn (oder sportlich zu Fuß) erreichten Burgberg lässt sich kurzweilig auf aussichtsreichen bequemen Hangwegen das markante Gasthaus an den schroffen Rabenklippen erwandern. Im Beiprogramm bieten sich hier Einblicke in die Welt der Luchse und in die der Felskletterer.

Über den Burgberg zu den Rabenklippen

Vom Bahnhof Bad Harzburg bringt der Bus in Richtung Braunlage rasch zur **Bushaltestelle Bad Harzburg Burgbergbahn** Ⓐ. Von hier bietet die Seilbahn mühelosen Transfer auf den Großen **Burgberg** ❶ (Ausblick ins Vorland, Ruinenreste, Gaststätte. Für den sportlichen Aufstieg hierher gehen wir über die Fußgängerbrücke und noch vor dem Baumwipfelpfad links und in langen Kehren auf dem Herzogweg hinauf zum Antoniusplatz). Vom Gipfel erreichen wir am Rest des Burgbrunnens vorbei nach Osten hinab rasch den Bergsattel **Antoniusplatz** ❷ (hier ist eine kostenpflichtige Seilrutsche zum Baumwipfelpfad installiert). Wir gehen rechts nur wenig ansteigend auf dem Kaiserweg weiter zum nächsten Bergsattel **Säperstelle** ❸. Rechts folgen wir dem Kaiserweg noch kurz, bleiben dann aber bei der Abzweigung auf dem oberen Weg und folgen ihm zur Hütte **Tiefe Kohlstelle** ❹ (Abstieg von hier rechts hinab und im Tiefen Tal zum Baumwipfelpfad 3 km). Nach links führt ein Sträßchen zum Luchsgehege und gleich danach zur urigen Gaststätte an den **Rabenklippen** ❺. Über Treppenstufen lässt sich der Westgipfel besteigen. Er bietet Fernblick zum Brocken und Einblick in die schroffen Granitwände des Ostgipfels. Sie sind schwierige Ziele der Kletterer. Wer zurück anders gehen will, kann auch nordseitig Hangwegen zum **Kreuz des Ostens** ❻ folgen. An der Säperstelle münden sie auf die Route des Hinwegs. Diese bringt uns wieder zurück zum Burgberg und zur **Seilbahn** Ⓔ.

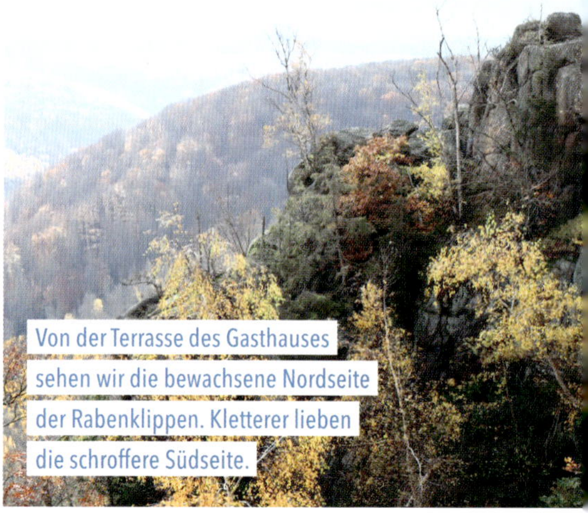

Von der Terrasse des Gasthauses sehen wir die bewachsene Nordseite der Rabenklippen. Kletterer lieben die schroffere Südseite.

leicht | 7,5 km | 150 Hm | 3 h

Auf einen Blick

Übersicht
B Burgbergbahn Bad Harzburg – Seilbahn (oder Herzogweg) – Burgberg – Antoniusplatz (von hier Seilrutsche) – Säperstelle – Tiefe Kohlstelle – (B) Rabenklippen – Kreuz des Ostens – Säperstelle – Burgberg – B Burgbergbahn

Tourencharakter
Spazierwege

Ausgangs-/Endpunkt
Bergstation Burgberg

An-/Rückfahrt
Bahn bis Bad Harzburg, Stadtbus zur Haltestelle Burgbergbahn

Karte
»Der Harz in vier Teilen« 1:30 000, Verlag Schmidt-Buch, Blatt Oberharz

Einkehr
Burgberg, Rabenklippen

Info
- www.bad-harzburg.de
- www.harztourist.de
- www.harzinfo.de

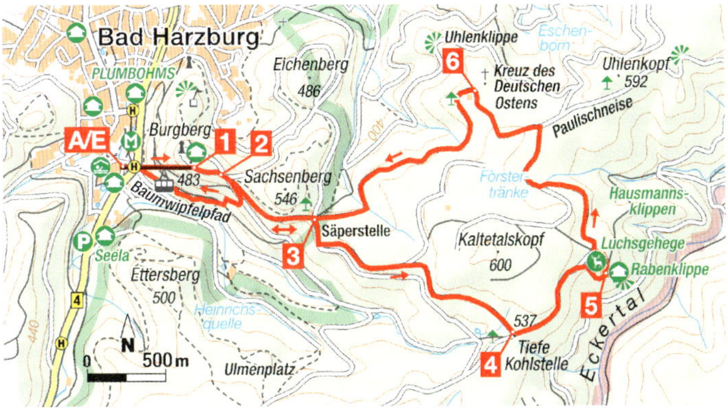

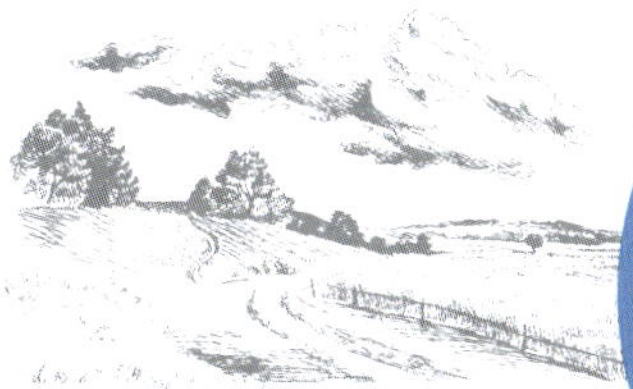

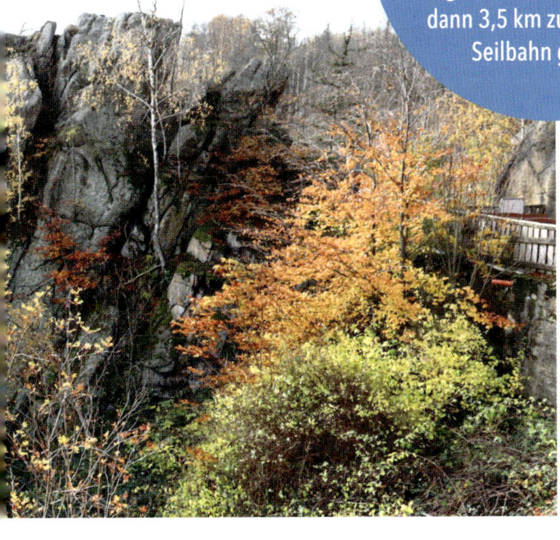

Variante

Zu den Rabenklippen fährt ein Erdgasbus (nur im Sommer, täglich nur zwei Fahrten, am besten morgens zu den Rabenklippen, dann 3,5 km zur Burgberg-Seilbahn gehen).

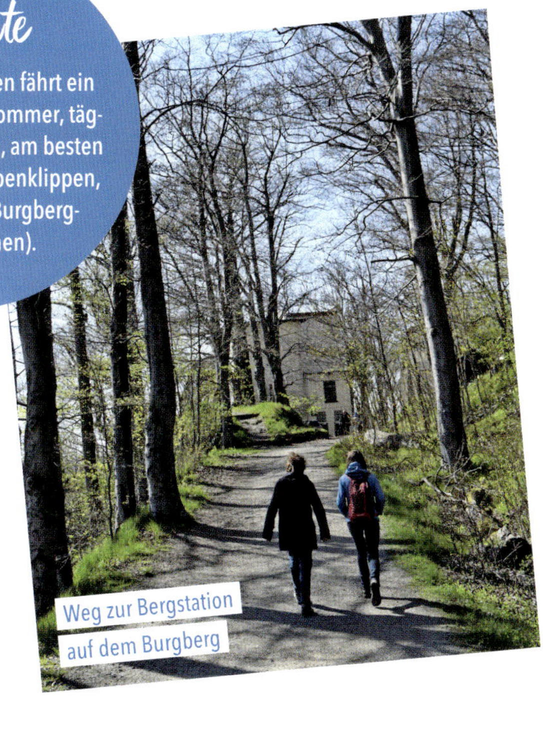

Weg zur Bergstation auf dem Burgberg

AUF DEN GROSSEN BERG DES NORDENS

10

Der Brocken per Bahn und Spazierrunde

Neben diesem Berg gibt es auf Hunderte von Kilometern keinen anderen mit auch nur annähernd ähnlicher Wucht. Das ist etwas Besonderes, deshalb besteigen ihn sehr viele Menschen. Hier die bequemste Lösung: ein Gipfelspaziergang (die eindrucksvolleren Wanderaufstiege folgen unten).

Brockenbahn

Die Brockenbahn gehört zu den **Harzer Schmalspurbahnen** (HSB) und hat ihren Bahnhof gleich neben dem der Deutschen Bahn. Von der Strecke Wernigerode – Nordhausen zweigt die Brockenbahn in Drei-Annen-Hohne ab. Sie führt im weiten Bogen oberhalb von Schierke stetig steil und nahe der Reibungsgrenze des ohne Zahnradantrieb Möglichen hinauf um die sumpfige Kuppe des Königsbergs herum und über die Ost- und Nordhänge der Gipfelkuppe in einer weiten Spirale zum nahe dem höchsten Punkt gelegenen Bahnhof Brocken. Die Fahrt mit der historischen Dampflok und zu diesem entlegenen Ort ist ein Erlebnis. An Wintertagen mit Sturm und wilden Schneewehen sogar ein Abenteuer.

Gipfelrundweg

Vom **Bahnhof Brocken** Ⓐ empfehle ich, erst die Brockenstraße 300 Meter hinabzugehen. Hier erinnert rechts eine Tafel an die nach Jahrzehnten der Sperrung 1989 erfolgte Wiedereröffnung des Zugangs zum

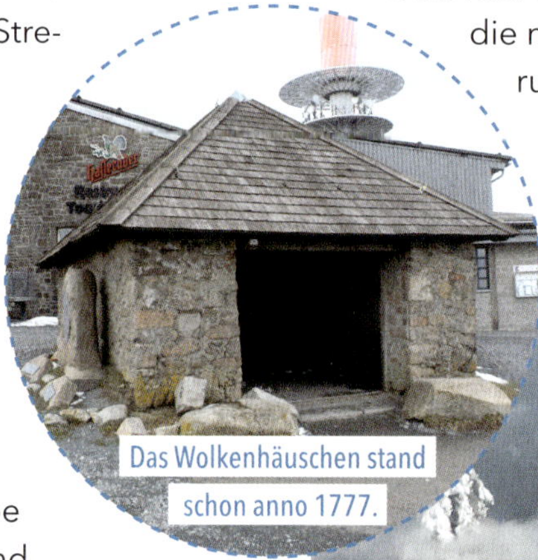

Das Wolkenhäuschen stand schon anno 1777.

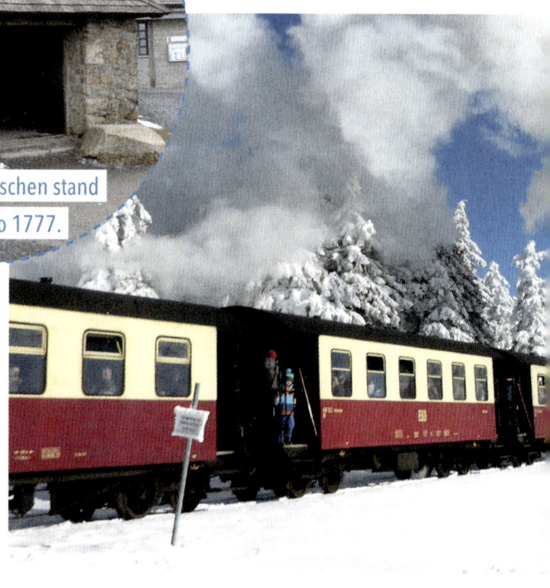

leicht | 2 km | 60 Hm | 1 h

Auf einen Blick

Übersicht
Bf Wernigerode – HSB Bf Brocken

Tourencharakter
Mittelgebirglicher Spaziergang auf nicht überall geglätteten und wetterabhängigen Wegen, Rundweg

Ausgangs-/Endpunkt
Bahnhof Brocken

An-/Rückfahrt
Bahn bis Wernigerode, daneben HSB, Bahn auf den Brocken

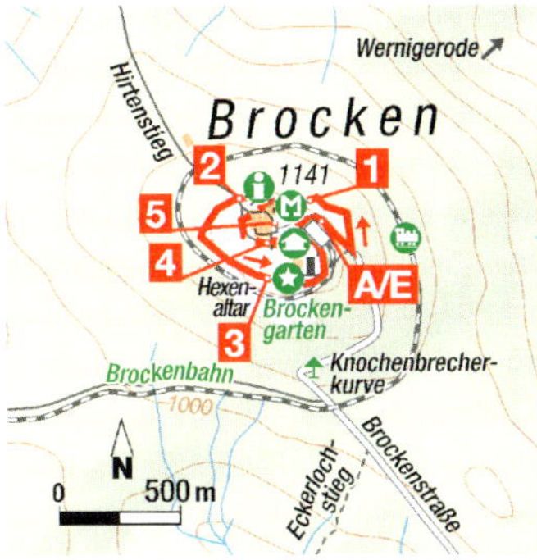

Karte
»Harz in vier Teilen« 1:30 000, Verlag Schmidt-Buch, Blatt Mittlerer Harz

Info
- *www.hsb.de*
- *www.nationalpark.harz.de*
- *www.harztourist.de*

Brocken. Dicht daneben steht eine Steinbank. Sie wurde von Freunden des leidenschaftlichen Brockenbesteigers Benno Schmidt gestiftet, der im Mai 2023 zu seinem 90. Geburtstag noch seine 9000. Besteigung feiern konnte. Gegenüber beginnt nordwärts der Gipfelrundweg. Er führt unter dem **Brockenmuseum** ❶ und dem Sendemast vorbei zu einem **Ausguck** ❷. Unterhalb führt nach Norden hinab der jetzt als Betonstraße verfestigte Hirtenstieg. Gegenüber folgen wir dem Rundweg entlang einem Geländer zuerst abwärts, dann südostwärts wieder ansteigend zu den markanten Granitklippen **Teufelskanzel** ❸ und Hexenaltar. Danach gehen wir am Brockengarten und dem Turm der Wetterwarte vorbei. So gelangen wir zurück zum Bahnhof Brocken und von dort nach links hinauf zu den hierher versetzten **Gipfelblöcken** ❹. Die haben sich zu einem der beliebtesten Selfiemotive der Republik entwickelt. Wer von so viel Landschaft und dem oft rauen Wetter genug hat, findet im **Bahnhof** Ⓔ oder hinter dem historischen, schon von Goethe 1777 vorgefundenen **Wolkenhäuschen** ❺ im Goethesaal oder oben im Café Hexenklause Stärkung und im Brockenmuseum Wissenswertes.

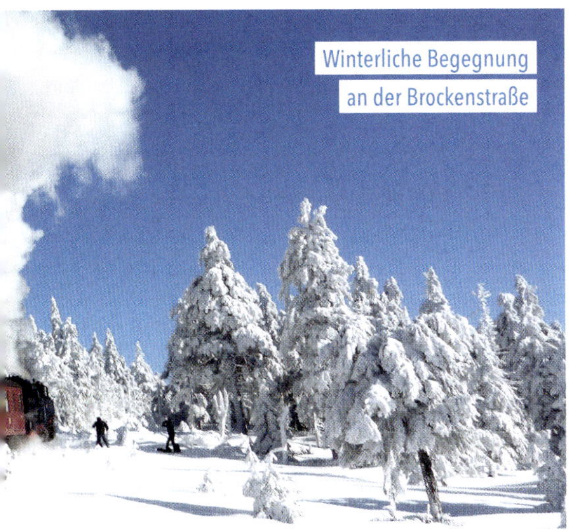
Winterliche Begegnung an der Brockenstraße

11

Über die Talrandkuppe Hoher Kleef

Die sanft gebuckelte östliche Harzhochfläche besteht in dieser Gegend aus Kalk der Karbonzeit. Im Talgrund sind zwei berühmte Schauhöhlen zugänglich. Die Wanderung führt von den Höhlen hinauf zu einem Aussichtspavillon.

Über den Hohen Kleef und zum Bielstein

In Rübeland starten wir vom **Bushalt** Ⓐ gegenüber der **Baumannshöhle** ❶. Wer sie besucht hat, findet auf der anderen Seite der Bode die gleichfalls interessante **Hermannshöhle** ❷. Für eine zusätzliche Wanderung nach dem Untertageprogramm können wir von der Brücke gegenüber der Autostraße in die Burgstraße gehen. Dort beginnt ein fester Zickzackweg. Er führt im steilen Hang unterhalb von teils mit Stahlkabeln hässlich fixierten Kalkfelsen hinauf vor die auf einem felsigen Bergsporn gelegene **Burgruine Birkenfeld** ❸ (Aussicht). Gegenüber führt der Weg nordostwärts weiter hinauf zum Aussichtspavillon auf dem Felsbuckel **Hoher Kleef** ❹. Wir können den Weg noch etwas weiter gehen und dann geradeaus den Weg hinab zum **Bushalt Rübeland Friedhof** ❺ Ⓔ. Die Haltestelle ist an der nahen Blankenburger Straße.

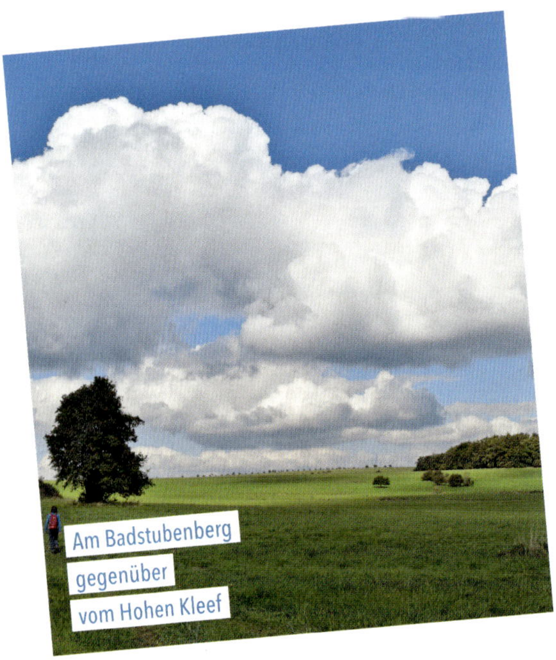

Am Badstubenberg gegenüber vom Hohen Kleef

Variante

Wer mehr gehen will, folgt hinter dem Friedhof dem Wirtschaftsweg hinauf im Bogen westwärts bis zu einer Linkskurve. Hier führt ein Feldweg nach rechts und biegt nahe einem Sender nach links auf eine Wiese. An ihrem oberen Ende liegt über dem Tal der Felskopf Bielstein.

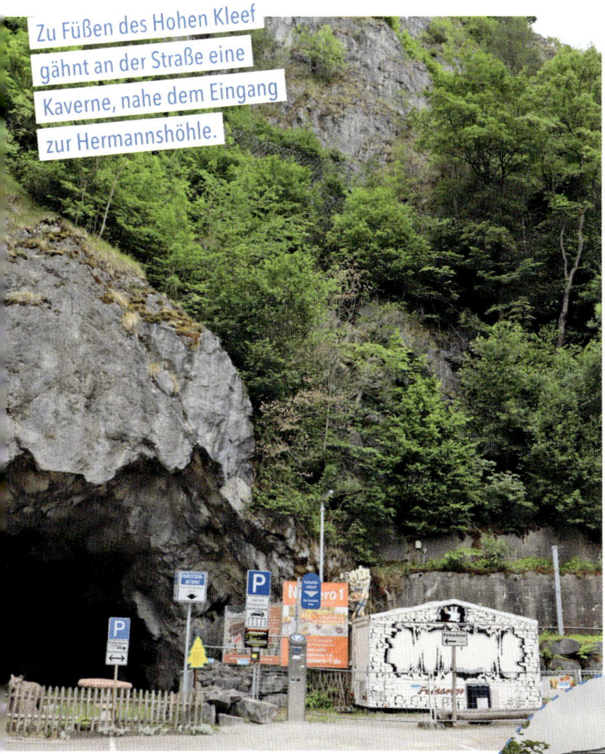

Zu Füßen des Hohen Kleef gähnt an der Straße eine Kaverne, nahe dem Eingang zur Hermannshöhle.

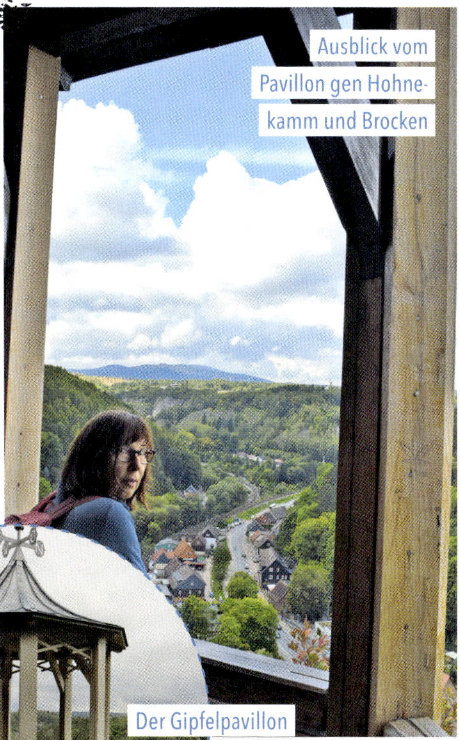

Ausblick vom Pavillon gen Hohnekamm und Brocken

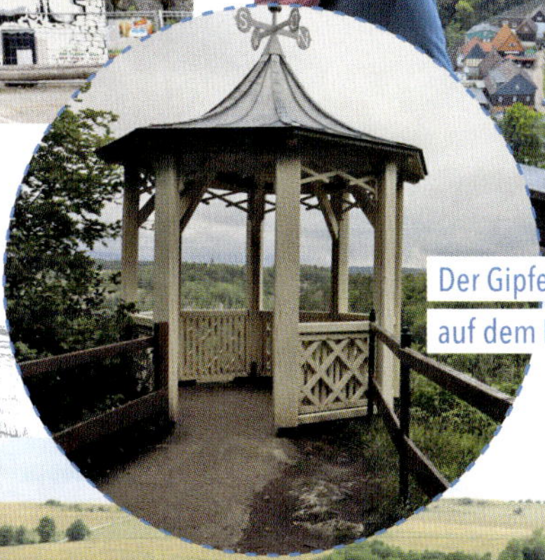

Der Gipfelpavillon auf dem Hohen Kleef

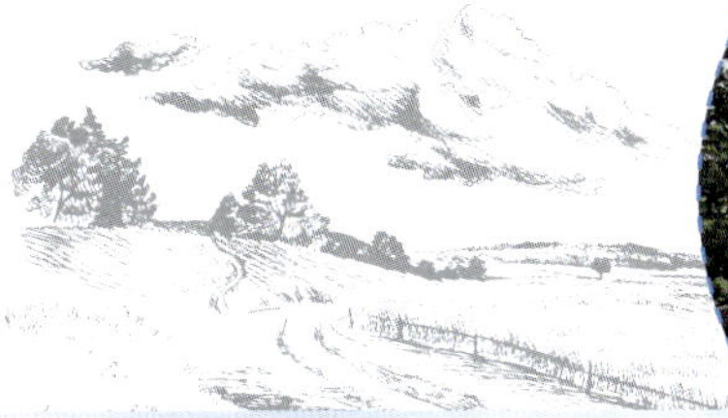

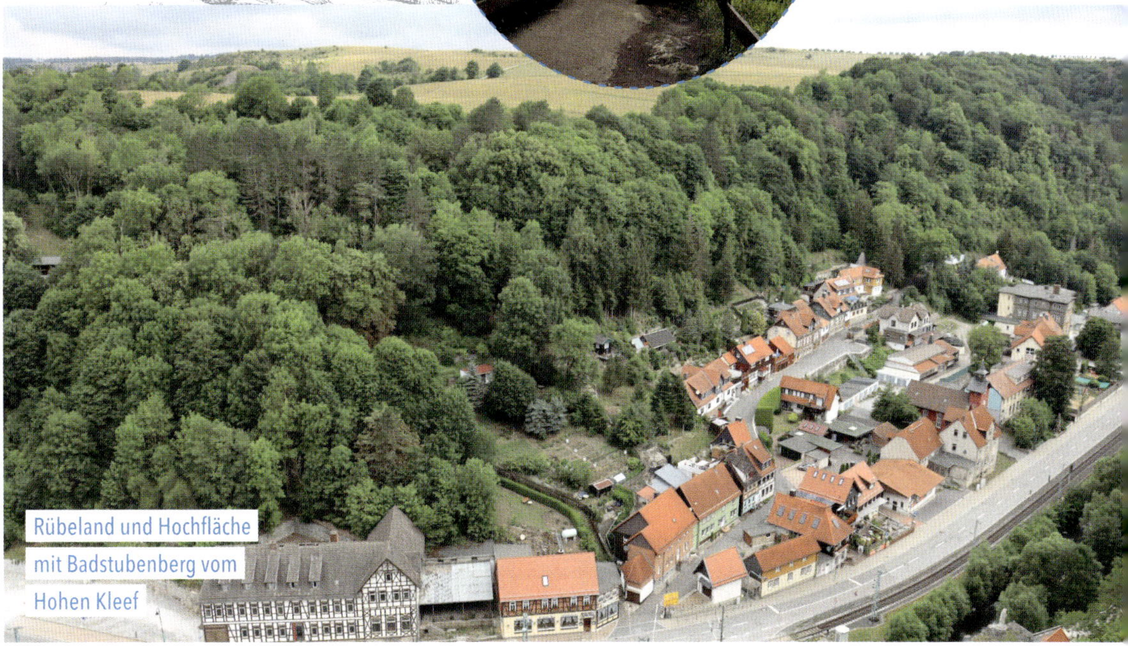

Rübeland und Hochfläche mit Badstubenberg vom Hohen Kleef

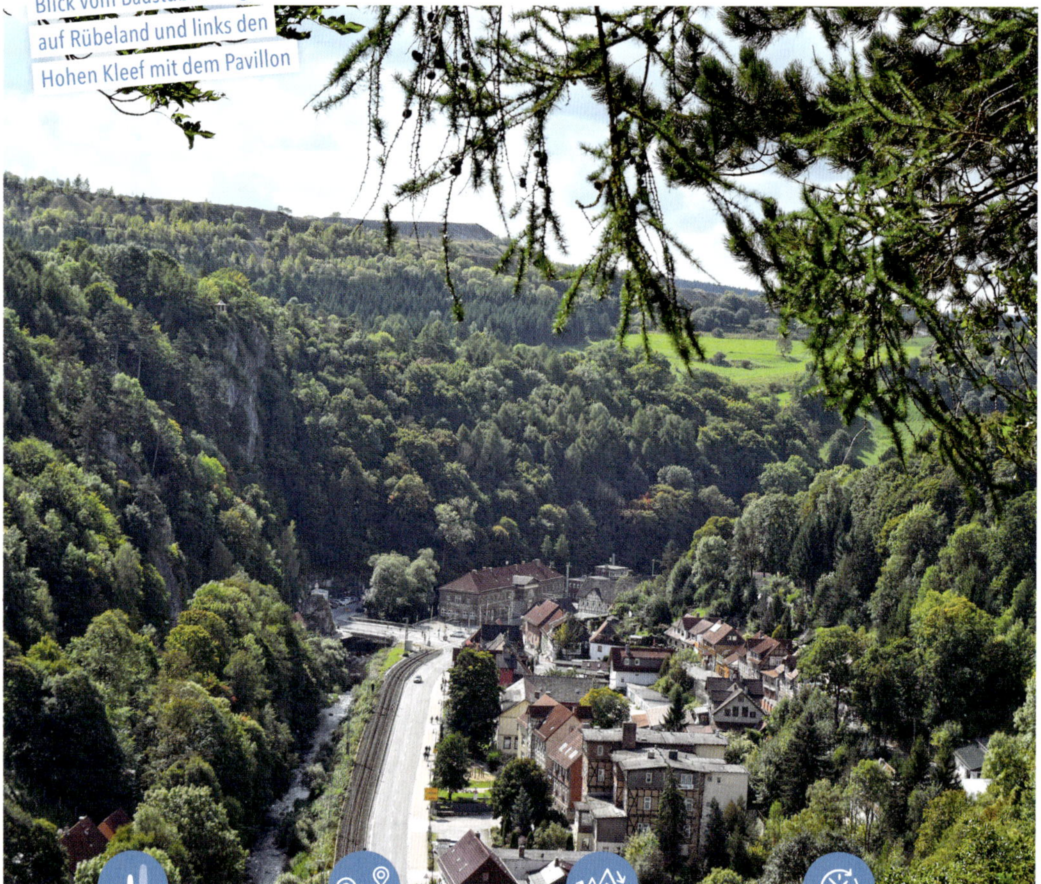

Blick vom Badstubenberg auf Rübeland und links den Hohen Kleef mit dem Pavillon

mittel | 2-3 km | 100/50 Hm | 1:30 h

Auf einen Blick

Übersicht
B Rübeland Baumannshöhle – Höhlen – Ruine Birkenfeld – Hoher Kleef – B Rübeland Friedhof

Tourencharakter
Als Beiprogramm zu dem Besuch der Höhlen empfohlene Kurzwanderung zu zwei markanten Aussichtspunkten

Ausgangspunkt
Bushaltestelle gegenüber Baumannshöhle in Rübeland

Endpunkt
Bushaltestelle beim Friedhof Rübeland

Anfahrt
Bahn bis Wernigerode, Bus Richtung Allrode

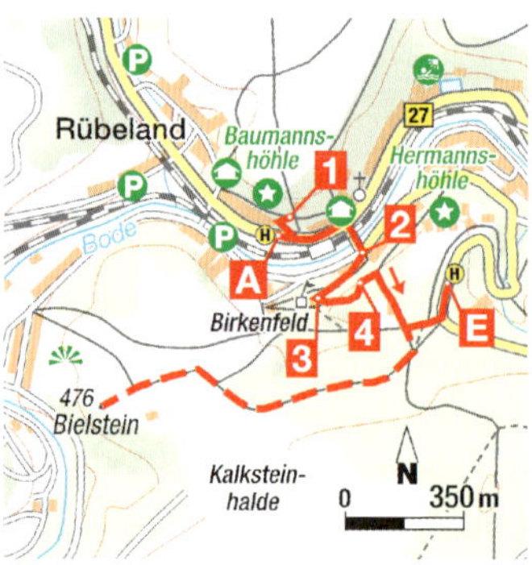

Rückfahrt
Bushaltestelle Rübeland Friedhof

Karte
»Der Harz in vier Teilen« 1:30 000, Verlag Schmidt-Buch, Blatt Mittlerer Harz

Einkehr
Im Ort

Info
- www.harzer-hoehlen.de
- www.harztourist.de
- www.harzinfo.de

In diesem Gebiet gibt es weitere Höhlen. Zur Bushaltestelle gehen wir auf dem gleichen Weg zurück.

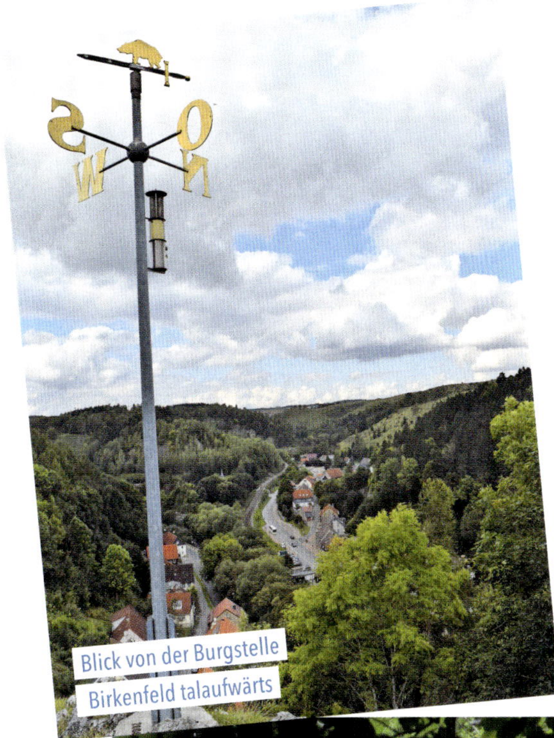

Blick von der Burgstelle Birkenfeld talaufwärts

Höhlen

Der Kalk entstand im Erdaltertum aus den Skeletten von Schwämmen und Korallen. Die vom Brocken kommende Bode hat seit der jüngeren Heraushebung des alten Gebirges ihr gewundenes Tal steil in dessen flache Höhen eingeschnitten. Dabei entstanden im Kalk durch Gesteinsauflösung in Wasser an Klüften Höhlen (Karst). Nur wenige sind als Schauhöhlen zugänglich. Es gibt noch weit mehr. In den Steinbrüchen werden Höhlen immer noch abgebaut und sind dann für immer weg.

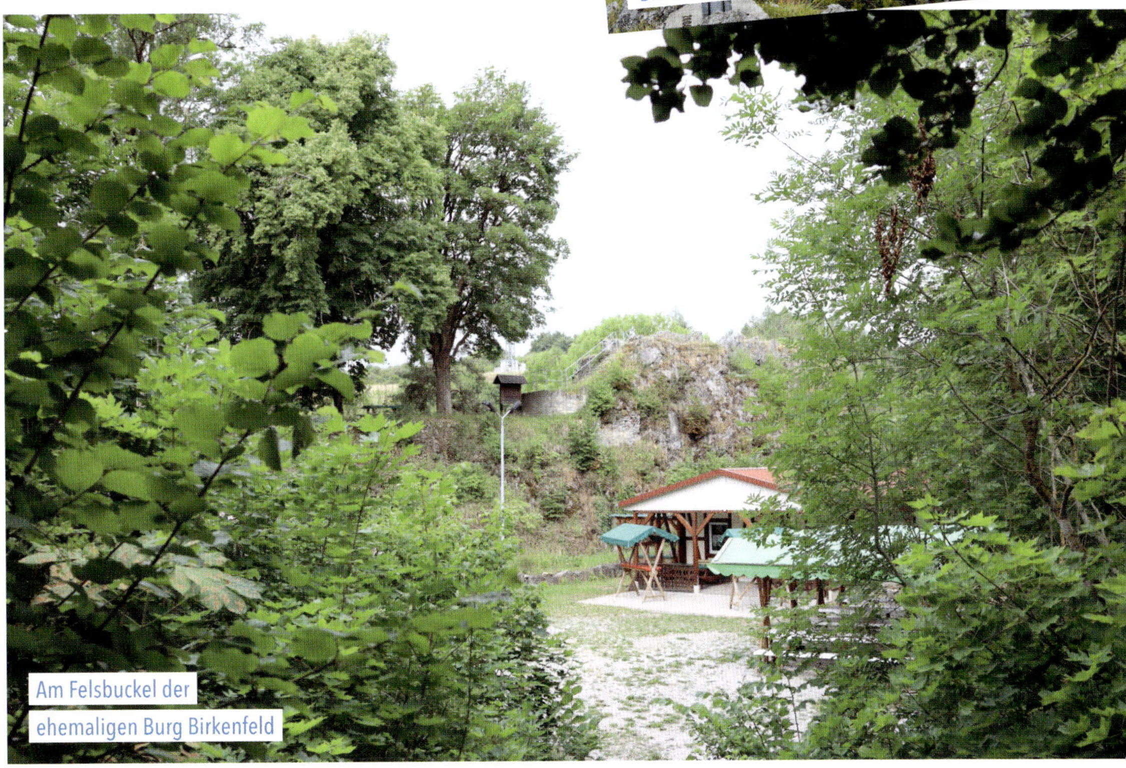

Am Felsbuckel der ehemaligen Burg Birkenfeld

ZU KALKRIFFEN MIT HÖHLEN UND BURGEN

12

Einhornhöhle und Ruine Scharzfels

Diese Wanderung führt durch kuppiges Gelände mit Wiesen und Laubwald. Das Gestein ist hier Zechsteindolomit. Er bot in Höhlen schon eiszeitlichen Tieren und ersten Menschen Schutz und Heimstatt und später Rittern Platz für trutzige Burgen mit ungesunden Verliesen.

Zur Einhornhöhle

Vom **Bushalt Sattlergasse** Ⓐ gehen wir nordwärts und rechts die Hinterstraße zur Unterführung der Autobahn. Danach führt rechts der Weg hinauf zur natürlich entstandenen Höhle **Steinkirche** ❶. Der Weg bringt uns weiter zum Rücken des Bergsporns Steinberg und nordostwärts zum Jahn-Denkmal. Danach leitet uns im Wald der kleinere Wilhelm-Hartung-Weg schräg hinab zum **Campingplatz und Schwimmbad** ❷. Wir gehen die Talstraße entlang dem Bremkebach noch 600 Meter weiter und folgen dann nach rechts dem Fußweg hinauf zum Bergrücken. Auf diesem gehen wir oberhalb der nordseitigen Kanzeln der Rottsteine weiter bis zum vom Knollen und Herbstberg herabziehenden Weg. Diesem folgen wir scharf rechts, südwestwärts hinab zur Hütte bei der **Einhornhöhle** ❸.

Zur Ruine Scharzfels

Wir folgen nun südostwärts dem Weg am Waldrand hinab zum Talgrund und jenseits steil im Wald hinauf zur auf einen Felsen gebauten **Ruine Scharzfels** ❹. Am Torturm vorbei gelangen wir in den Innenhof mit Gaststätte und Aussichtsterrasse. Über eine große Treppe kann man zur Mauerkrone hinaufsteigen. Für den Weiterweg gehen wir zurück bis vor den Torturm und folgen dann

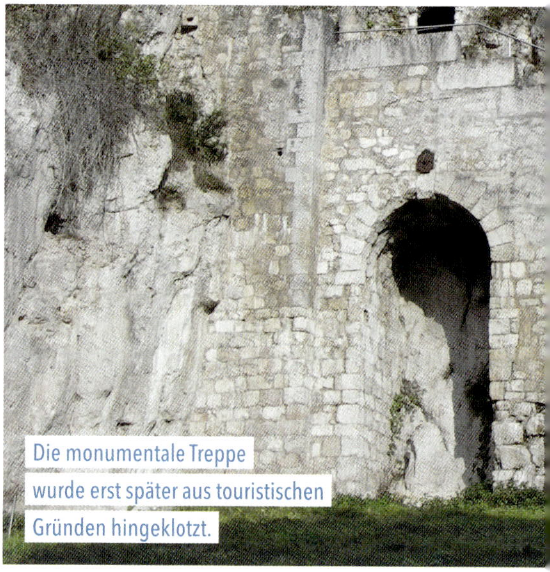

Die monumentale Treppe wurde erst später aus touristischen Gründen hingeklotzt.

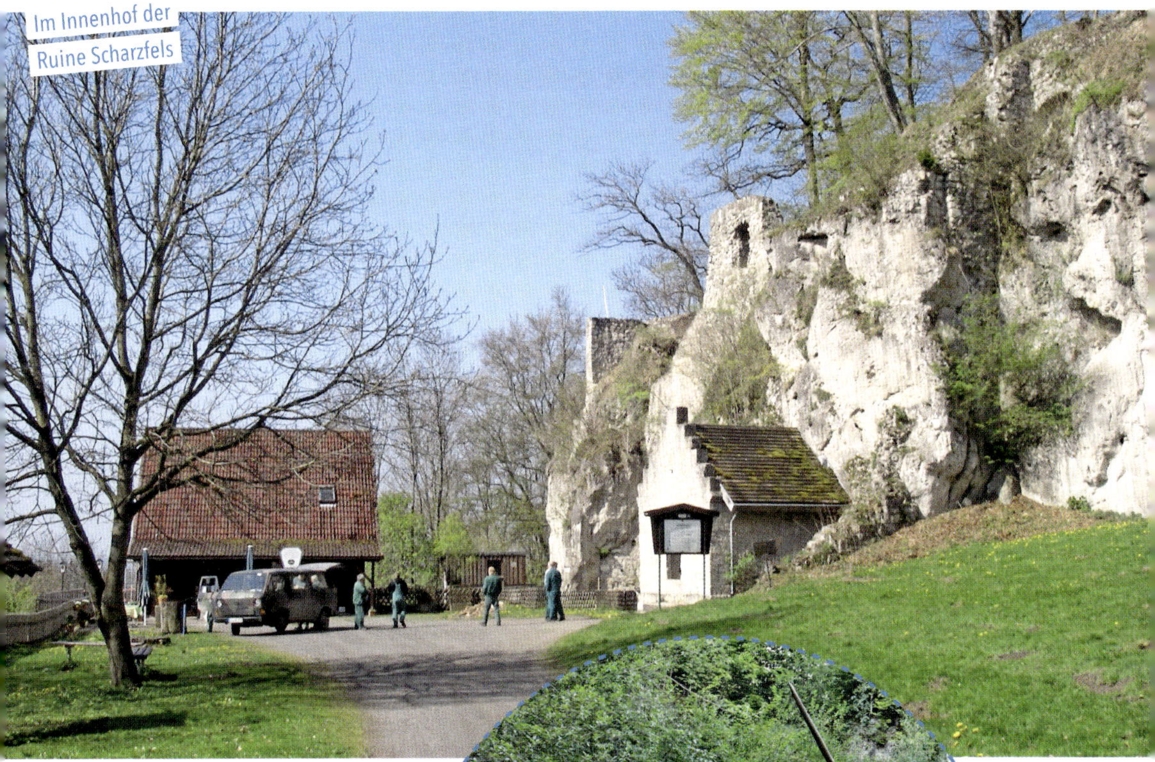

Im Innenhof der Ruine Scharzfels

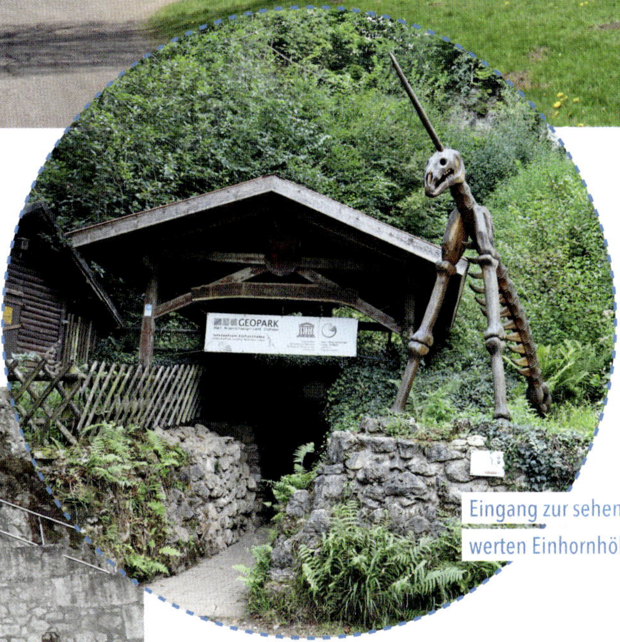

Eingang zur sehenswerten Einhornhöhle

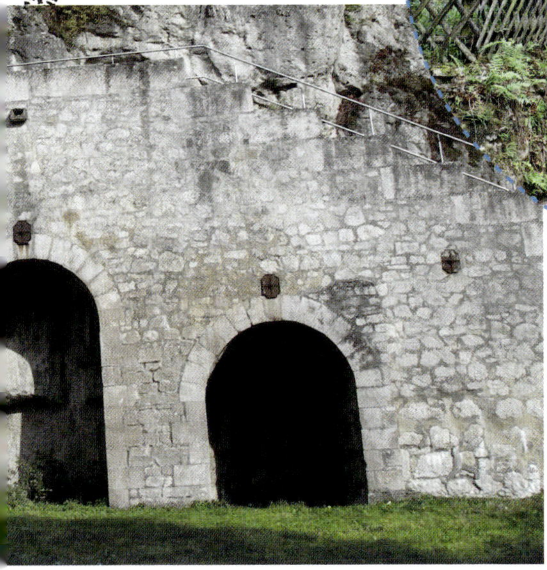

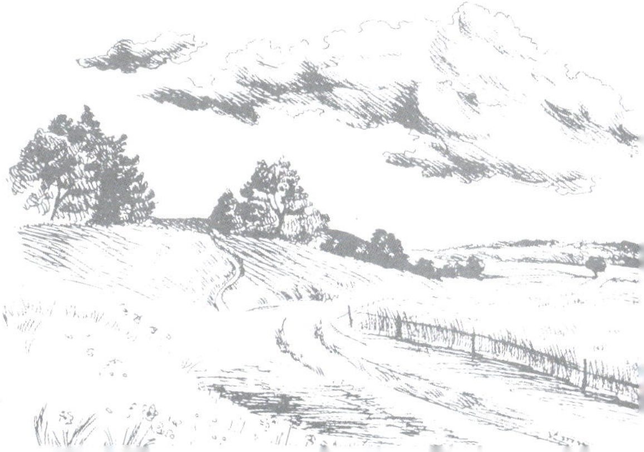

im Bogen nach rechts einem Weg. Er bringt uns südwestwärts hinab, unter der Autobahn hindurch und nach links hinab zur Harzstraße. Sie führt westwärts zurück in den Ort und nach Passieren des ehemaligen Bahnhofsgebäudes zum **Bushalt Scharzfeld Hasenwinkel** E.

Spuren früher Geschichte

Die schon von eiszeitlichen Jägern bewohnte Höhle Steinkirche wurde im Mittelalter behauen und zu einer Kirche umgestaltet. Dazu diente der Vorplatz als Friedhof. 1928 wurden als unterste Schicht der Höhlensedimente Belege der Anwesenheit eiszeitlicher Jäger gesichert. In einer späteren Grabung räumten SS-Leute auf der Suche nach ideologisch Brauchbarem sämtliche 120 Gräber des Friedhofes aus, erklärten ein auffallendes Grab als das eines sächsischen Adligen und blamierten sich damit als Ahnungslose, als auffiel, dass es die Gebeine einer Frau waren.

Im Höhlenlehm der Einhornhöhle waren Funde von Höhlenbären und auch Werkzeuge und Knochen von Neandertalern besonders ergiebig. Hier werden auch heute bewusst Bereiche unberührt gelassen, in der Hoffnung auf tiefere Erkenntnisse mit künftig noch besseren archäologischen Grabungstechniken.

Die Ruine Scharzfels bestand seit dem 10. Jahrhundert, war zeitweilig Staatsgefängnis und wurde 1761 von Franzosen erobert und zerstört. Die monumentale Treppe stammt aus dem 19. Jahrhundert. Die westseitigen Felswände sind heute ein beliebtes Kletterziel.

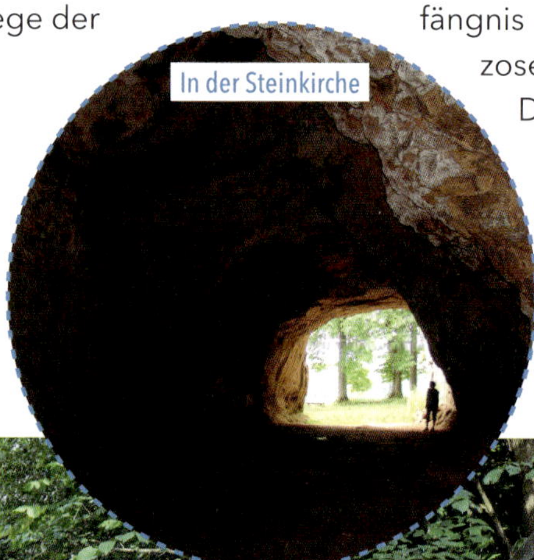
In der Steinkirche

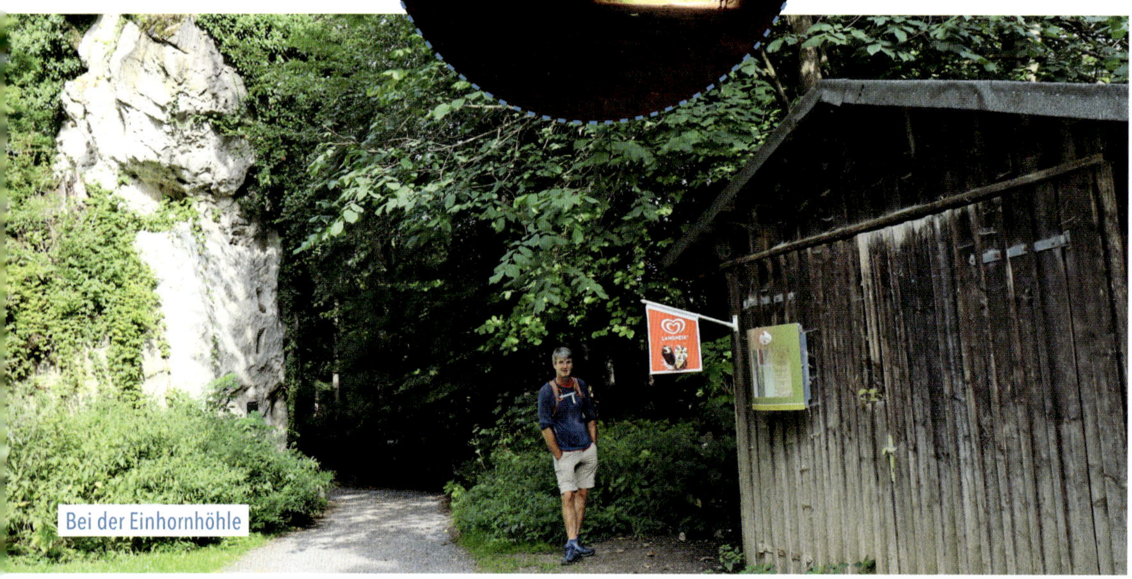
Bei der Einhornhöhle

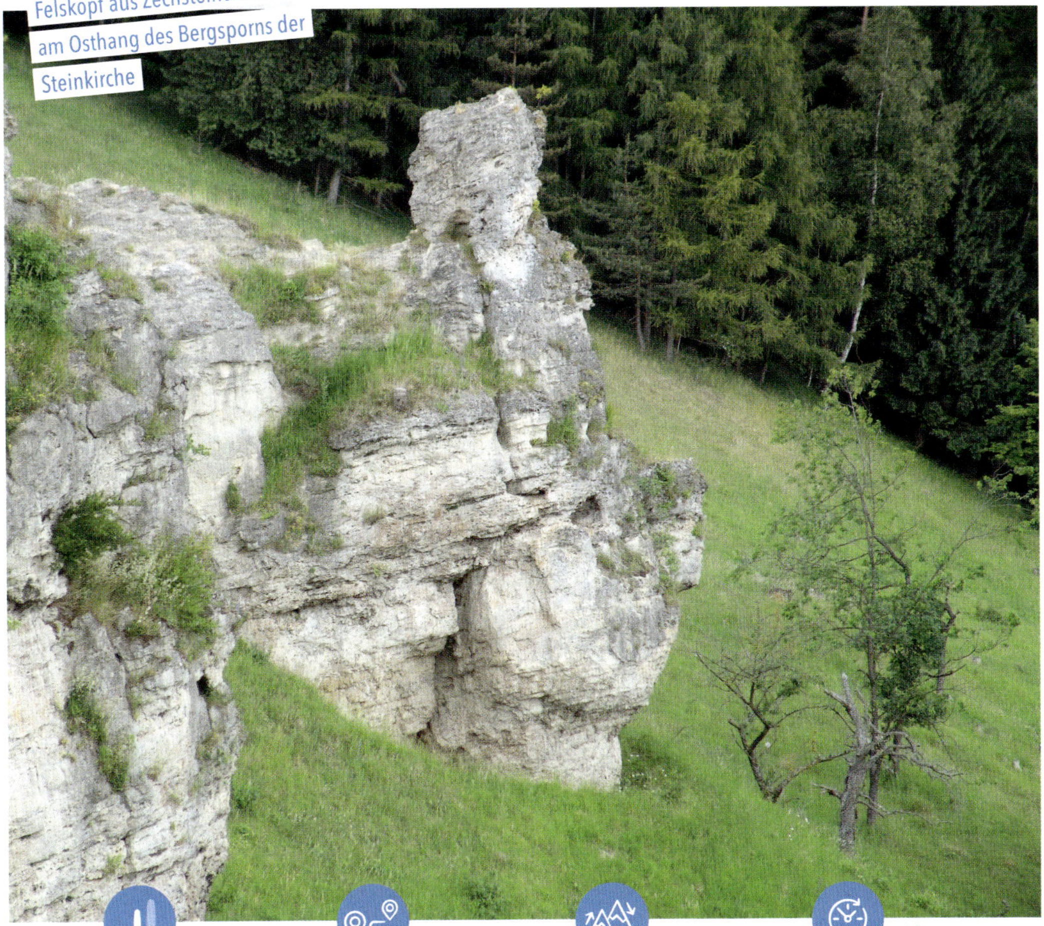

mittel

6,5 km

230 Hm

3 h

Auf einen Blick

Übersicht
B Scharzfeld Sattlergasse – Steinkirche – Einhornhöhle – Ruine – B Scharzfeld Hasenwinkel

Tourencharakter
Abwechslungsreiche, teils auch steile Wege

Ausgangspunkt
Bushaltestelle Scharzfeld Sattlergasse

Endpunkt
Bushaltestelle Scharzfeld Hasenwinkel

Anfahrt
Bahn bis Herzberg, dann Bus gen Bad Lauterberg

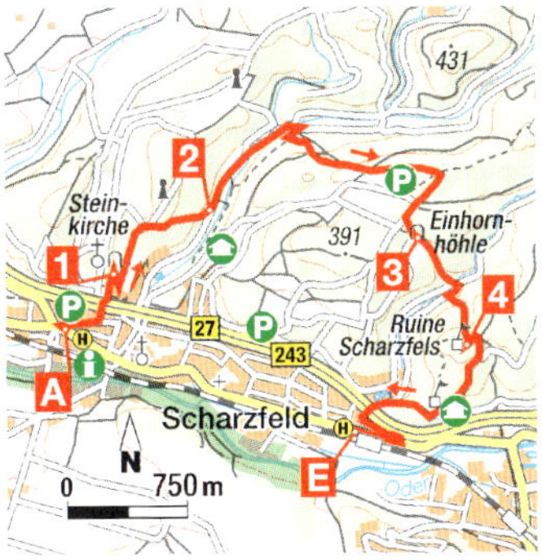

Rückfahrt
Von Scharzfeld-Hasenwinkel Bus nach Herzberg

Karte
»Der Harz in vier Teilen« 1:30 000, Verlag Schmidt-Buch, Blatt Südharz

Einkehr
An der Einhornhöhle, zeitweilig auch an der Ruine

Info
- *www.scharzfeld-harz.de*
- *www.harztourist.de*
- *www.herzberg.de*

VOM WELTWALD UNTER DIE ERDE

13

Von Bad Grund zum HöhlenErlebnisZentrum

Die Wanderung beginnt im ehemaligen Bergbauort Bad Grund. Nach einer Runde durch die lebendige Bäumeversammlung führt sie zum kecken Karbonkalkfelsen Hübichenstein und über den durchlöcherten Iberg mit Baudenstieg-Gasthaus und Aussichtsturm zum HöhlenErlebnisZentrum. Sie bietet vielfältige landschaftliche, geologische und geschichtliche Einblicke.

Durch das Arboretum Weltwald zum Hübichenstein

Vom Bushalt **Bad Grund Gesundheitszentrum** Ⓐ gehen wir an der Straße westwärts zum Kelchtal und darin zwei Minuten hinauf zu einer **Verzweigung** ❶. Hier folgen wir rechts dem Heuweg hinauf und nach dem Überqueren des Horizontalweges bald rechts den schmaleren Zickzackweg hinauf zur Kuppe des Königsberges mit dem **Blockhaus** ❷. Westwärts gehen wir den Kaskadenweg zum **Campingplatz Hübich-Alm** ❸ und nun nordwärts den Mammutweg. Nach einer Quelle geht es nordwestwärts an einem Entdeckerturm vorbei zur **Infohütte Weltwald** ❹. Von hier führt der Ostamerika-Weg über den Bergrücken weiter und zuletzt begehen wir einen Appalachenweg zum Parkplatz am **Hübichenstein** ❺. Der schroffe Kalkfels kann bis auf den Vorgipfel über Treppen bestiegen werden.

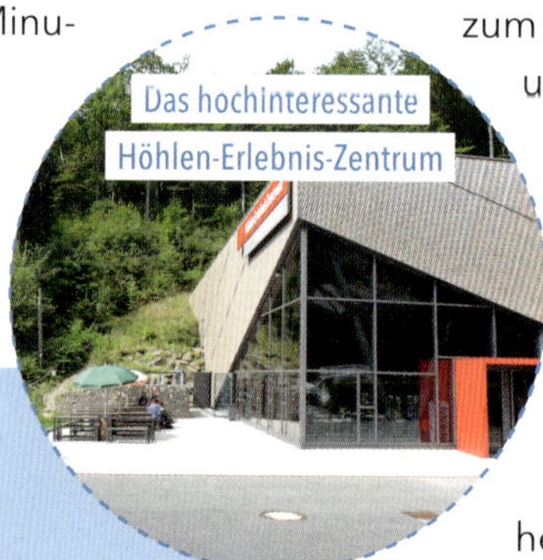

Das hochinteressante Höhlen-Erlebnis-Zentrum

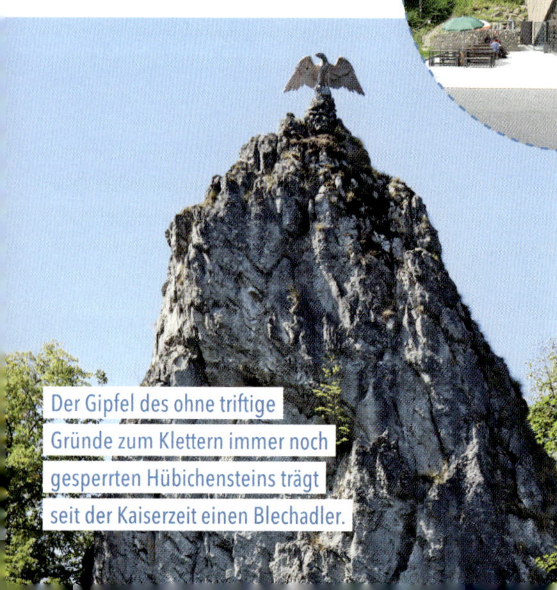

Der Gipfel des ohne triftige Gründe zum Klettern immer noch gesperrten Hübichensteins trägt seit der Kaiserzeit einen Blechadler.

Über den Iberg zum HöhlenErlebnisZentrum

Wir überqueren die Hochharzstraße und gehen rechts rasch zu einem kleinen Parkplatz. Von hier führt ein steiniger Weg

mittel

6 km

300/100 Hm

3 h

Auf einen Blick

Übersicht
B Bad Grund – Arboretum – Albertturm – B HöhlenErlebnisZentrum – B Bad Grund

Tourencharakter
Kurze, aber vielfältige und teils knackig-steile Wanderung mit interessanten Einblicken in Wald und Höhlen

Ausgangspunkt
Bushaltestelle Bad Grund Gesundheitszentrum

Endpunkt
Bushaltestelle HöhlenErlebnis-Zentrum Bad Grund

Anfahrt
Bahn bis Gittelde, Bus Mo–Fr gen ZOB Clausthal-Zellerfeld

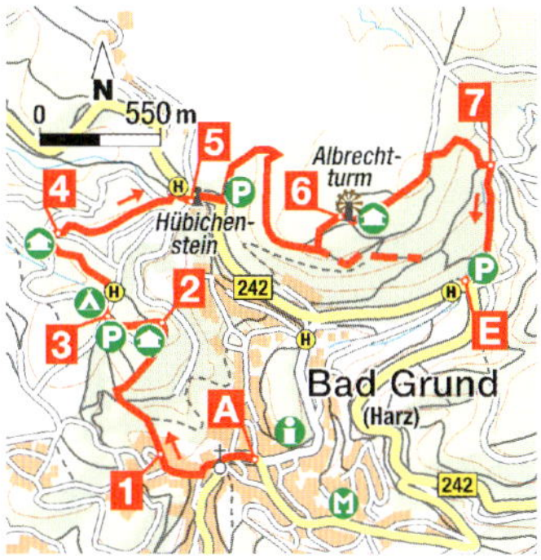

Rückfahrt
Bus bis Haltestelle Gittelde, dann Bahn

Karte
»Der Harz in vier Teilen« 1:30 000, Verlag Schmidt-Buch, Blatt Oberharz

Einkehr
In der Baude Albertturm auf dem Iberg, im HöhlenErlebnis-Zentrum

Info
- www.bad-grund.de
- www.harzer-hoehlen.de
- www.harzinfo.de

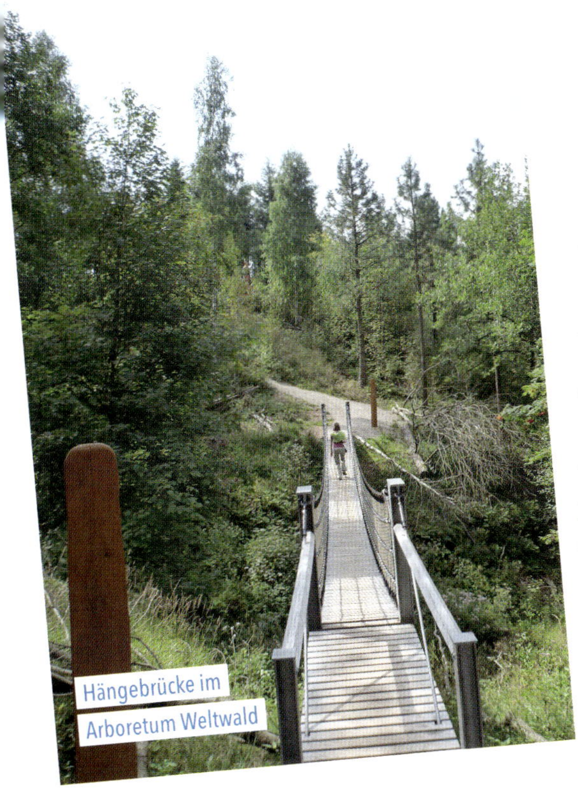
Hängebrücke im Arboretum Weltwald

unweit eines riesigen Steinbruchs hinauf vor die Gipfelkuppe des Ibergs und in einem Bogen nach rechts zum höchsten Punkt mit dem **Albertturm** ❻ und der gemütlichen Baude. Wer gut zu Fuß ist, kann von hier die teils steileren und nach Nässe oft rutschigen Pfade direkt hinabgehen. Etwas weniger spannend ist der Weiterweg auf der Straße über den Bergkamm und dann rechts einen Weg hinab zum **Wegekreuz Schweinebraten** ❼. Von dort bringt uns ein Weg im Talgrund direkt hinab zum **HöhlenErlebnis-Zentrum** Ⓔ und zu seinen erstaunlich vielfältigen Angeboten.

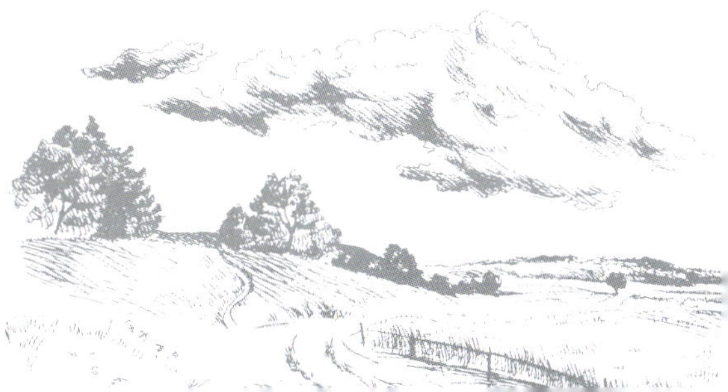

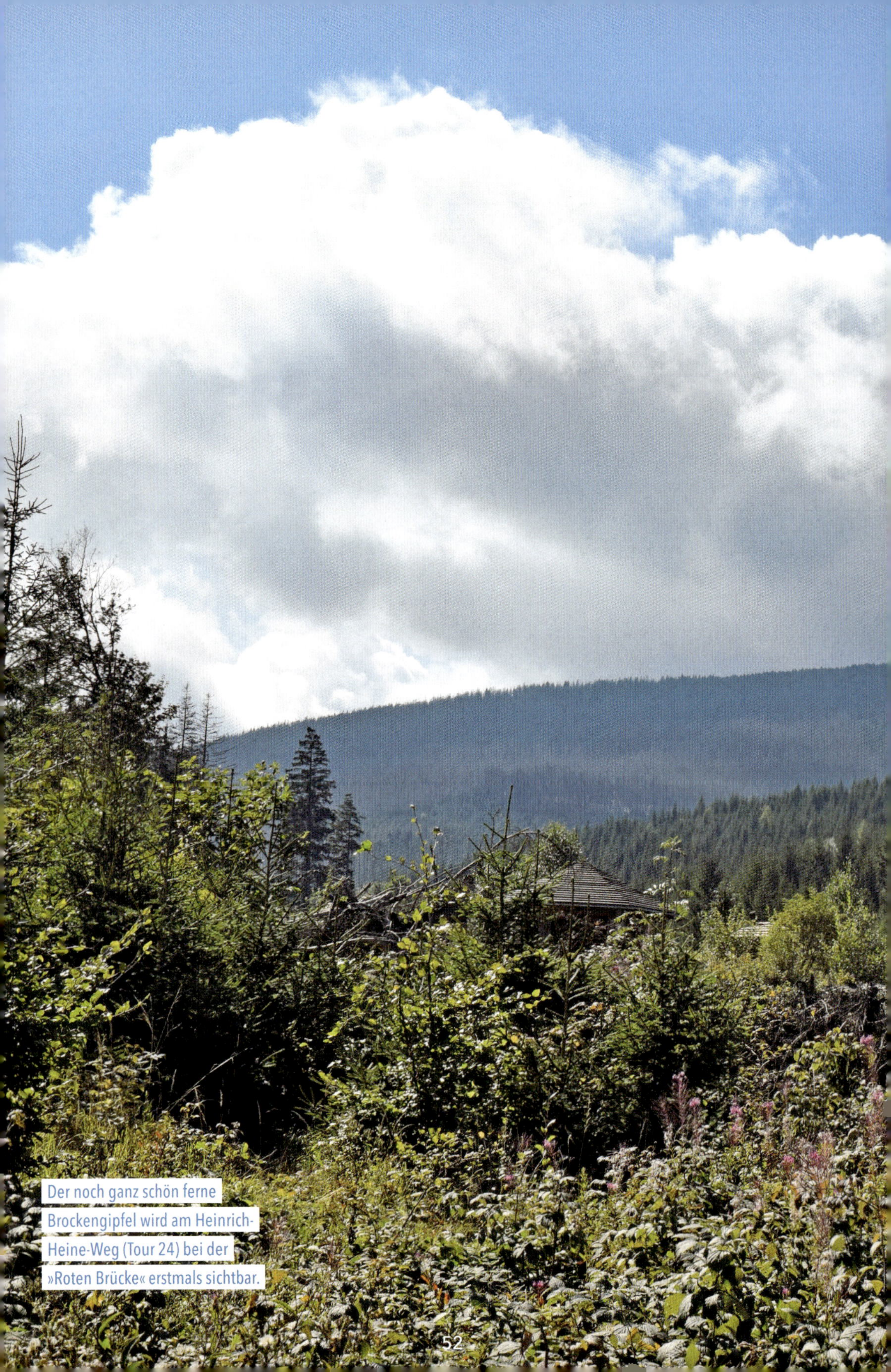

Der noch ganz schön ferne Brockengipfel wird am Heinrich-Heine-Weg (Tour 24) bei der »Roten Brücke« erstmals sichtbar.

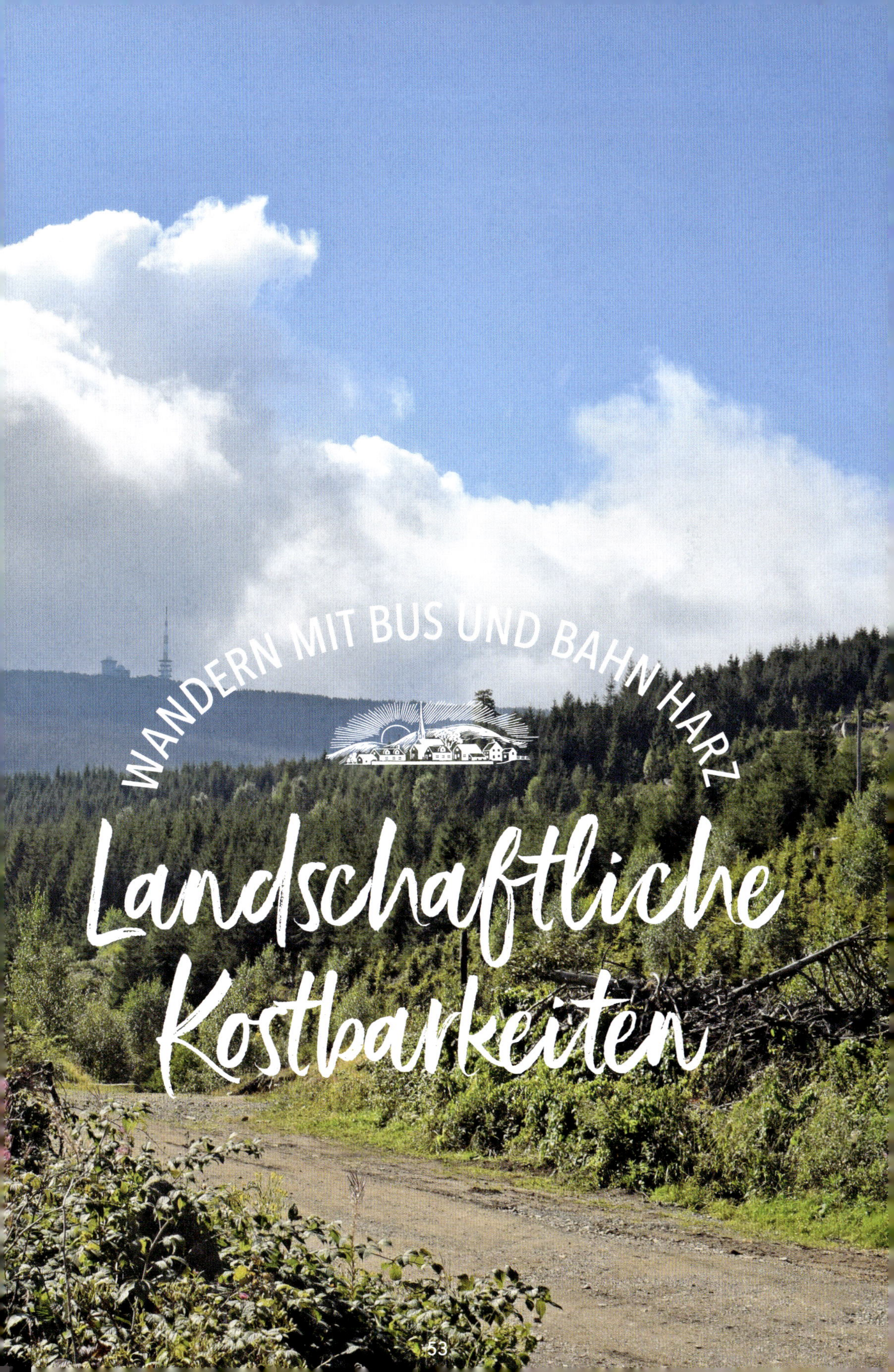

WANDERN MIT BUS UND BAHN HARZ

Landschaftliche Kostbarkeiten

DAS WILDESTE FELSENTAL DES HARZES

14

Im Bodetal von Treseburg nach Thale

Das ist der markanteste Abschnitt des langen Tales der am Brocken entspringenden Bode. Hier steigert sich die Szenerie nach den zunehmend schroffen Felsen aus Hornfels zwischen der Rosstrappe und dem Hexentanzplatz mit wild gezackten Granitgraten zum großartigen Finale. Bei Sturm und Regen können die Steilhänge auch schon mal Steine rollen lassen.

Von Treseburg zur Teufelsbrücke

Wir gehen vom **Bushalt** Ⓐ über die große Brücke der Bode und dann gleich links über die Brücke der hier mündenden Luppbode. Damit sind wir am östlichen Ufer der Bode und am Beginn des Steiges durch das Tal. Er führt zunächst noch mit einiger Breite nordwärts bis zur **Sonnenklippe** ❶. Später wird der Weg schmaler. An einer vorspringenden Klippe führt er mit Geländer quer durch eine sperrende **Felswand** ❷. Das Tal ist von großen Bögen geprägt. Der Weg verlangt für günstiges Durchkommen öfter Auf- oder Abstiege. Zuerst gehen wir lange auf dunklen metamorphen Gesteinen. Dann steht hellerer, grobkristalliner Granit an. Der zeigt größere Felswände, Grate und Türme. Nach einem schmalen **Felsrücken** ❸ führt ein ausgehauener Zickzackweg hinab in den wilden Bodekessel mit an mehren Steilstufen gischtenden Wasserfällen und schließlich unten zur **Teufelsbrücke** ❹.

Weiterweg nach Thale

Nach der Brücke passieren wir die **Abzweigung der Schurre** ❺ (dieser Zickzackweg führt steil hinauf zur Rosstrappe und würde mehr als 200 zusätzliche Höhenmeter Aufstieg und danach nochmals ebenso viel

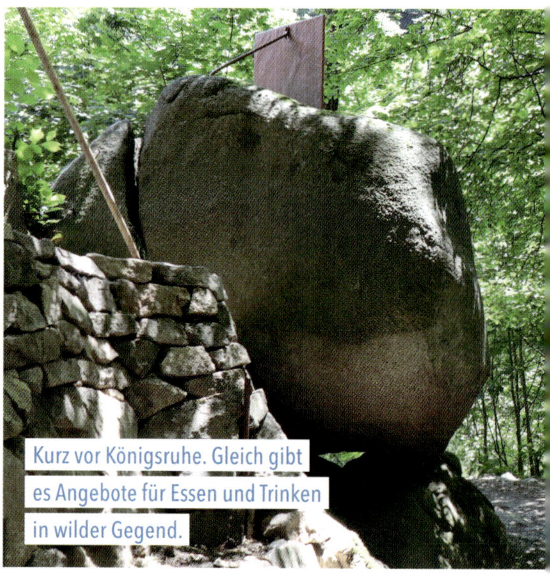

Kurz vor Königsruhe. Gleich gibt es Angebote für Essen und Trinken in wilder Gegend.

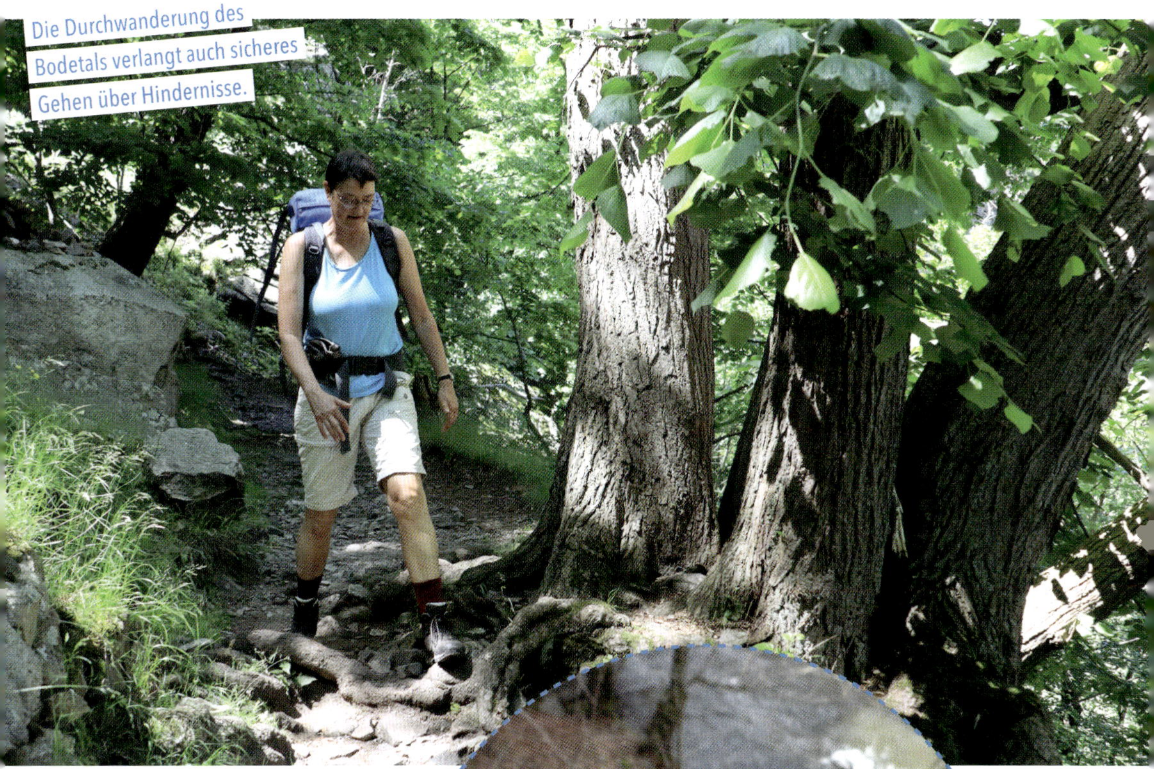

Die Durchwanderung des Bodetals verlangt auch sicheres Gehen über Hindernisse.

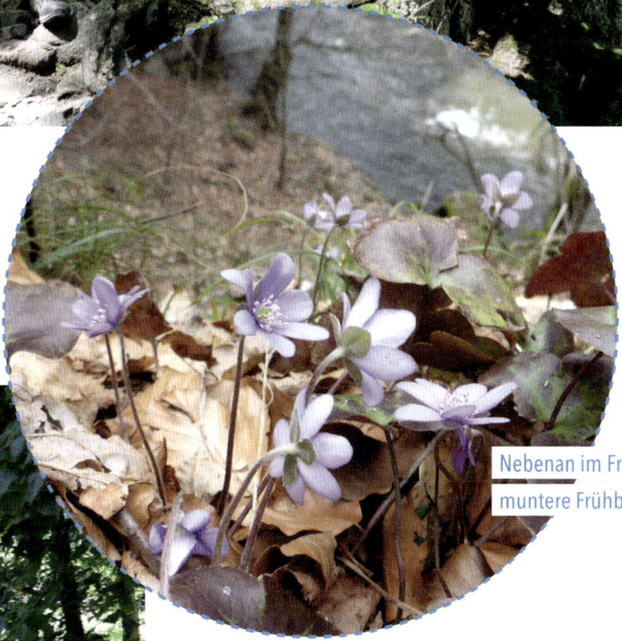

Nebenan im Frühjahr muntere Frühblüher

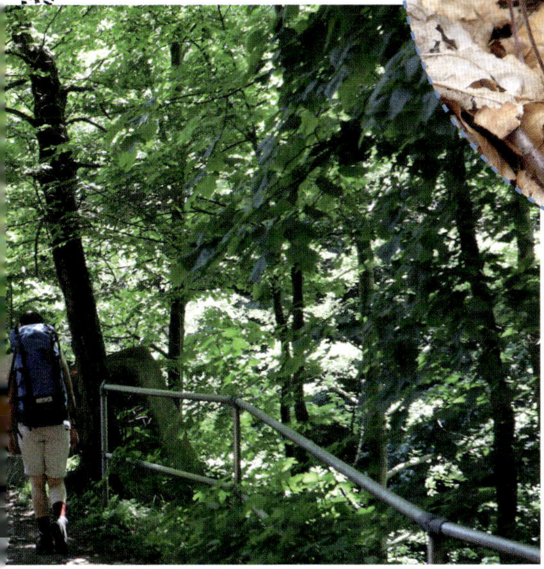

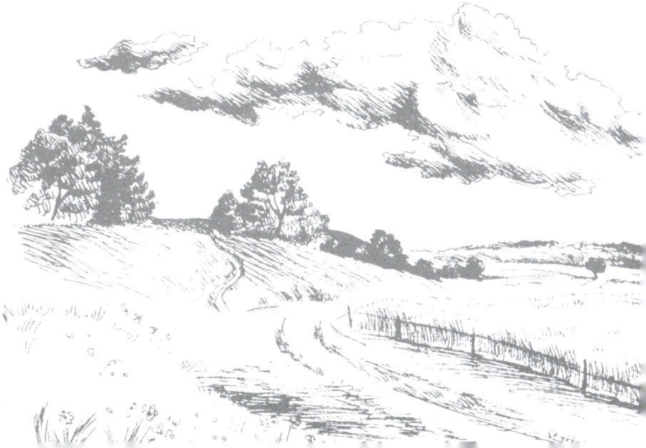

Abstieg oder Talfahrt mit Sessellift verlangen). Wir gehen also weiter den Weg nahe dem Talgrund entlang. Er führt auf solidem Steg luftig hoch über der schäumenden Bode quer durch eine Felswand. Danach erreicht er die am Fuß der hohen Wand der Rosstrappe gelegene **Gaststätte Königsruhe** 6. Von hier bringt uns das schmale Zufahrtssträßchen am Westufer unter markanten Felsen hindurch. Wir gehen am gegenüber stehenden Jugendgästehaus **Waldkater** 7 vorbei und schließlich zur **Seilbahn-Talstation** 8. Ein Goetheweg führt weiter zur Therme. Nun ostwärts gelangen wir auf der Walther-Rathenau-Straße bald zum **Bahnhof Thale** E.

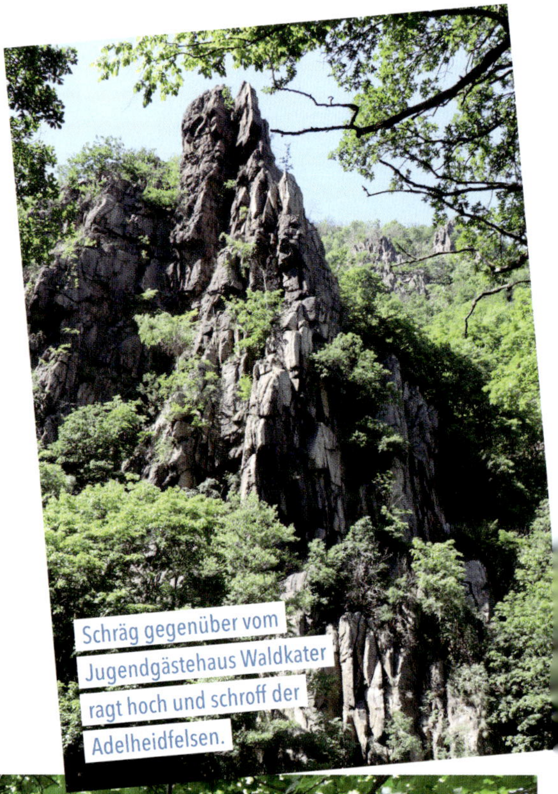
Schräg gegenüber vom Jugendgästehaus Waldkater ragt hoch und schroff der Adelheidfelsen.

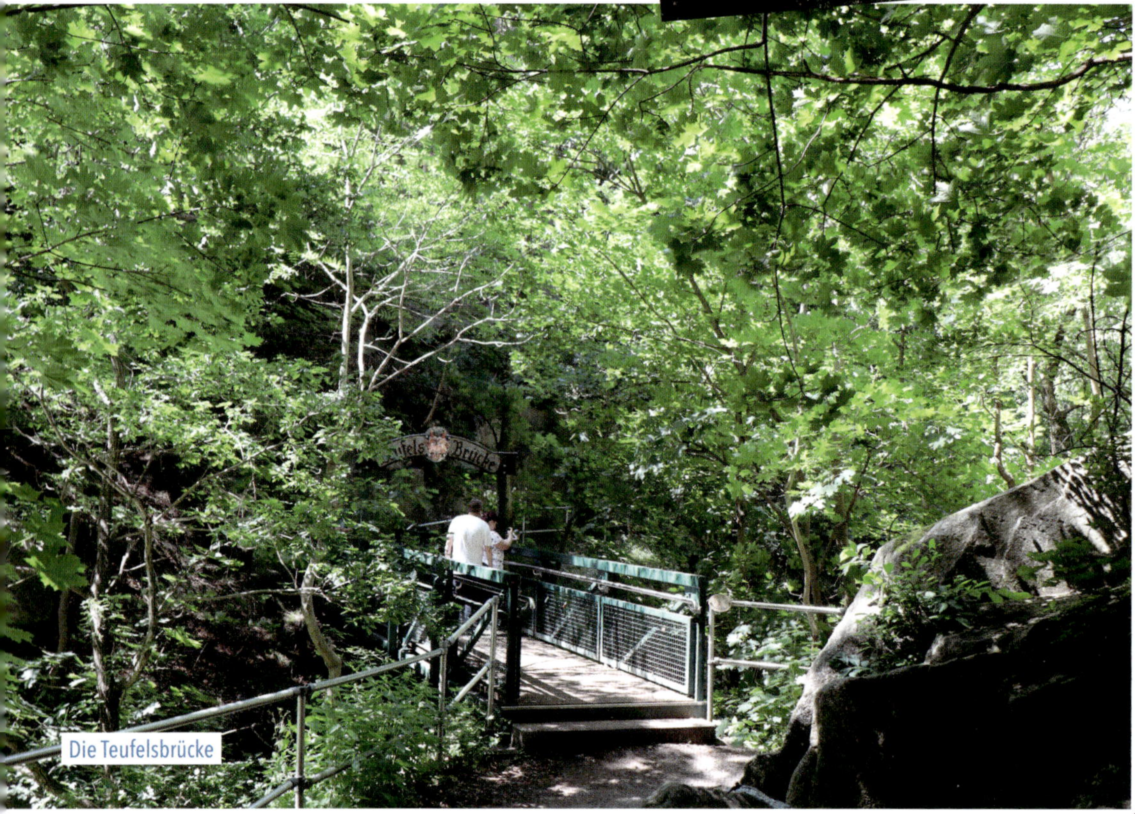
Die Teufelsbrücke

Die Wand der Rosstrappe ist die zweithöchste außeralpine Felswand Deutschlands.

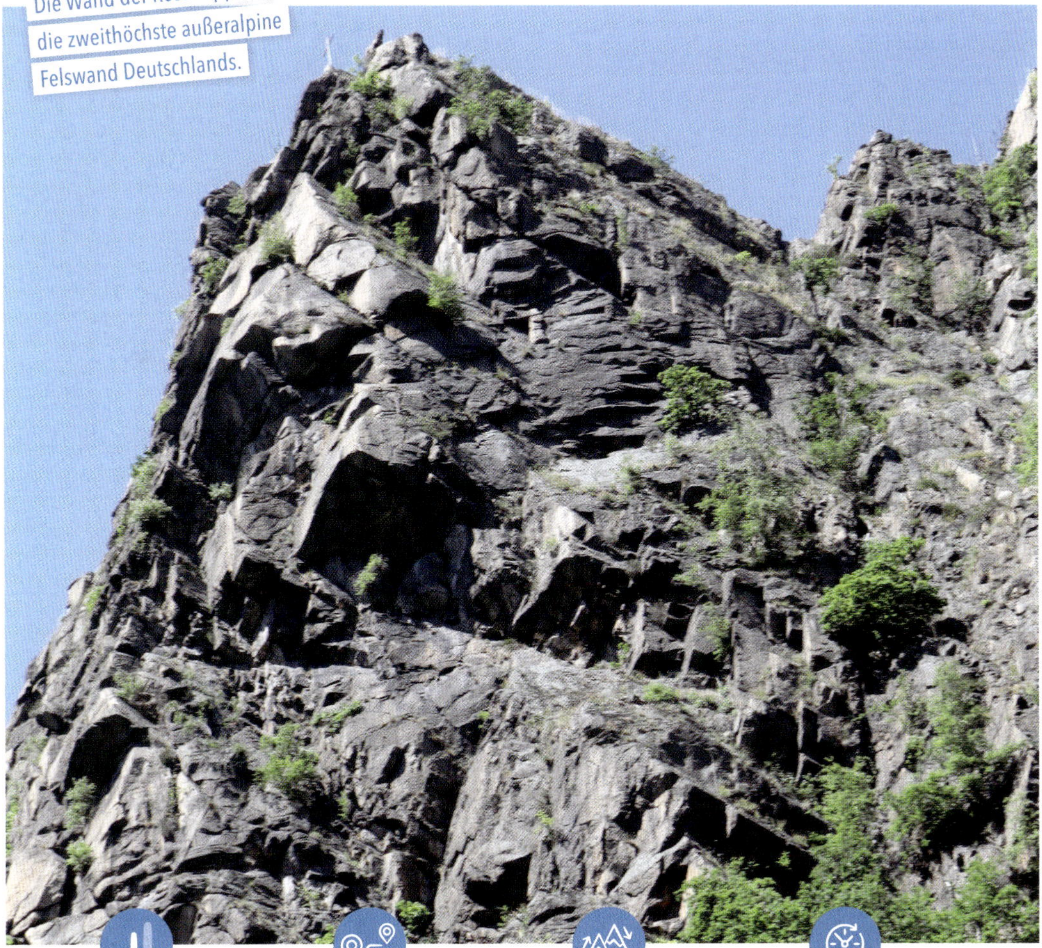

mittel | 9,5 km | 150/80 Hm | 3 h

Auf einen Blick

Übersicht
B Treseburg – Bodetal – Bf Thale

Tourencharakter
Grandiose Talwanderung, im Winter zeitweise vorsorglich gesperrt

Ausgangspunkt
Bushaltestelle Treseburg Rübezahl, am großen Kreisel

Endpunkt
Bahnhof Thale

Anfahrt
Bahn bis Wernigerode, Bus über Cattenstedt

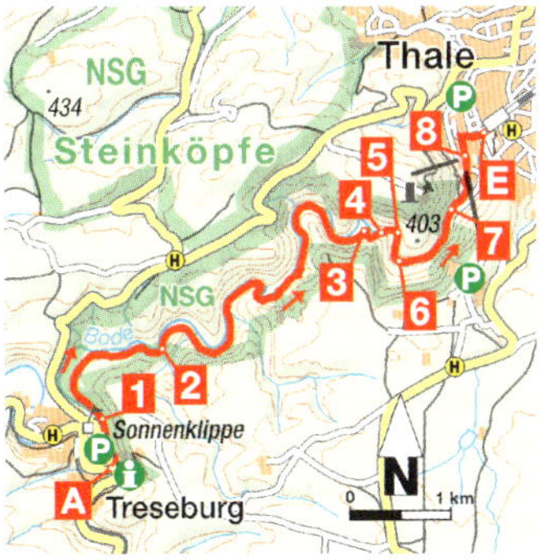

Rückfahrt
Bahn ab Thale

Karte
»Der Harz in vier Teilen« 1:30 000, Verlag Schmidt-Buch, Blatt Ostharz

Einkehr
In Treseburg Rübezahl, Königsruhe, in Thale

Info
- *www.harztourist.de*
- *www.harzinfo.de*
- *www.bodetal.de*

KLETTERPARADIES UND WILDKATZENSTIEG

15

Vom Okertal zur Käste

Das Okertal mit seiner Quadratmeile der Geologie ist ein Schaustück mit sehr verschiedenartigen Felsen. Es ist weniger wild als das Bodetal. Aber es bleibt vielfältiger den Wanderern und auch den Kletterern offen. So ist dies für sie ein Wallfahrtsort. Die hier beschriebene Tour verbindet den Aufstieg vom tief eingeschnittenen Tal mit Wegen über die Harzhochfläche.

Zum Gipfel des Huthberges

Von der **Bushaltestelle Oker Waldhaus** A gehen wir über die Brücke und südwärts zu einer links gelegenen Wendeschleife. Dort führt die Kästestraße weiter, quert die Alte Harzstraße und führt dann über eine große Rechtskurve und dann links empor. Etwa 100 Meter weiter zweigt nach rechts der Ziegenrückenweg ab. Wir folgen ihm unter der 60 Meter hohen **Ziegenrückenklippe** 1 hindurch und an weiteren Granitklippen vorbei hinauf zur Kästestraße. Auf dieser gehen wir rechts, südwärts fast eben quer durch ein größeres und ein kleineres Tal bis zu einer markanten **Haarnadelkurve** 2. Jetzt verlassen wir die Kästestraße nach rechts und gehen quer durch ein drittes Tal zu einer Bank gegenüber dem **Großen Treppenstein** 3 (von hier kann die Südseite gequert und von Westen über Treppen aufgestiegen werden, Geländer, Aussicht). 20 Meter links, nördlich der Bank, folgen wir einem kleinen Weg steil hinauf bis zur querenden Kästestraße. Nach rechts erreichen wir bei einer Bank mit Stempelstelle die Abzweigung des Weges zur Käste. Noch vor dem erkennbaren, aber nicht aktiven **Bauplatz Kästehaus** 4 führt ein kleiner Weg nach rechts über Blöcke und Stufen rasch zur granitenen Kuppe des **Huthberg** 5 mit Geländer und Aussicht sowie einer dicht unterhalb hervorstehenden Kante in Form eines Gesichtes (»Der Alte vom Berge«).

Über den Schmalenberg zur Marienteichbaude

Von der Abzweigung mit der Stempelstelle gehen wir ostwärts rasch zu einem Wegedreieck. Nun bringt uns rechts, südostwärts, der Kötenweg mit Blick zum Brocken über viele Windungen zum Wegedreieck Steigerbleek beim **Bleicheborn** 6. Der Kötenweg führt nun deutlich ansteigend nach rechts (Südwest) weiter in Richtung des neuen Abraumberges des Diabas-Steinbruches. So gelangen wir zur **Einmündung in den Ahrendsberger Weg** 7, der von links vom Breitenberg über den Bergrücken herabzieht. Wir folgen ihm nur 200 Meter und biegen dann rechts ab. Dieser Weg führt südostwärts hinab und nach rechts über den Talanfang des Riefensbaches. Vor dem

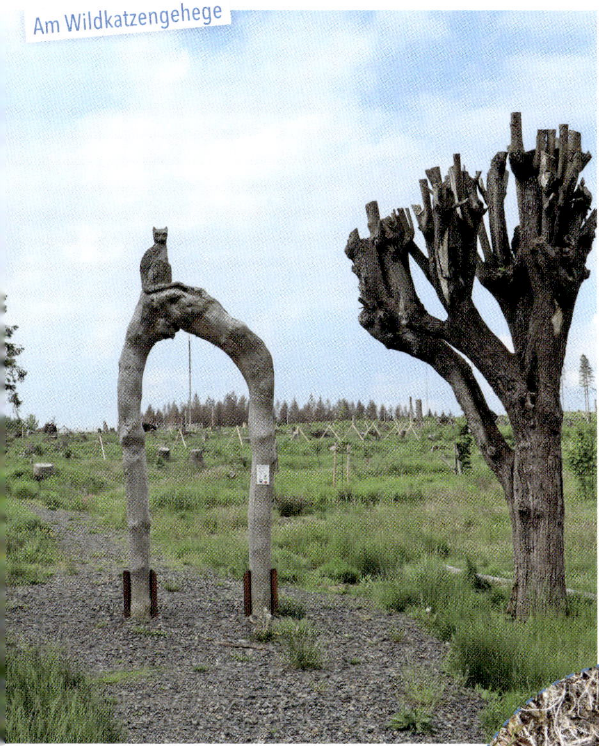
Am Wildkatzengehege

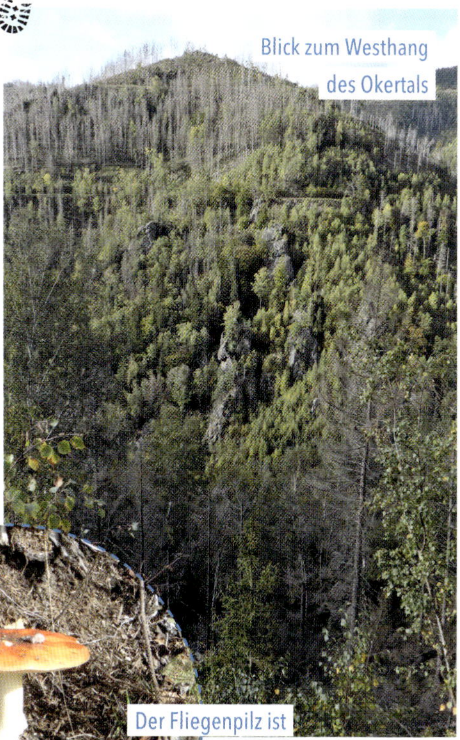
Blick zum Westhang des Okertals

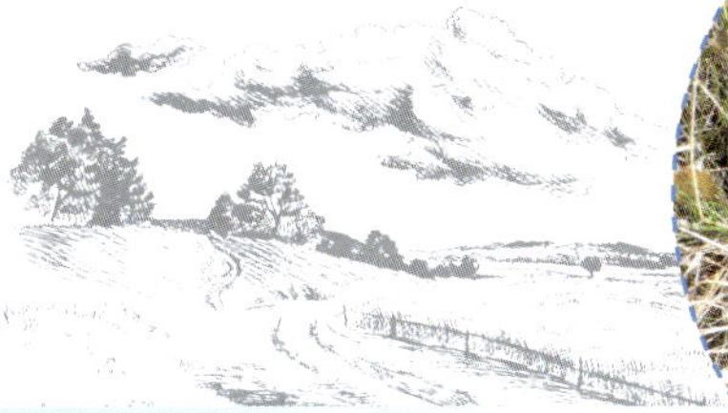

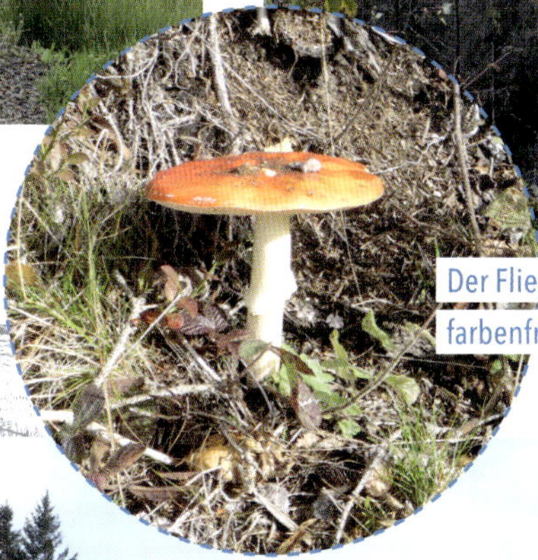
Der Fliegenpilz ist farbenfroh und giftig.

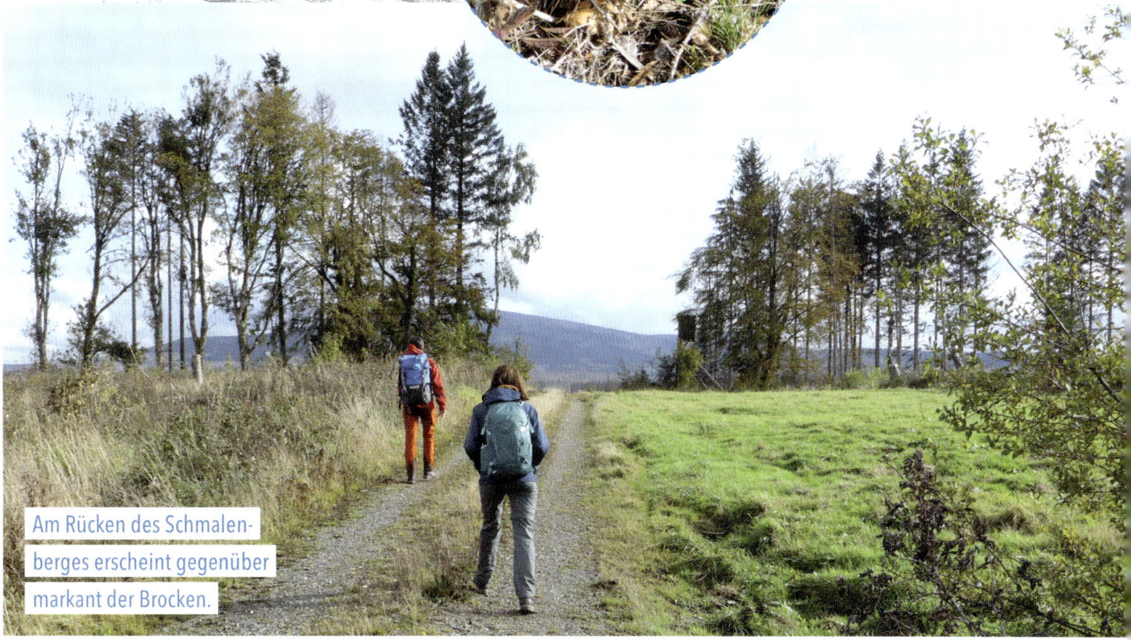
Am Rücken des Schmalenberges erscheint gegenüber markant der Brocken.

Die Marienteichbaude

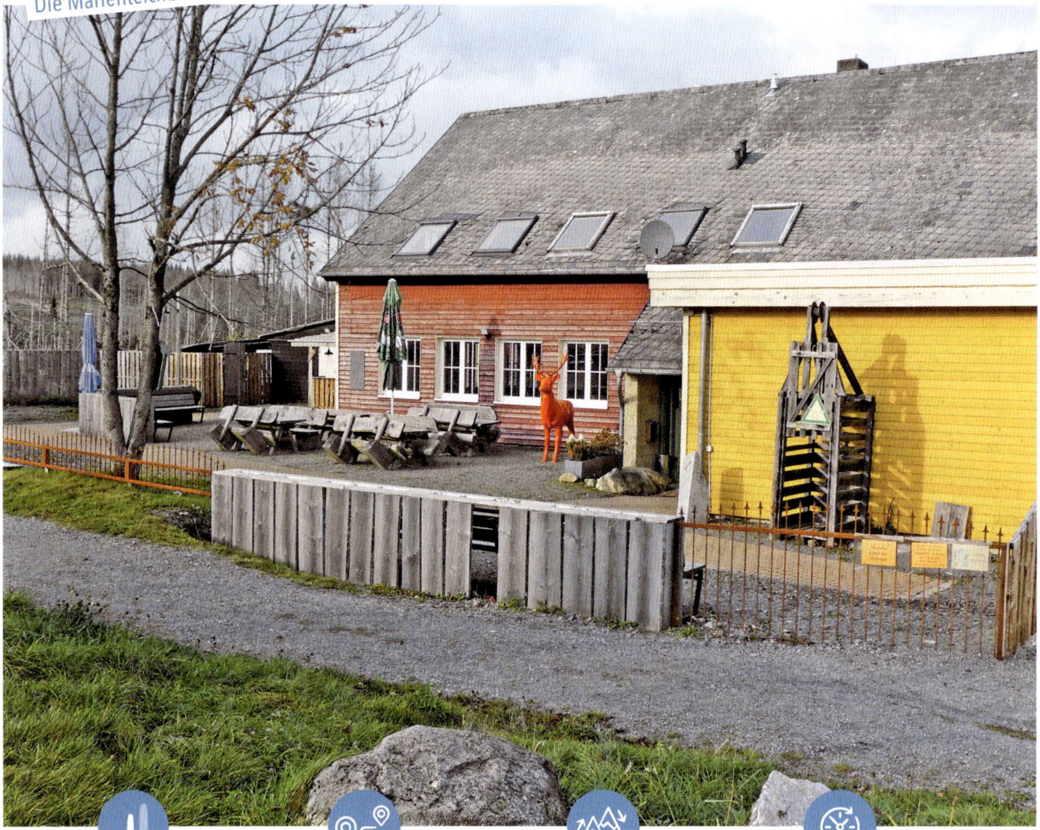

mittel | 13 km | 400/80 Hm | 4 h

Auf einen Blick

Übersicht
B Waldhaus – Ziegenrücken – (B) Kästehaus – Kötenweg – Breitenberg-Sattel – Schmalenberg – Wildkatzenstieg – Spitzenberg – Wildkatzengehege – B Marienteichbaude

Tourencharakter
Großzügige Wanderung mit dem Kontrast des felsigen tiefen Tales und der einsamen, weiten Harzhochfläche gegenüber vom dominierenden Brocken

Ausgangspunkt
Bushaltestelle Oker Waldhaus

Endpunkt
Bushaltestelle Marienteichbaude

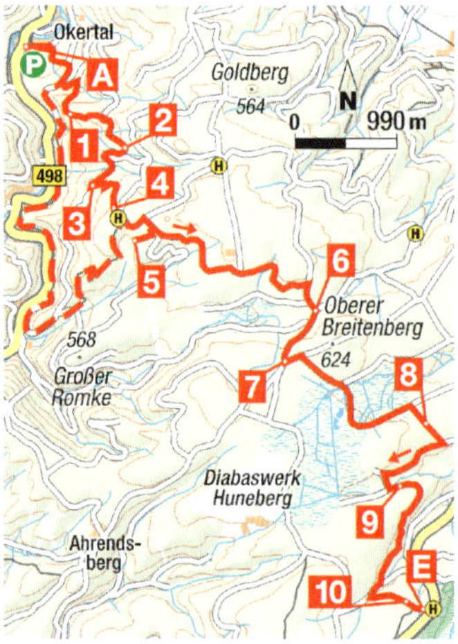

Anfahrt
Bahn bis Oker, Bus gen Altenau

Rückfahrt
Bus tagsüber stündlich nach Bad Harzburg

Karte
»Der Harz in vier Teilen« 1:30 000, Verlag Schmidt-Buch, Blatt Oberharz

Einkehr
Waldhaus und Marienteichbaude

Info
- *www.harztourist.de*
- *www.harzinfo.de*

Rücken des Schmalenberges biegt er nach links. Er führt zur Kreuzung mit einer langen markanten Schneise, die vom Breitenberg bis hier herabzieht. Auf dieser Schneise gehen wir rechts über den Rücken des **Oberen Schmalenberges** 8 und genau in Richtung des Brocken hinab bis zu einem Querweg bei einigen Felsköpfen.
Dem folgen wir als Teil des Wildkatzenweges nach rechts und queren dann das Tälchen des Speekenbaches. Jenseits führt der breite Weg deutlich hinauf bis in die Nähe des Bergrückens des Spitzenberges. Mit einem kurzen Abstecher über eine Harvestertrasse können wir hier die felsige **Spitzenberger Spitze** 9 besteigen. Wir folgen weiter dem Weg am Talhang entlang bis weit hinauf. Oben weisen Schilder nach links. Über eine Holzbrücke und den folgenden Weg durch ein abgeräumtes Waldstück erreichen wir nach einem Rechts-Links-Bogen um das Wildkatzengehege die **Marienteichbaude** 10. Gegenüber der Einmündung der Zufahrt wartet oben an der B4 die **Bushaltestation** E.

Variante Kästeklippen

Wer mehr von den Anhängern des vielseitigen Natursports Klettern in Aktion sehen möchte, geht vom Bauplatz Kästehaus südwärts an einem Felsturm vorbei zu den natürlichen Felsburgen Mausefalle und Feigenbaumsklippen, und von dort auf deutlichen Wegen hinab zur Bushaltestelle Romkerhalle oder auch nahe am Talgrund zurück zum Bushalt Waldhaus.

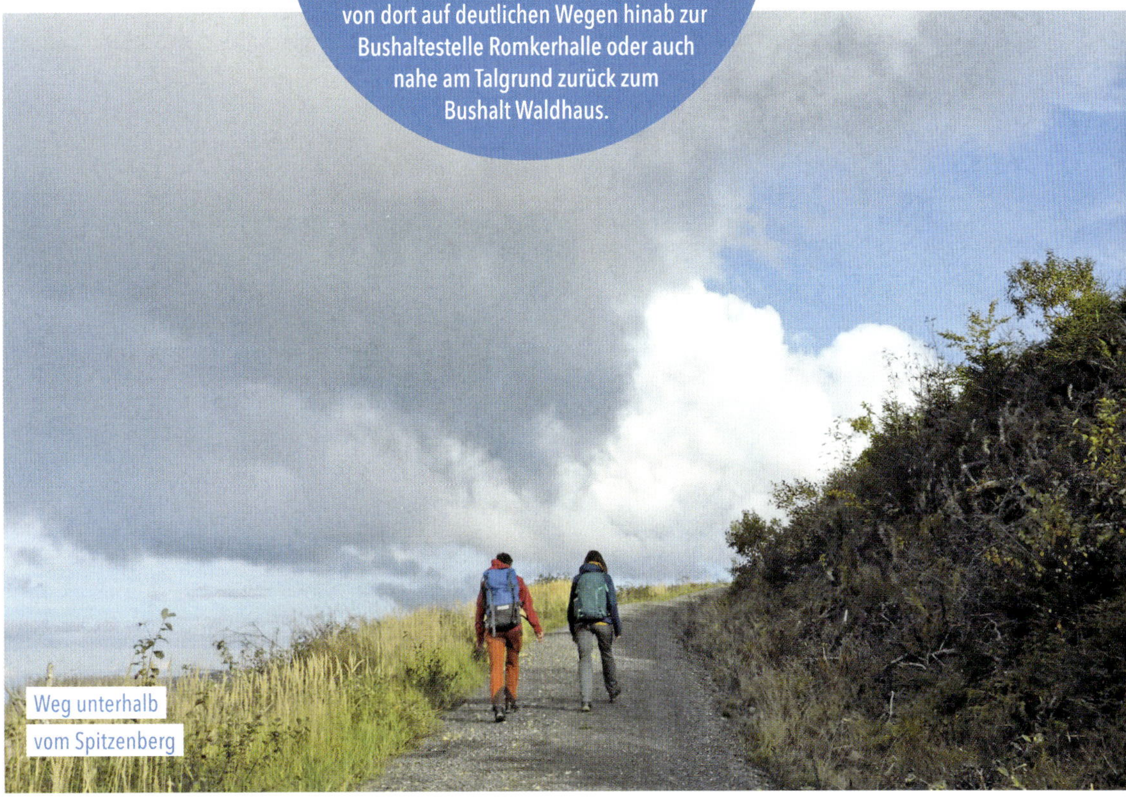

Weg unterhalb vom Spitzenberg

MEISTERWERKE DER WASSERBAUKUNST

16

Von Stieglitzecke nach Clausthal

Diese Wanderung taucht ein in die Welt der klug ausgetüftelten und mit viel Knochenarbeit gebauten Graben- und Teichsysteme. Sie versorgten die Silbererzgruben und die Erzhütten mit Energie. Heute sind sie Teil des Welterbes Oberharzer Wasserwirtschaft. Im Waldwandel liegen sie jetzt sonnig. Die Bewirtung im Polsterberger Hubhaus ist nach wie vor spitze.

Zum Sperberhaier Dammhaus

Von der **Bushaltestelle Stieglitzecke** A gehen wir westwärts hinab zum unteren Parkplatz. Dort nehmen wir den Weg am Sender vorbei und dann links biegend hinab zur Aussicht **Hammersteinklippe** 1 mit Tiefblick auf eindrucksvolle Blockhalden. Wir folgen dem Weg kurz zurück, dann dem nach rechts im Bogen hinabführenden Weg zum Quarzit-Felsturm **Sösestein** 2 und weiter hinab zum **Großen Wehr** 3. Es leitet das Wasser der Bäche in den langen Morgenbrodstaler Graben. Der hübsche Weg, immer auf der Grabenkrone, führt jetzt meist durch offene Hänge, mit weiten Ausblicken ins Sösetal. Vor der Harzhochstraße leitet der Graben das Wasser in einen Tunnel, nahe der Busstation Abzweigung Altenauer Straße beim **Sperberhaier Dammhaus** 4.

Zum Polstertaler Hubhaus und zur Bergbau-Uni

Gegenüber dem Dammhaus gehen wir auf dem Damm über die tiefste Einsattelung zwischen dem zentralen Bergland und der Clausthaler Hochfläche und ihren Silbergruben. Dies war damals eine gewaltige Leistung. Sein Bau wurde einst in drei Jahren von einem Drittel der damals verfügbaren Bergleute mit einfachsten Mitteln vollbracht. Wir folgen der Fortsetzung des Dammgrabens immer auf der gleichen Höhe in weitem Bogen um den nordöstlichen Bergsporn des Tränkeberges herum.

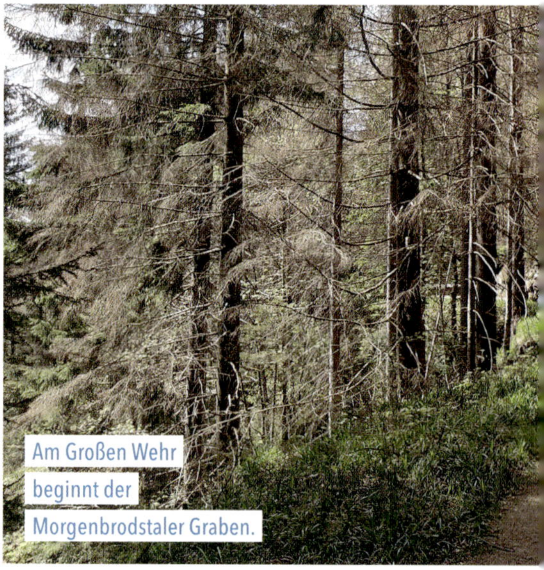

Am Großen Wehr beginnt der Morgenbrodstaler Graben.

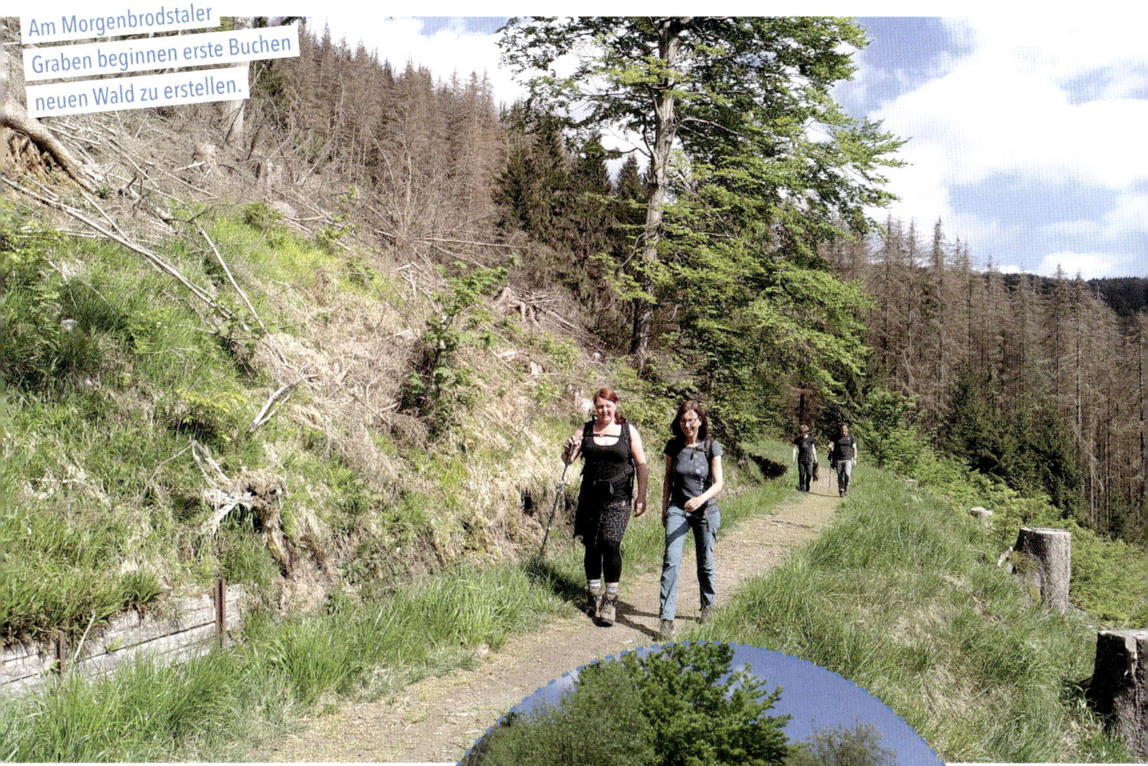

Am Morgenbrodstaler Graben beginnen erste Buchen neuen Wald zu erstellen.

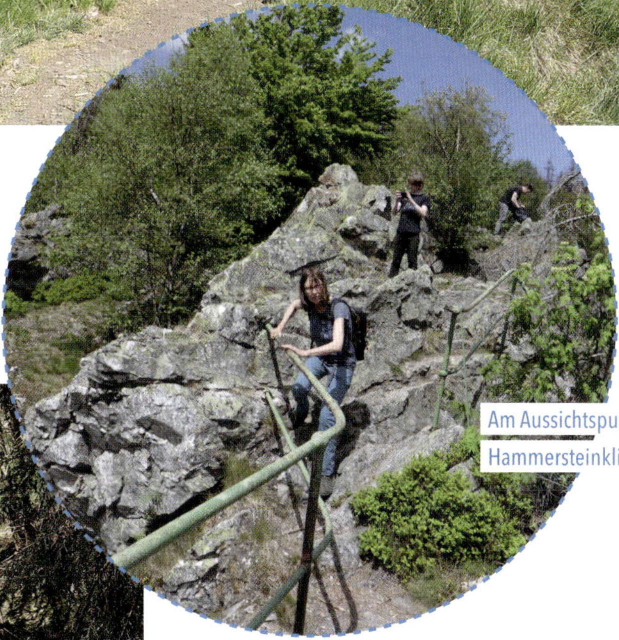

Am Aussichtspunkt Hammersteinklipppe

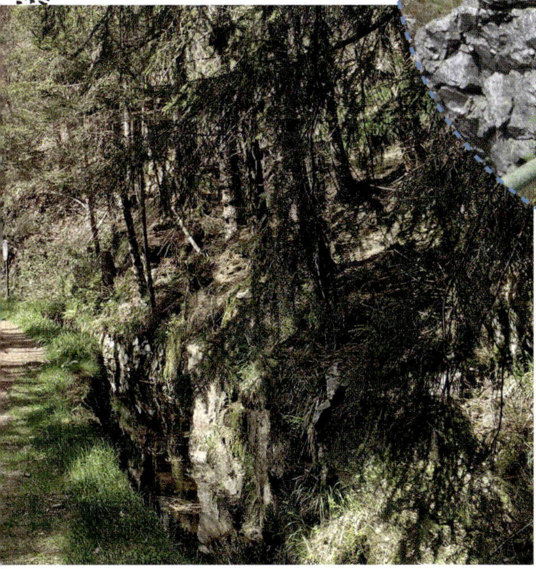

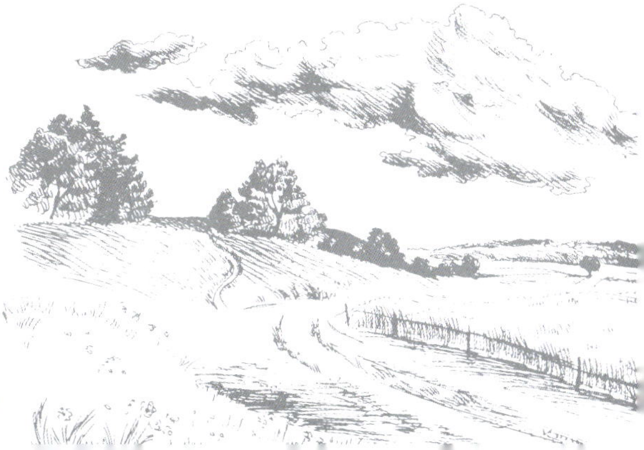

So gelangen wir, zuletzt eine Forststraße überquerend, in das Tal des Schwarzen Wassers. Dort gehen wir auf dem unteren Graben 700 Meter weiter. Ein fester Weg bringt uns dann links hinauf zur im historischen Gebäude liebevoll eingerichteten und mit köstlichen Bioangeboten wartenden Gaststätte **Polsterberger Hubhaus** 5. Dort wurde einst mit ausgeklügelter Technik per Wasserkraft eine kleine Menge Wasser auf eine größere Höhe gebracht. Dann konnte es der Schwerkraft folgend weiterfließen zu den Clausthaler Gruben. Wir folgen dem Weg am hier trockenen Dammgraben weiter westwärts zum **Jägersbleeker Teich** 6 mit der Weppner-Hütte und überschreiten den Damm. Knapp einen Kilometer weiter gehen wir bei einer Gabelung links, überschreiten den Damm zwischen dem oberen Pfauenteich (rechts) und dem **Hirschler Teich** 7 (links). Auf der anderen Seite gehen wir nach rechts ein Sträßchen hinauf zum historischen Gebäude der Grube Dorothee und überqueren dort die Autostraße. Danach führt ein hübscher Weg entlang einer markanten Baumreihe weiter, und nach 400 Metern rechts ein schmaler Weg zum Beginn der Leibnizstraße. An Verwaltungsgebäuden und Wohnheimen der Universität Clausthal vorbei, gelangen wir auf dieser Straße nach 10 Minuten zur **Haltestelle Clausthal Leibnizstraße** E.

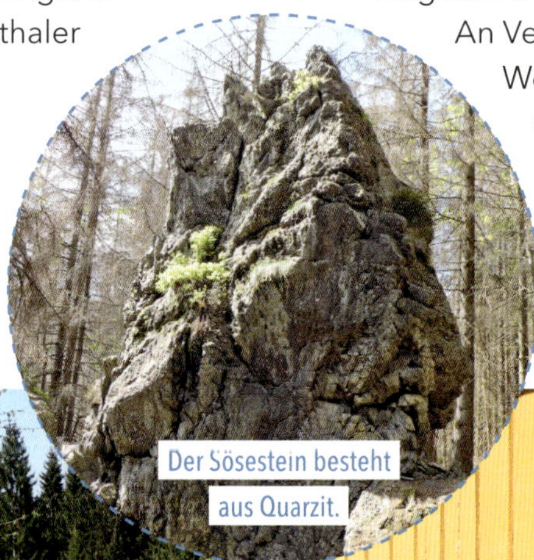

Der Sösestein besteht aus Quarzit.

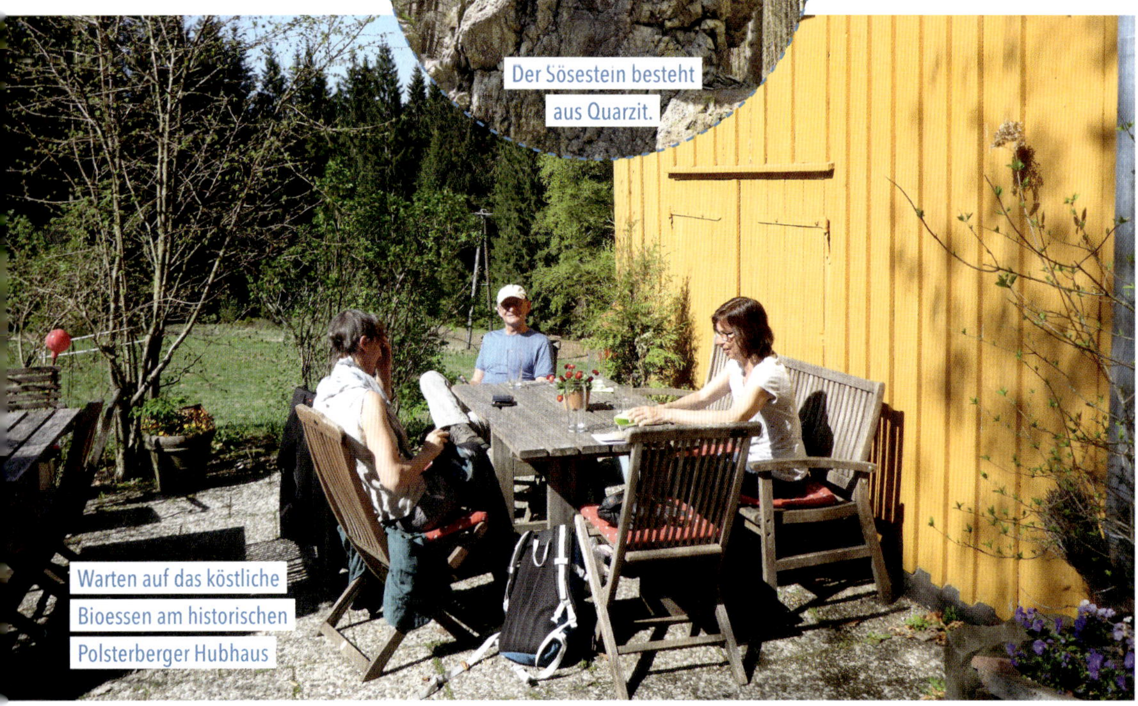

Warten auf das köstliche Bioessen am historischen Polsterberger Hubhaus

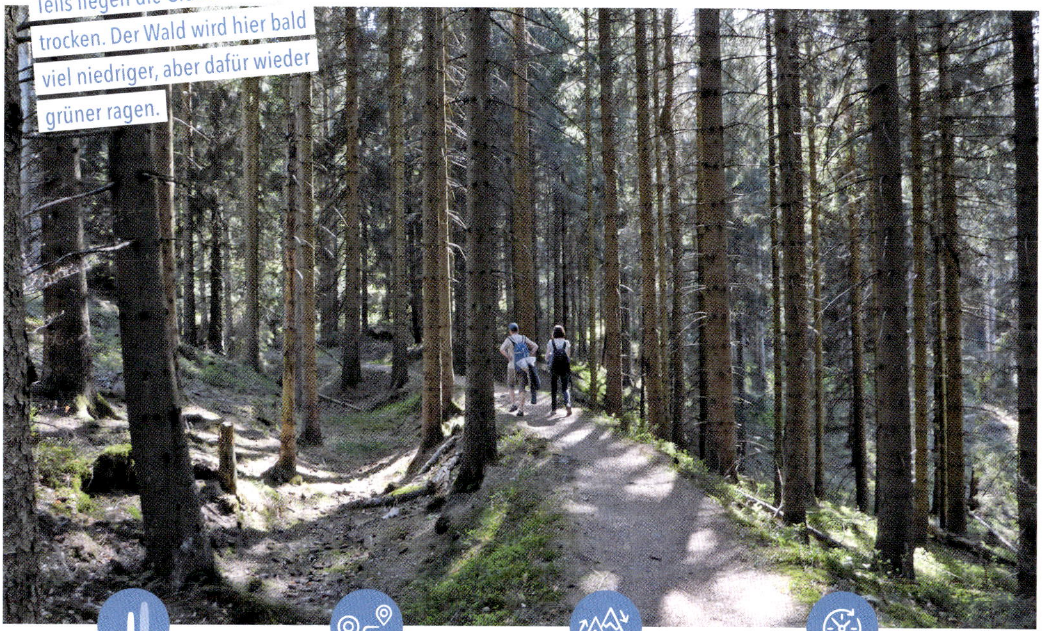

Teils liegen die Gräben heute trocken. Der Wald wird hier bald viel niedriger, aber dafür wieder grüner ragen.

mittel | 15 km | 220 Hm (ab) | 4 h

Auf einen Blick

Übersicht
B Stieglitzecke – Aussicht Hammersteinsklippen – Sösestein – Großes Wehr – Morgenbrodsthaler Graben – B Sperberhaier Dammhaus – Dammgraben – Polsterberger Hubhaus – Jägersbleeker Teich – Pfauenteiche – Hirschler Teich – B TU Clausthal Leibnizstraße

Tourencharakter
Wanderung abwärts, wie das Wasser fließt. Nach dem Beginn mit einem steilen Abstieg ist dies eine beschauliche Wanderung auf der Krone von Gräben und Stauteichen. Die Tour lässt sich bei der Bushaltestelle Abzweigung Altenauer Straße/ Sperberhaier Dammhaus teilen.

Ausgangspunkt
Bushaltestelle Stieglitzecke am Ackerkamm

Endpunkt
Bushaltestelle TU Leibnizstraße in Clausthal-Zellerfeld

Anfahrt
Bahn bis Goslar oder Bad Harzburg, dann Bus

Rückfahrt
Bus bis Goslar, dann Bahn.

Karte
»Der Harz in vier Teilen« 1:30 000, Verlag Schmidt-Buch, Blatt Oberharz

Einkehr
Polsterberger Hubhaus

Info
- *www.clausthal-zellerfeld.de*
- *www.harztourist.de*
- *www.harzinfo.de*

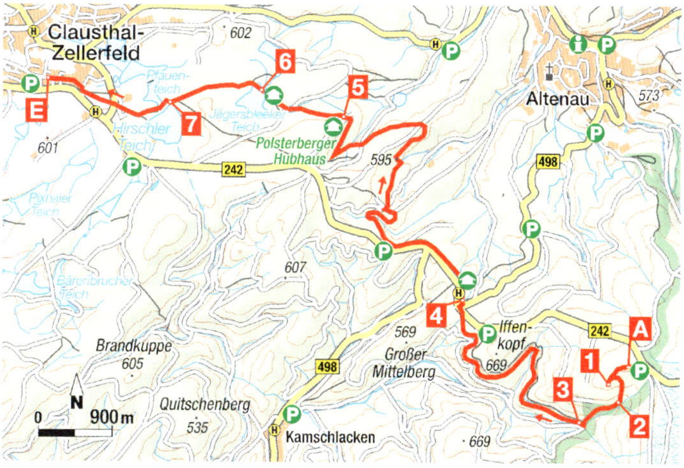

ZU WASSERBAURELIKTEN

17 Zum Rehberger Graben und Oderteich

Vom alten Bergwerksort Sankt Andreasberg führt die Wanderung zum Rehberger Graben. Der versorgte Ort und Gruben mit Wasser. Oberhalb des autofreien Odertals gehen wir am Graben weiter zum ersten Harzer Stauteich im einstigen Nährgebiet eines eiszeitlichen Gletschers und nach Oderbrück.

Von Sankt Andreasberg zum Rehberger Grabenhaus

Von der Bushaltestelle **Schützenstraße** A gehen wir westwärts hinüber zur Oberen Grundstraße und zum **Schacht Samson** 1. Weiter westlich steigen wir hinter dem Sportplatz den Weg Am Samson und dann steiler An der Rolle hinauf. In gleicher Richtung gelangen wir schließlich zur Clausthaler Straße. Gegenüber führt ein hübscher Wiesenweg mit weitem Ausblick ostwärts weiter. Noch vor zwei Bänken biegen wir links in die Kuhtrift und folgen ihr genau nordwärts wieder zur Autostraße. Bei zwei Häusern überqueren wir die Straße. Der auf der anderen Seite weiterführende Weg führt hübsch zwischen Gebüsch hinauf zum Parkplatz, Geologischen Schaugarten und Bushalt **Jordanshöhe** 2 und weiter bis zum Parkplatz Drei Brode. Hier queren wir die Straße und folgen noch vor dem Internationalen Haus Sonnenberg der ostwärts abzweigenden Straße zur Gaststätte im historischen **Rehberger Grabenhaus** 3.

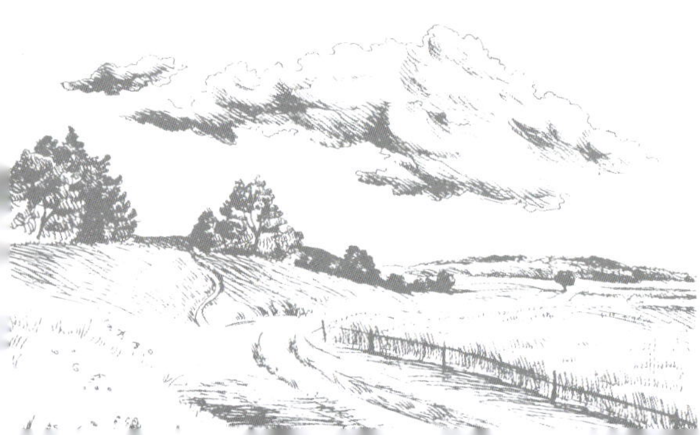

Zum Oderteich und nach Oderbrück

Wir gehen den breiten Weg auf der Krone des Rehberger Grabens weiter. Er biegt später in die Westhänge des Rehbergs und führt nun nordwärts mit Blick ins Odertal zum **Goetheplatz** 4 unterhalb der Goetheklippen. Immer weiter bringt er uns schließlich zum Staudamm und zur oberhalb davon querenden Autostraße. Am Ostufer des **Oderteiches** 5 führt nun, teils mit Stegen über sumpfige Stellen, ein hübscher Weg kurzweilig nordwärts. An der ersten Abzweigung gehen wir noch links weiter über den **Oderbach** 6 und erst danach den Weg rechts hinauf zur **Bushaltestelle Oderbrück** E.

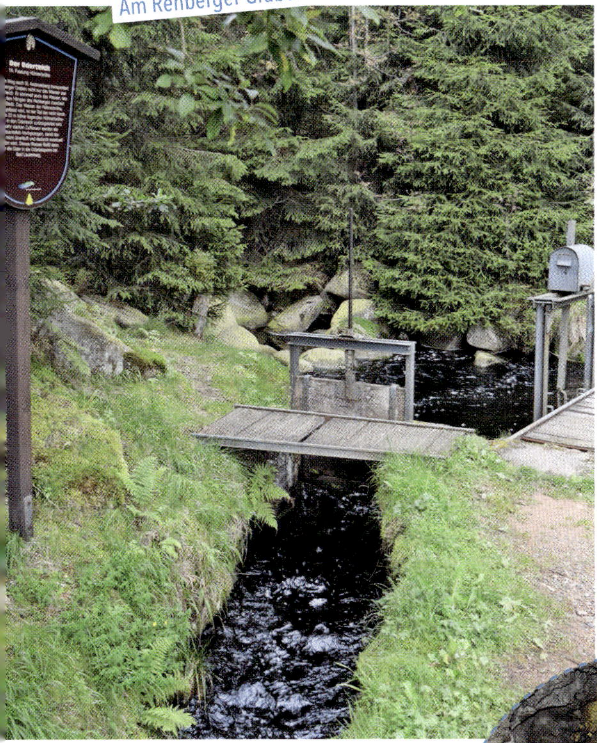

Am Rehberger Graben

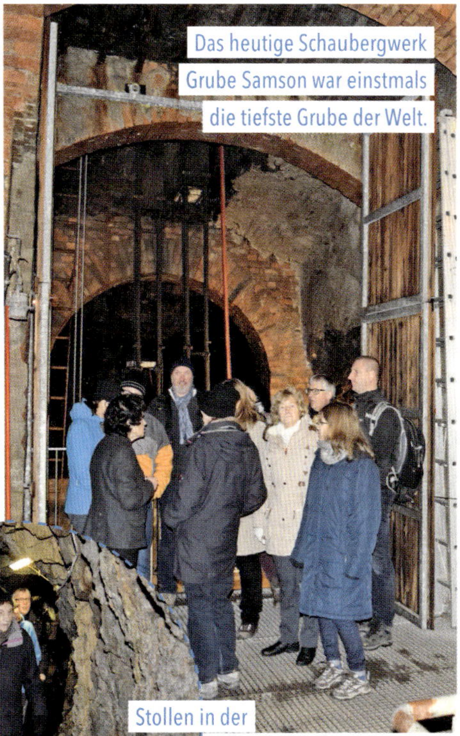

Das heutige Schaubergwerk Grube Samson war einstmals die tiefste Grube der Welt.

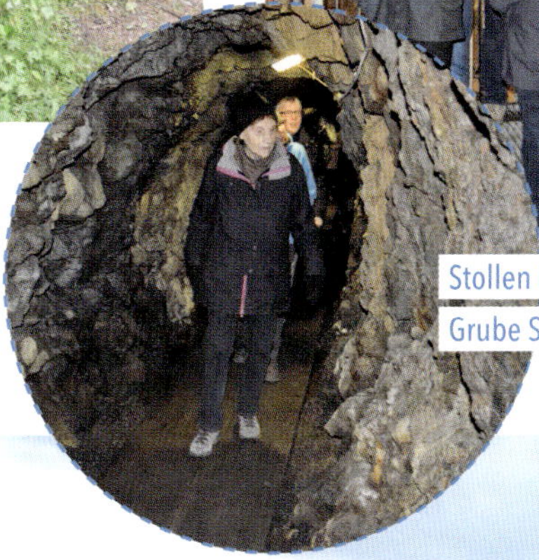

Stollen in der Grube Samson

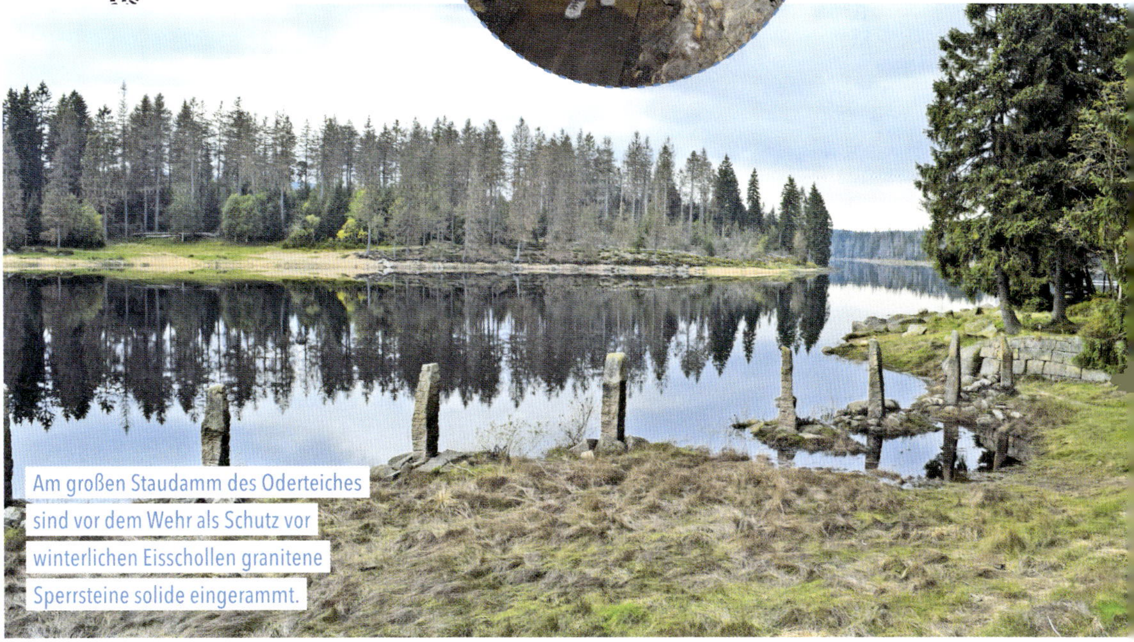

Am großen Staudamm des Oderteiches sind vor dem Wehr als Schutz vor winterlichen Eisschollen granitene Sperrsteine solide eingerammt.

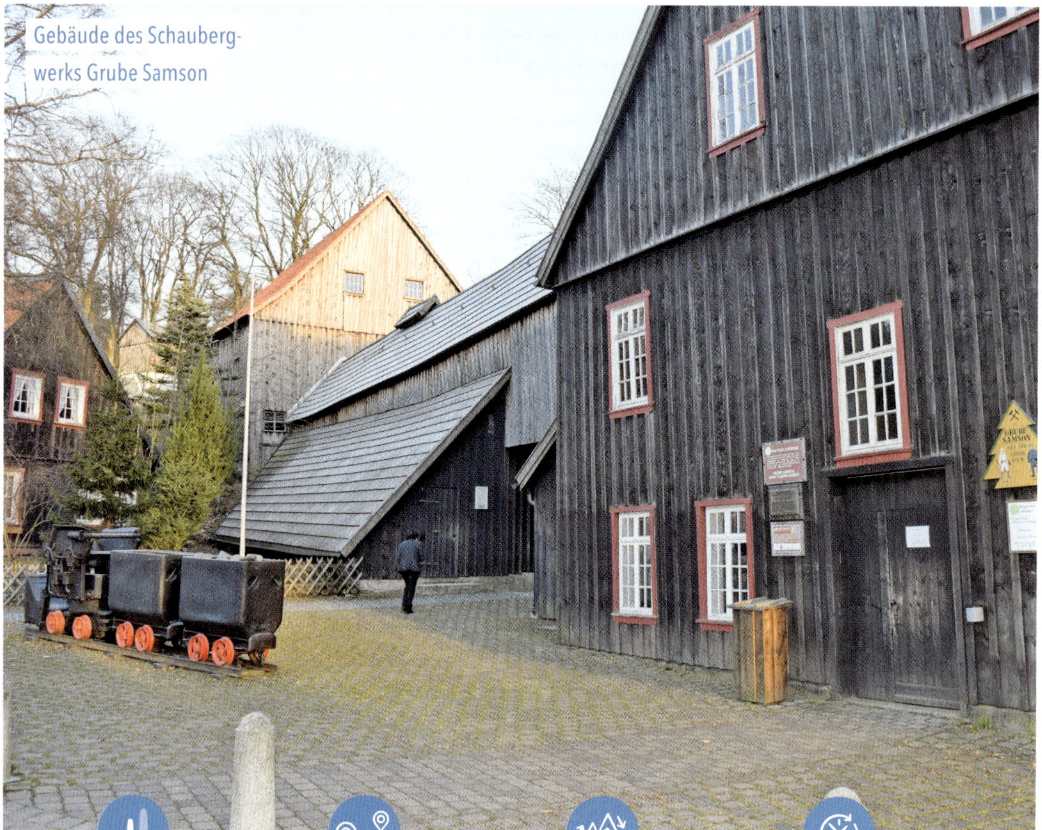

Gebäude des Schaubergwerks Grube Samson

mittel | 12 km | 200 Hm (auf) | 3:30 h

Auf einen Blick

Übersicht
Von B Sankt Andreasberg Schützenstraße – Schacht Samson – Rehberger Graben – B Oderteich – B Oderbrück

Tourencharakter
Nach dem Bergwerksort ist dies eine ruhige Wanderung auf der Grabenkrone und dann entlang des ersten Harzer Stauteichs durch herbe Sumpflandschaft.

Ausgangspunkt
In St. Andreasberg beim Besucherbergwerk Schacht Samson. Wer die Tour kürzer wünscht, kann auch erst am Bushalt beim Internationalen Haus Sonnenberg oder am Oderteich beginnen.

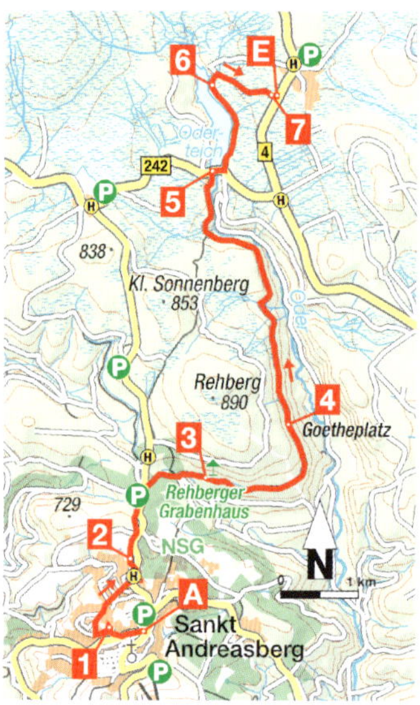

Anfahrt
Vom Bahnhof Bad Harzburg Bus über Braunlage nach St. Andreasberg

Rückfahrt
Ab Bushaltestelle Oderbrück

Karte
»Der Harz in vier Teilen« 1:30 000, Verlag Schmidt-Buch, Blatt Oberharz

Einkehr
Rehberger Grabenhaus

Info
- *www.braunlage.de*
- *www.harztourist.de*
- *www.harzinfo.de*

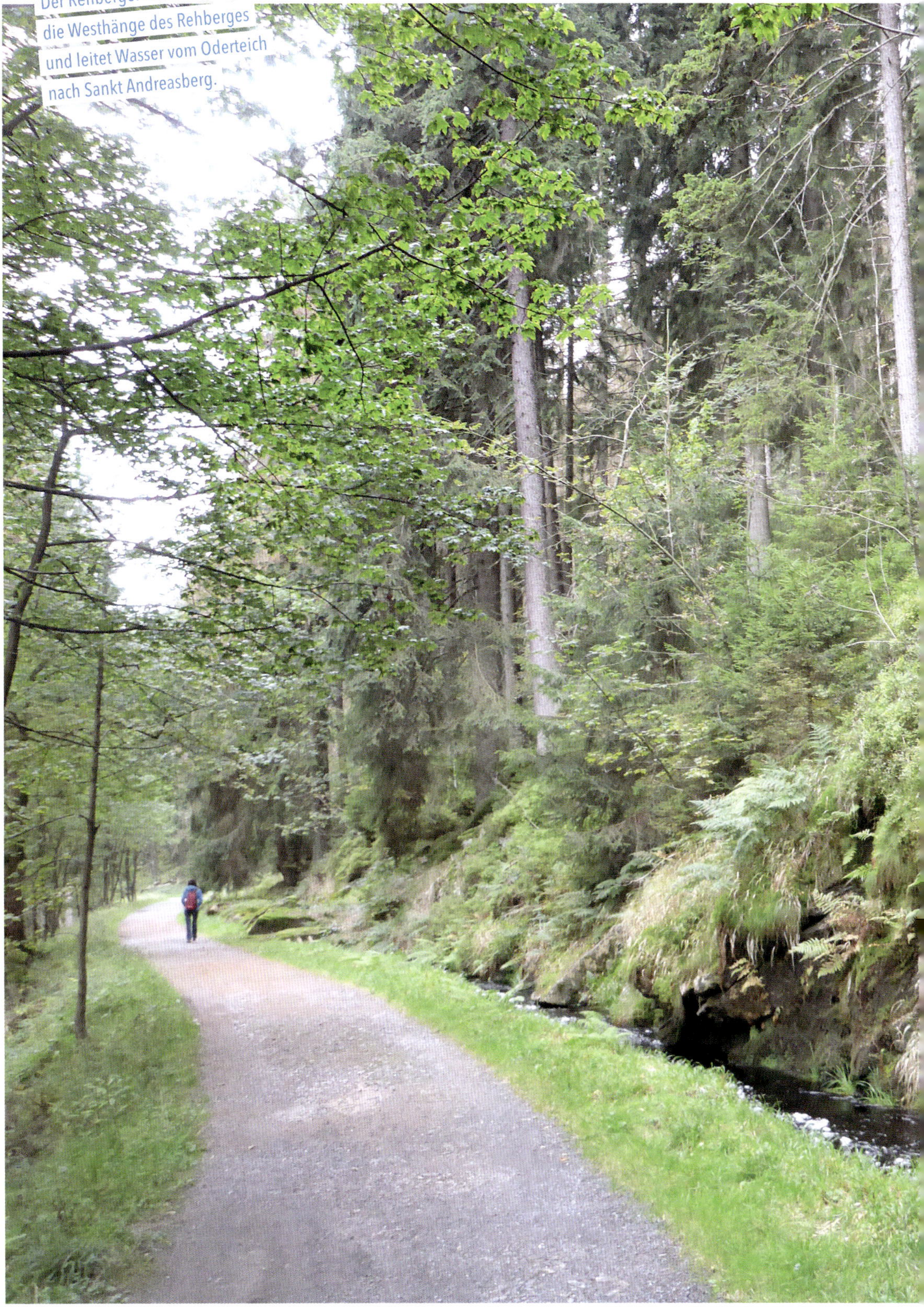

Der Rehberger Graben quert die Westhänge des Rehberges und leitet Wasser vom Oderteich nach Sankt Andreasberg.

DIE FELSBURGEN DES HOHNEKAMMES

18

Von Drei Annen zur Landmannklippe

Diese anspruchsvolle Wanderung führt über die östlichsten Höhen des zentralen Berglandes des Harzes. Sie verlangt Ausdauer und Vertrautheit mit Steigen über Blöcke und Wurzeln und auch Finden von Lösungen bei kurzfristig neu entstandenen Hindernissen. Das bringt das Abenteuer der Begegnung mit tatsächlicher Wildnis.

Zur Leistenklippe

Vom Bahnhof **Drei-Annen-Hohne** A gehen wir zur Abzweigung der Elbingeroder Straße und gegenüber westwärts die gerade Allee Eschwegestraße hinauf. Bei einer Gabelung gehen wir rechts weiter zur Nationalparkstation und Gaststätte **Hohnehof** 1. 100 Meter danach biegen wir von der Eschwegestraße links ab und folgen dem Kirchweg und bei einer Biegung geradeaus hinauf dem Von-Eichendorff-Stieg. Er führt über die sich wieder neu begrünende Abdachung zum quer verlaufenden breiten **Glashüttenweg** 2. Dem folgen wir für 150 Meter nach links. Dann nehmen wir rechts einen neu eingelaufenen Weg. Er führt hinauf zu einem festen Weg. Den gehen wir nur kurz nach rechts und dann einen nach oben abzweigenden Weg bis zu einer **Wanderhütte** 3 vor der alten Skischneise. Wir folgen noch im abgestorbenen Wald einem deutlichen Weg hinauf. Er führt bald nach rechts zur grasigen Schneise und leitet schließlich zu einem Wegekreuz beim felsigen **Hohnekopf** 4. Der altehrwürdig ausgelatschte Weg führt zuerst westwärts und später nordwärts vor der Bärenklippe. Danach geht es an der Einmündung des Moorweges vorbei zur **Leistenklippe** 5.

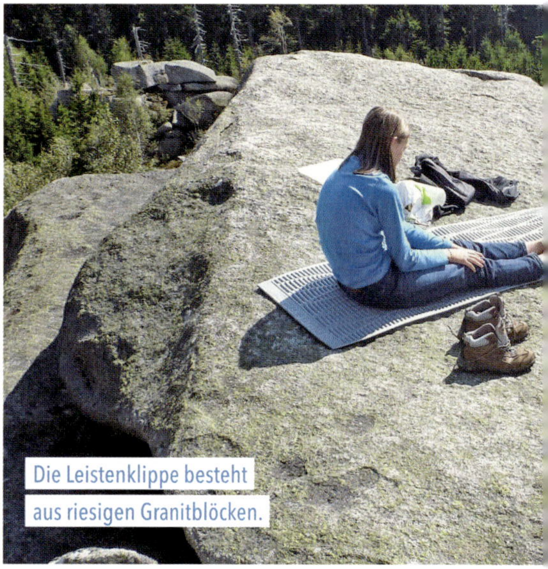

Die Leistenklippe besteht aus riesigen Granitblöcken.

An den Hohneklippen

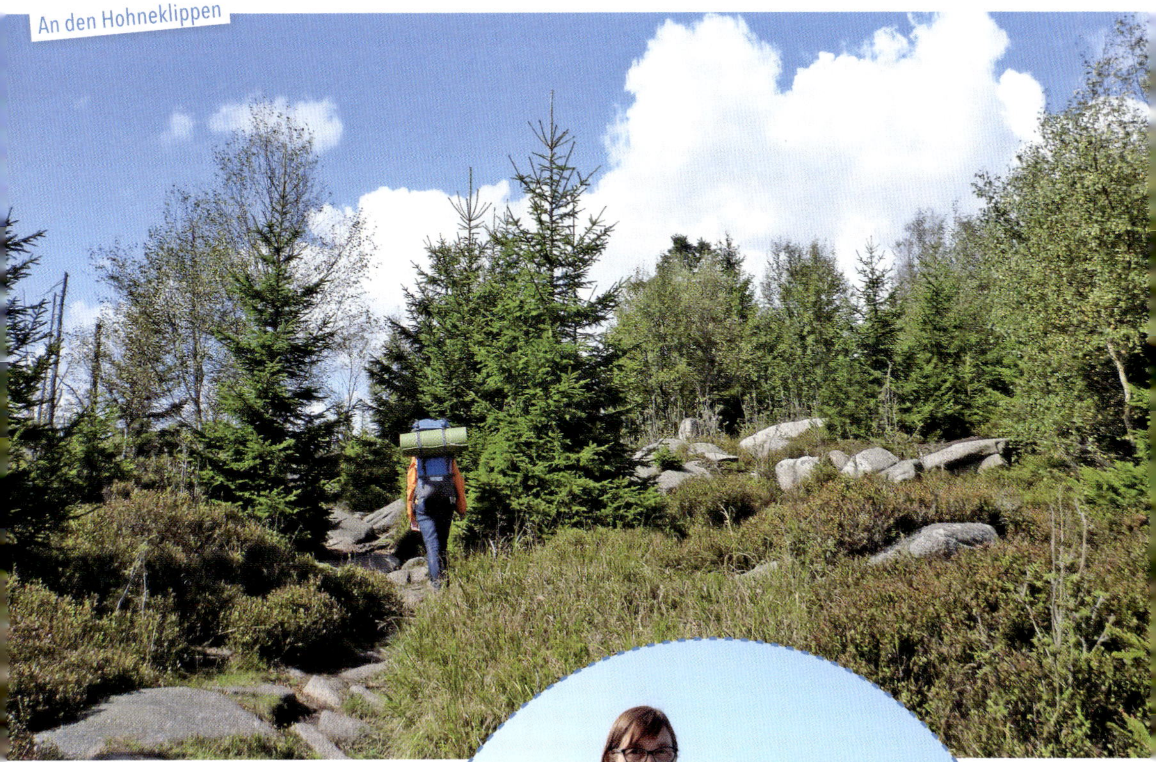

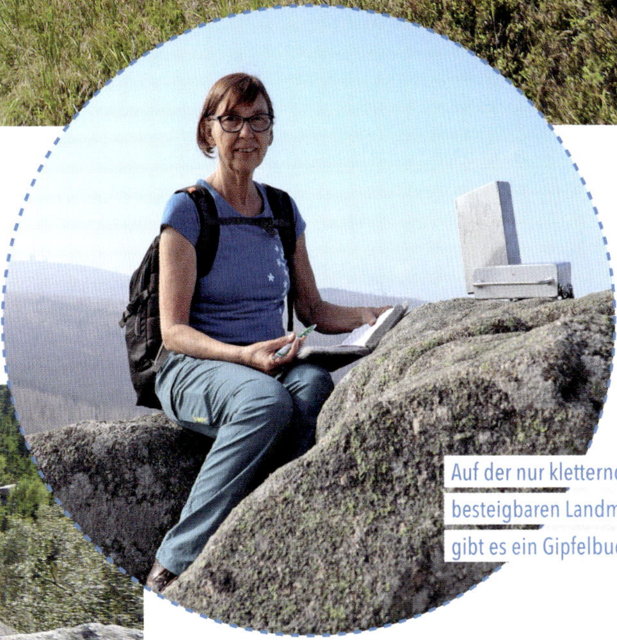

Auf der nur kletternd besteigbaren Landmannklippe gibt es ein Gipfelbuch.

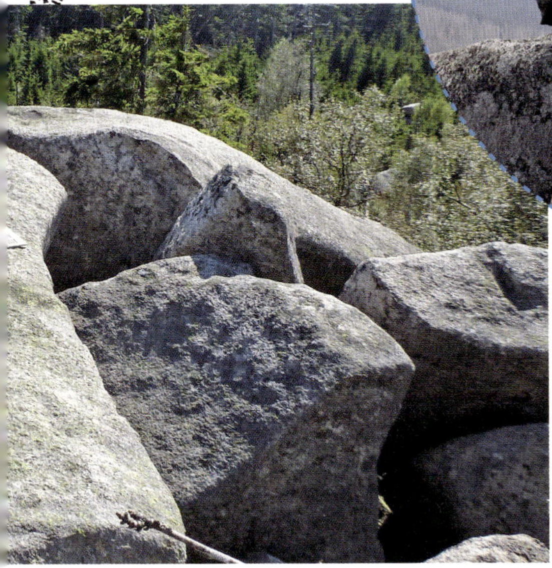

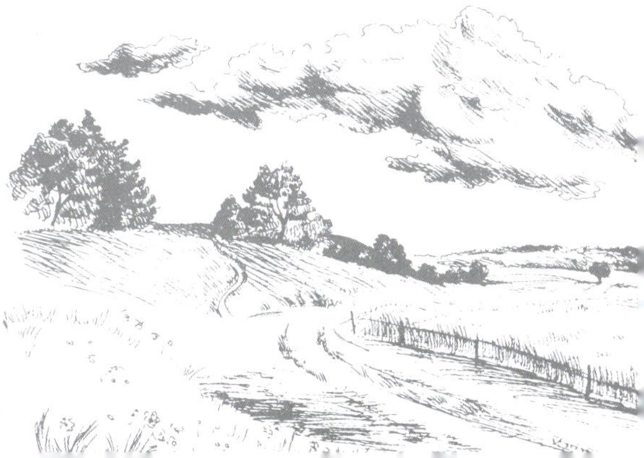

Sie ist mit Leitern und Geländern leicht zu besteigen und bietet grandiose Rundsicht (wer die Tour kürzen will, kann hier nach rechts, ostwärts an einer kleinen Wanderhütte vorbei, über den ausgeschilderten Beerenstieg absteigen, zur Eschwegestraße und über diese zurück zum Hohnehof und zum Bahnhof Drei-Annen-Hohne).

Weiter über den Hölle-Landmann-Pfad

Wir gehen den Weg nordwestwärts weiter, an der (höchsten) **Grenzklippe** 6 und weiteren Granitfelsen vorbei. Nach etwa 700 Metern biegt dieser Weg etwas nach links abwärts. Hier zweigt nach rechts der Hölle-Landmann-Pfad ab. Er ist sporadisch mit hölzernen Eulen gekennzeichnet und führt, je nach neu entstehenden Hindernissen, jeweils um diese herum. Insgesamt verläuft er auf der nordöstlichen Seite des Kammes.

Auf der Schneise zum Hohnekopf.

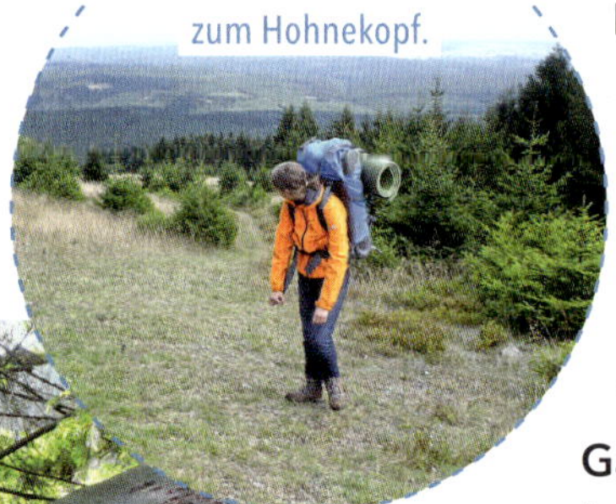

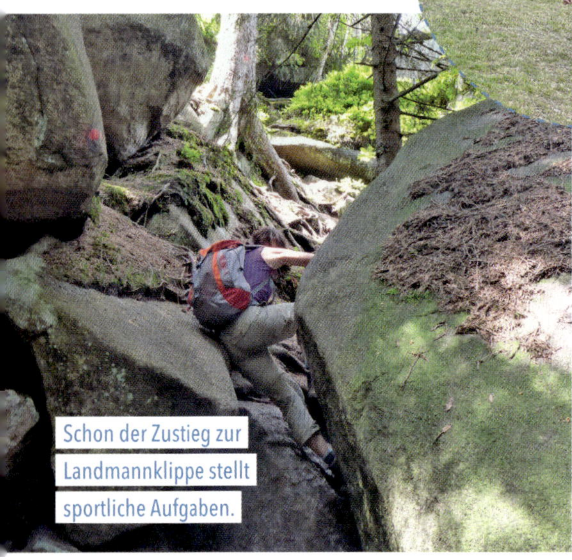

Schon der Zustieg zur Landmannklippe stellt sportliche Aufgaben.

Nach etwa 300 Metern gibt es einen Abstecher nach links zur markanten **Höllenklippe** 7. Ihr über Riesenblöcken ragender Gipfel ist nur in handfester, luftiger Felskletterei zu besteigen. Ebenso wird die gleichfalls markante **Landmannklippe** 8 mit einem Abstecher nach links erreicht. Ihr westlicher Vorgipfel verlangt weniger schwierige, aber doch etwas Beweglichkeit und Mut fordernde Kletterei. Dort lässt sich sogar im Angesicht des Brockens die Anwesenheit in einem Gipfelbuch eintragen.

Hinab nach Hasserode

Der Pfad endet in östlicher Richtung auf dem grasigen Treppenstieg. Der führt zuerst noch nach links und dann im Bogen nach rechts zu einem als Robbe oder Hai gestalteten **Felsblock** 9. Immer weiter nordostwärts hinab mündet der Weg unten auf die Eschwegestraße. Ihr folgen wir nach links, biegen nach etwa 1300 Metern nach rechts ab. Wir gehen oberhalb an der **Gaststätte Steinerne Renne** 10 vorbei und dann unter den schroffen Renneklippen hindurch bis vor eine Rechtskurve der Straße. Hier beginnt nach rechts hinab schmal und steil und teils mit Treppen der eindrucksvolle Weg **Kleine Renne** 11. Er bringt uns, zuletzt weniger steil, zur Talstraße. Die gehen wir weiter zum HSB-Bahnhalt **Steinerne Renne** 12. Wenn dort kein Zug zu erwarten ist, folgen wir der Zufahrt hinab nach Hasserode zum tagsüber öfter angefahrenen **Bushalt Hasserode Floßplatz** E.

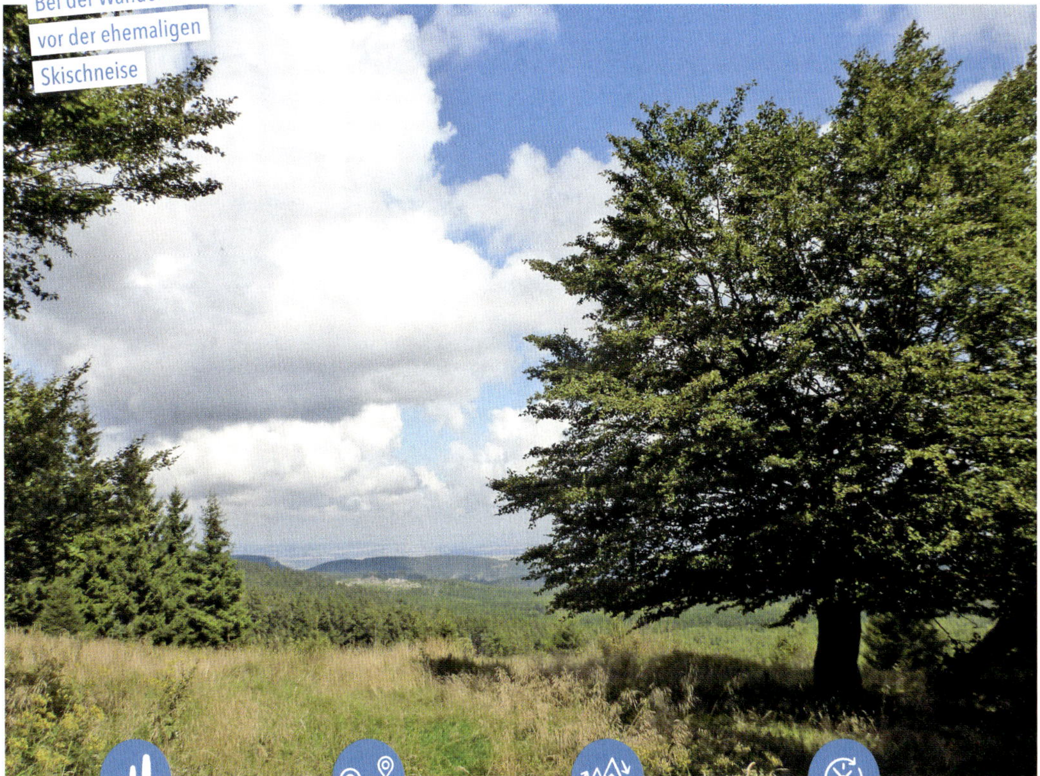

Bei der Wanderhütte vor der ehemaligen Skischneise

schwer | 13,5 km | 450/690 Hm | 5 h

Auf einen Blick

Übersicht
Bf Drei-Annen-Hohne – Leistenklippe – Landmannklippe – Treppenstieg – Kleine Renne – HSB HP Steinerne Renne – B Hasserode Floßplatz

Tourencharakter
Oben am Bergkamm ist das ein Wildnisweg vom Feinsten im Sinne der Ursprungsidee von Nationalpark.

Ausgangspunkt
HSB-Bahnhof Drei-Annen-Hohne

Endpunkt
Bushaltestelle Wernigerode Hasserode Floßplatz

Anfahrt
Bahn bis Wernigerode, dann HSB bis Drei-Annen-Hohne

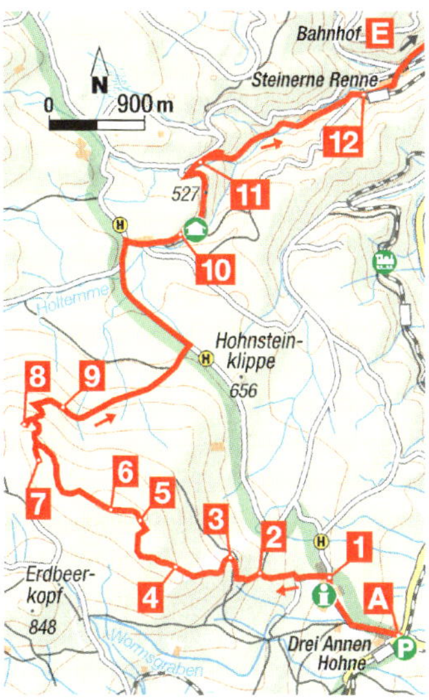

Rückfahrt
HSB oder Bus nach Wernigerode Hauptbahnhof oder Haltestelle Wernigerode Elmo

Karte
»Der Harz in vier Teilen« 1:30 000, Verlag Schmidt-Buch, Blatt Mittlerer Harz

Einkehr
Hohnehof und Steinerne Renne

Info
- www.nationalpark-harz.de
- www.harztourist.de
- www.harzinfo.de

DER RÜCKEN DES RENNECKENBERGES

19

Hinab ins Tal der Ilse

Diese lange Wanderung führt durch einsame Berghänge überwiegend bergab. Unterwegs gibt es keine billigen Auswege. Sie verlangt deshalb Ausdauer. Sie beschenkt mit dem intensiven Ambiente eines Mittelgebirges und bringt zugleich Einblick in die herben Seiten des Waldwandels. Auch dies ist eins der landschaftlichen Highlights des Harzes.

Zum Bergsattel Brockenbett

Von der **Bushaltestelle Schierke Rathaus** Ⓐ gehen wir kurz ostwärts und vom oberen Ende des **Friedhofs** ❶ auf dem Ottoweg nach rechts hinauf zum **HSB-Bahnhof Schierke** ❷. Wir überqueren die Gleise und folgen nordwestwärts einem blockigen Weg am wuchtig turmartigen Kletterfels **Kleiner Feuerstein** ❸ vorbei und dann nordwärts zu einem querenden Weg. Gegenüber dem Großen Feuerstein leitet er nach links, nordwestwärts nach einer feuchten Mulde zum von unten heraufführenden Pfarrsteig. Hier steigen wir nach rechts an und gehen später schräg nach links zum Felsen **Ahrensklint** ❹ (Treppen, Geländer, Aussicht). Danach führt der kleine Weg bald zum festen Glashüttenweg. Dem folgen wir nun durch herbe Landschaft des Waldwandels mit Baumskeletten und neu wachsenden Bäumen. Zunehmend kommt auch die Kuppe des Brockens in Sicht. Nach mehr als zwei Kilometern erreichen wir so die Brockenstraße beim breiten **Bergsattel Brockenbett** ❺. (Rastplatz am historischen Wegzeichen Eiserner Handweiser. Westwärts führt die Brockenstraße drei Kilometer zum Brockengipfel. Vom Brockenbett nordwärts direkt ins Ilsetal kürzt unsere Route um drei Kilometer, aber ohne die Highlights Brockenkinder, Zeterklippen und Molkenhausstern.)

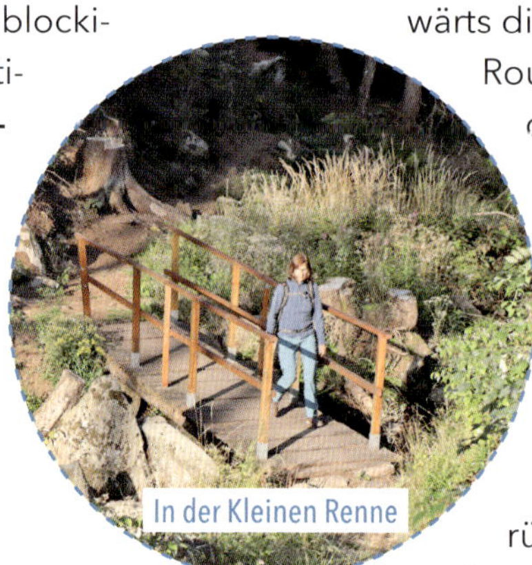
In der Kleinen Renne

Über den Renneckenberg zum Bergsattel Molkenhausstern

Wir gehen ostwärts kurz zurück und den bald abzweigenden Weg hinauf, an einer Skihütte links vorbei, teils über Blöcke, zum Gipfel des **Renneckenberges** ❻ (933 m, der höchste Punkt dieses Bergkammes, wenig südlich die originellen Felsgestalten Brockenkinder). Nordwärts führt der Naturweg weiter hinab zu einem breiteren, nach links führenden Grasweg. Von diesem zweigt nach kurzer Zeit ein kleiner Weg nach rechts

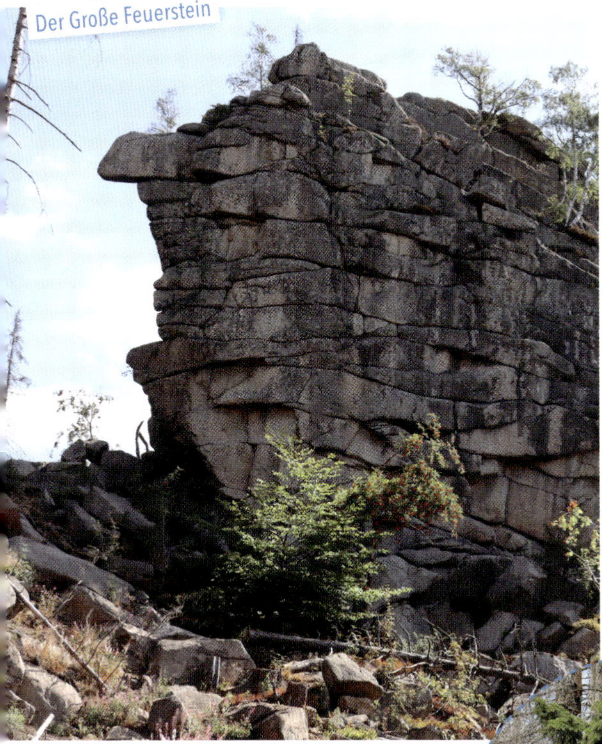
Der Große Feuerstein

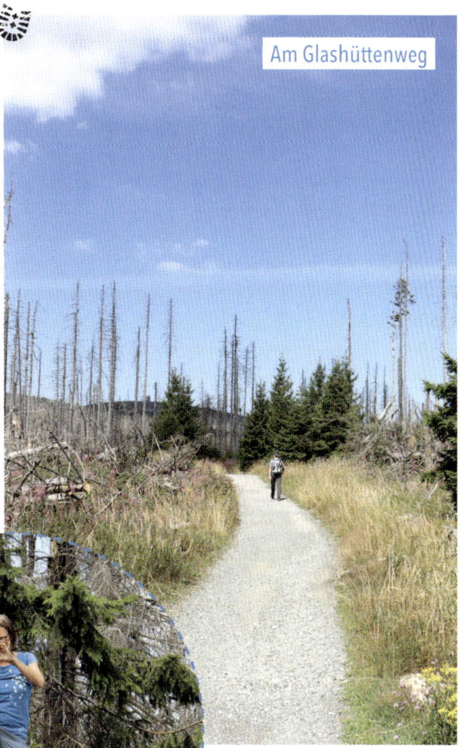
Am Glashüttenweg

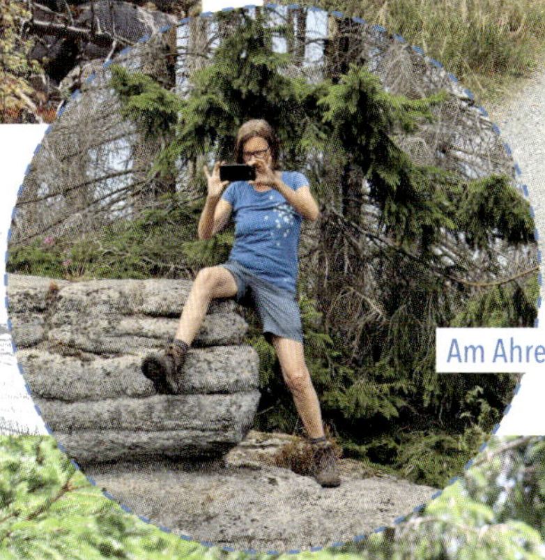
Am Ahrensklint

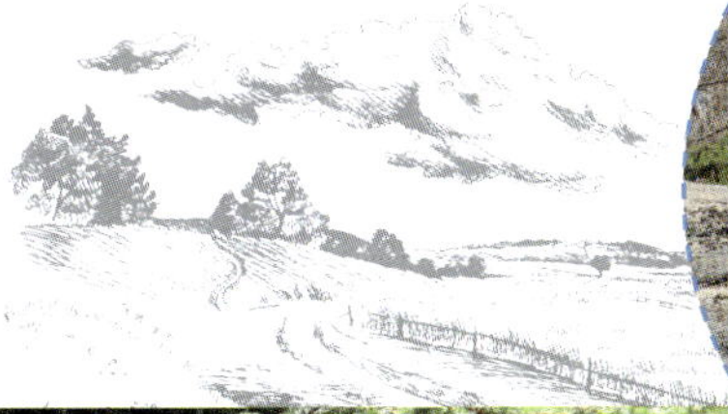

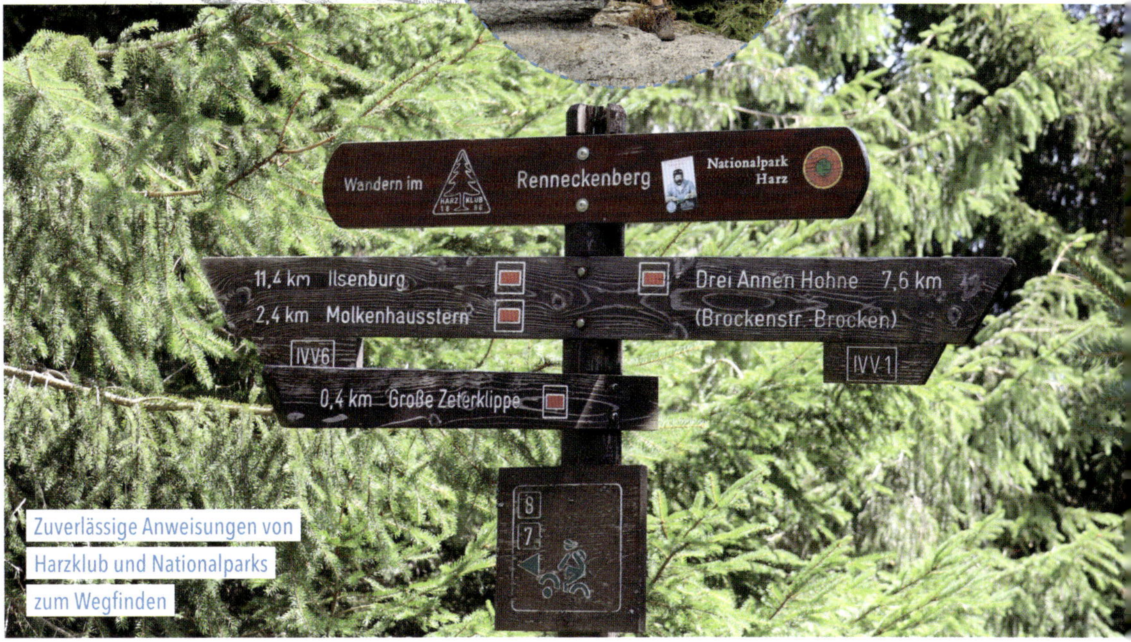

Zuverlässige Anweisungen von Harzklub und Nationalparks zum Wegfinden

An der Mittleren Zeterklippe

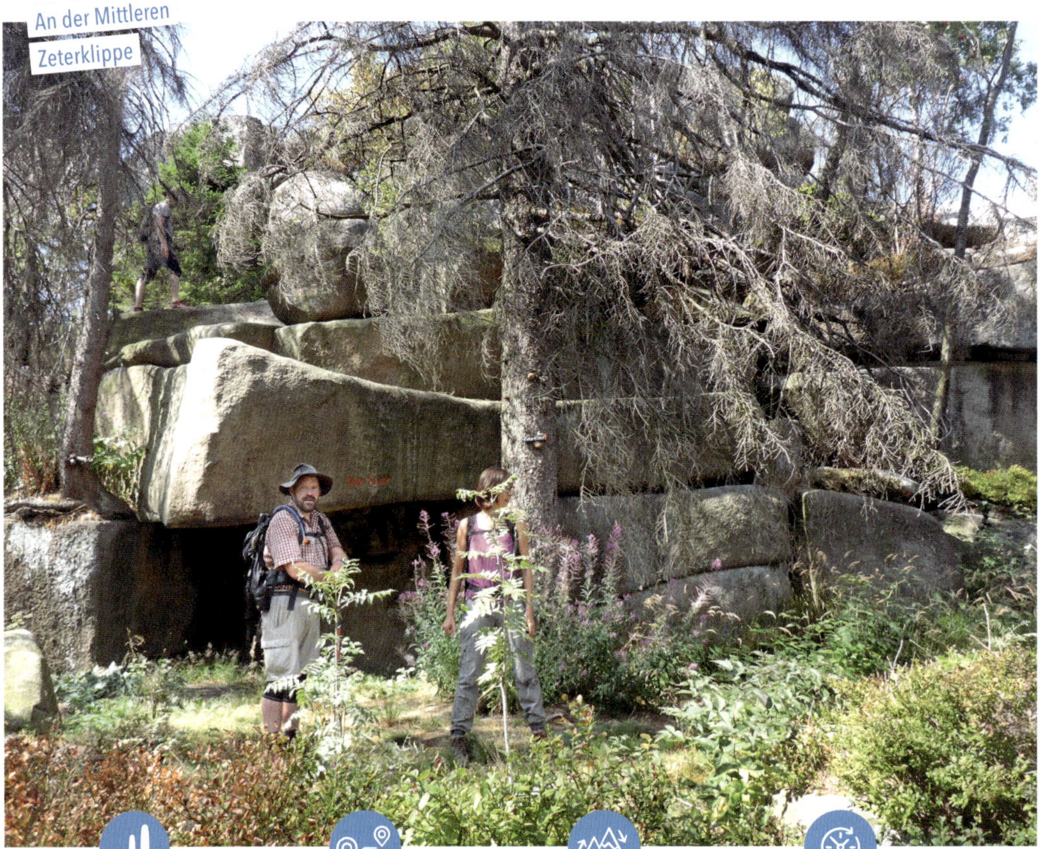

schwer | 18 km | 300/700 Hm | 6 h

Auf einen Blick

Übersicht
B Schierke Rathaus – Ottoweg – HSB Bf Schierke – Feuersteine – Ahrensklint – Brockenkinder – Zeterklippen – Molkenhaus-Stern – Ilsetal – Bf Ilsenburg

Tourencharakter
Lange Wanderung über sehr ruhige Höhen und bis zum Vorland hinab

Ausgangspunkt
Bushaltestelle Schierke Rathaus

Endpunkt
Bahnhof Ilsenburg

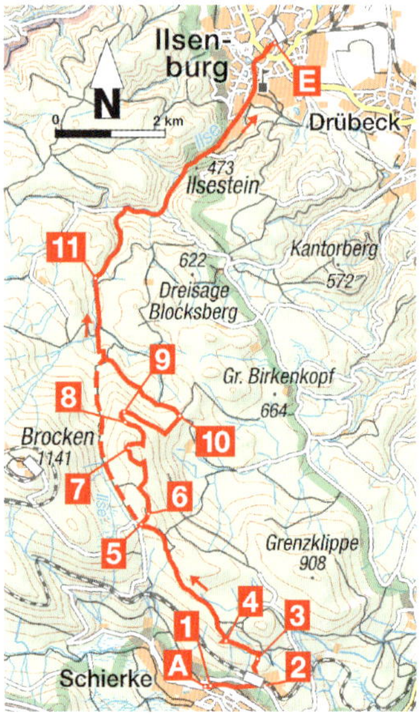

Anfahrt
Bahn bis Bad Harzburg, Bus nach Braunlage, Bus nach Schierke Jugendherberge

Rückfahrt
Bahn ab Haltestelle Ilsenburg

Karte
»Der Harz in vier Teilen« 1:30 000, Verlag Schmidt-Buch, Blatt Mittlerer Harz

Einkehr
In Ilsenburg

Info
- *www.nationalpark-harz.de*
- *www.harztourist.de*
- *www.harzinfo.de*

ab und führt über Holzstege weiter. An der Stelle, an der dieser Weg beginnt, abwärtszuführen, gehen wir bei einer Abzweigung nach links den deutlichen Weg hinauf. Er bringt uns teils blockig zur Felsburg **Große Zeterklippe** 7 (über steile Eisenleiter zu besteigen, Geländer, Blick zum Brocken). Nach Osten führt der schmale Weg blockig hinab zum breiten Grasweg. Dieser leitet nordwärts, später nordwestwärts weiter hinab. Wir gehen an der markanten, nur mit Holzverhau und Kletterei besteigbaren Felsburg **Mittlere Zeterklippe** 8 vorbei zu einer **Wanderhütte** 9 an der Wegkurve vor den niedrigen Unteren Zeterklippen. Nun führt der Weg stetig südostwärts hinab zu einem geraden Querweg. Der bringt links hinab zum Bergsattel und **Wegekreuz Molkenhausstern** 10 mit Wanderhütte.

Abstieg nach Ilsenburg

Wir gehen nun den Soldansweg nordwestwärts hinab zur Straße im obersten Ilsetal. Wir folgen ihr nordwärts weiter hinab zum Pavillon bei der **Roten Brücke** 11 und dann am zügigsten immer auf der Talstraße – hübscher, aber holpriger auf den Wanderwegen – mehrere lange Kilometer hinunter nach Ilsenburg und zum **Bahnhof Ilsenburg** E.

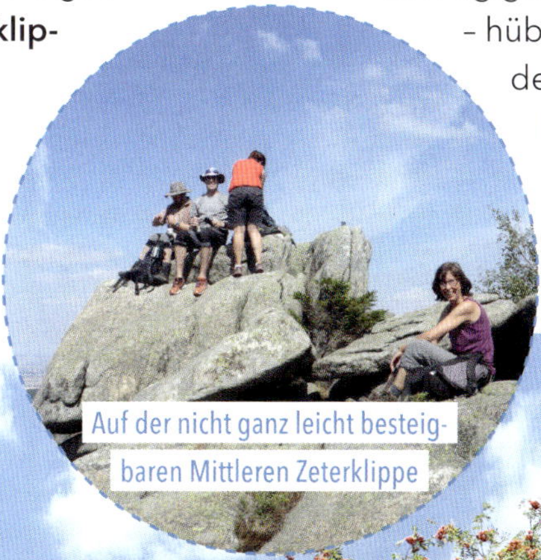

Auf der nicht ganz leicht besteigbaren Mittleren Zeterklippe

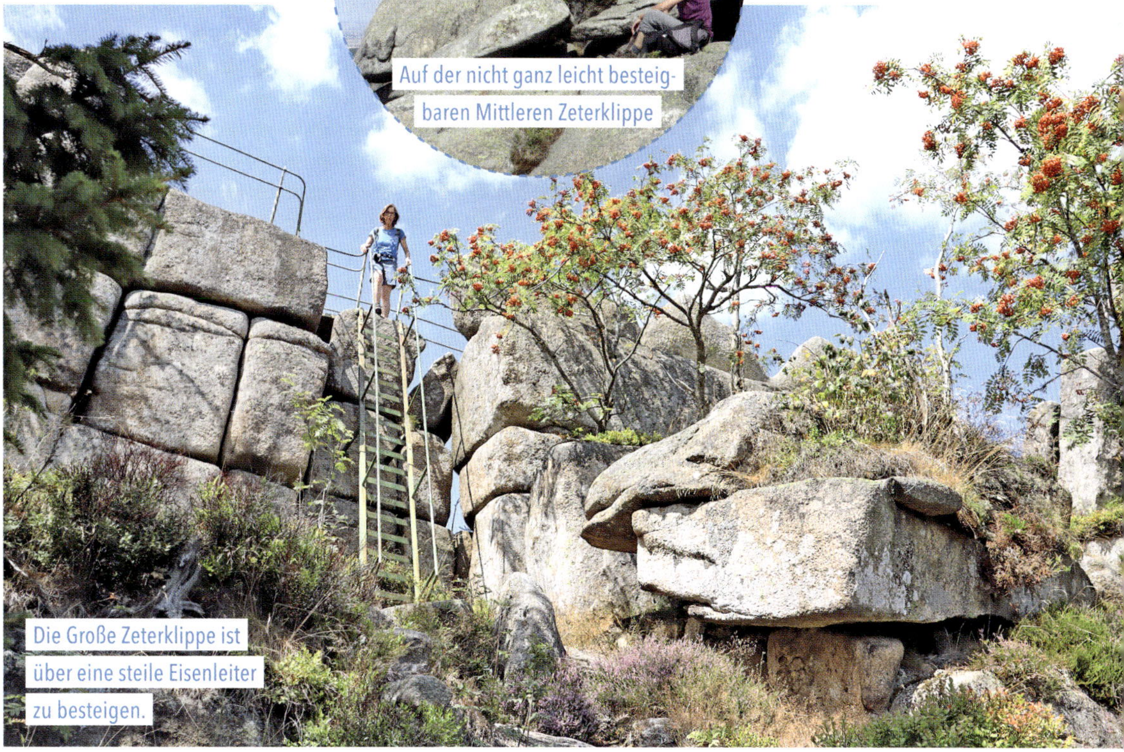

Die Große Zeterklippe ist über eine steile Eisenleiter zu besteigen.

Kohlengrube und Harzrandberg

20 Vom Netzkater nach Ilfeld

Diese reizvolle und kontrastreiche Wanderung verläuft durch das vom vulkanischen Porphyr geprägte Gebiet nahe dem südlichen Harzrand. Sie führt über teils steile, schmale Wege durch meist hohen Laubwald. Entlang des Sandlünzkamms führt sie auf den Poppenberg zum hohen Aussichtsturm und dann steil hinab zum Felsturm Falkenstein und ins Gottestal.

Zum Brockenblick

Vom **HSB-Haltepunkt Netzkater** (A) führt beim Museumsbergwerk Rabensteiner Stollen ostwärts ein breiter Weg schräg links hinauf zum Bergrücken. Von einer Wegkurve (Blick nach Osten ins Brandisbachtal) zweigt nach rechts ein schmaler Fußweg ab. Er führt durch steile Hänge hinauf zum Aussichtspunkt **Dreitälerblick** (1). Vom großen Holzlagerplatz führt nun ostseitig oberhalb von einem breiten Forstweg ein kleiner Weg etwas steiler südostwärts am Hang aufwärts. Auf ihm gehen wir unterhalb einiger Felstürmchen des Bergrückens Sandlünz vorbei und gelangen zum kleinen **Sandlünzsattel** (2). Von hier können wir westwärts etwas absteigen und auf einem breiten Weg nach links neben dem Bergrücken aufsteigen und ihn erst später erreichen. Interessanter – wenn auch herber zu gehen – ist der direkte Aufstieg vom kleinen Sattel auf dem Pfad über den Rücken, an Felsköpfen vorbei. Beide Wege führen schließlich gemeinsam zu einer breiten Waldstraße. Diese bringt uns zur Abzweigung eines Pfades nach links, nordwärts zu den Felskanzeln und Türmchen **Brockenblick** (3).

Zum Poppenbergturm

Wir gehen zurück zur Straße und folgen ihr ostwärts zu einem großen Straßenkreuz. In der gleichen Richtung führen eine Straße und später ein kleinerer Weg hinauf zur Kuppe des Poppenberges (600 m) mit dem

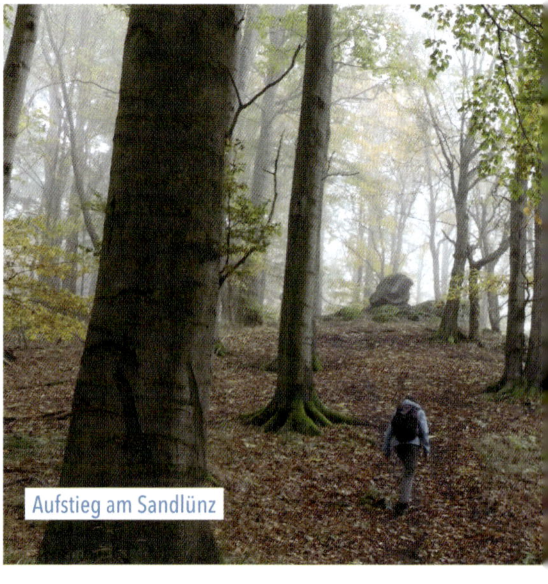
Aufstieg am Sandlünz

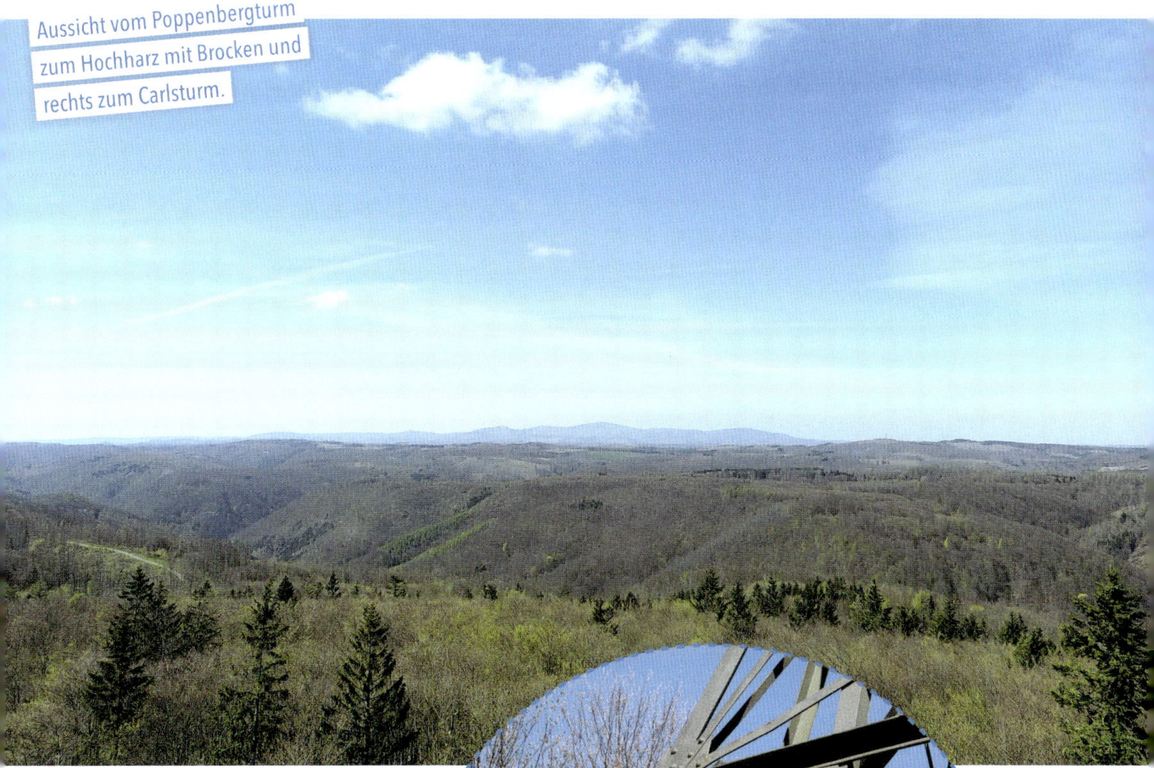

Aussicht vom Poppenbergturm zum Hochharz mit Brocken und rechts zum Carlsturm.

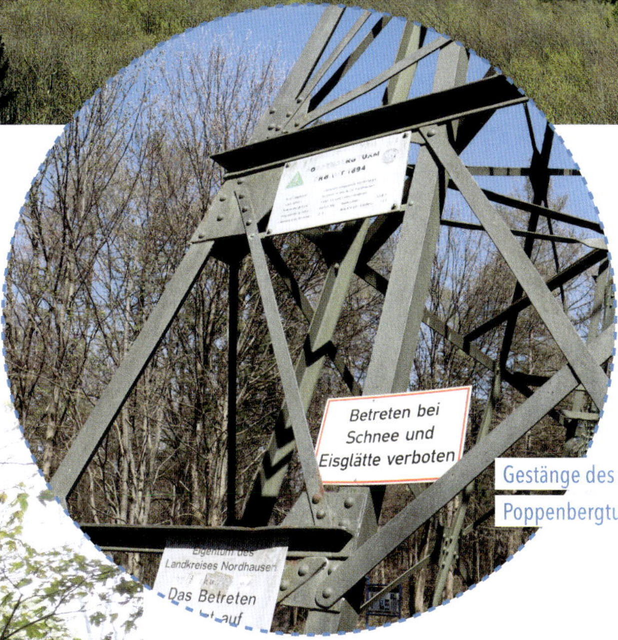

Gestänge des Poppenbergturms

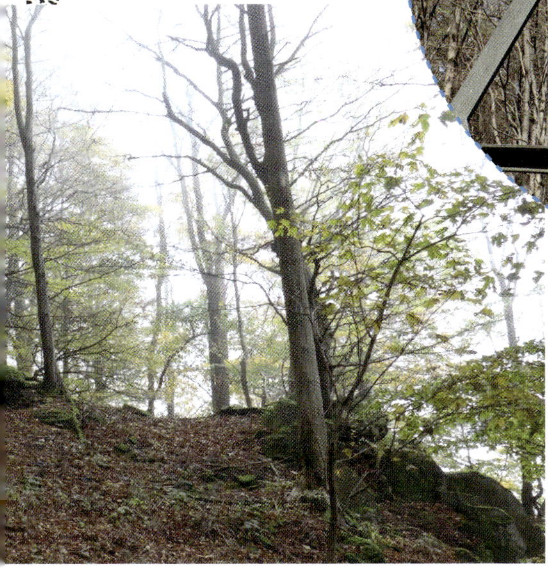

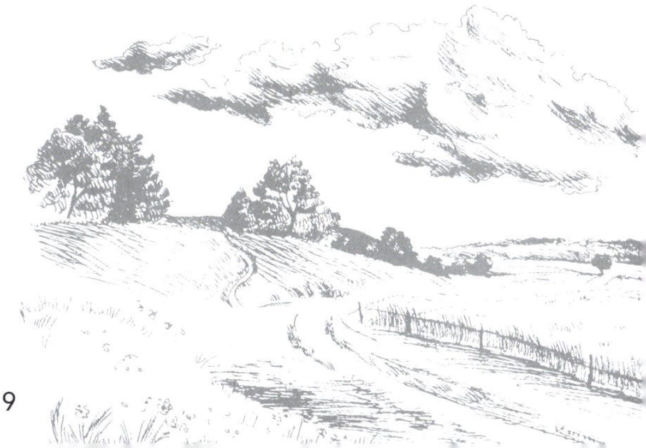

Poppenbergturm ④. Er bietet nach 77 Stufen von seiner höchsten Plattform aus eine weite Aussicht bis zum Brocken und über die Weiten des Ostharzes sowie nach Süden ins Vorland.

Zum Falkenstein und durch das Gottestal nach Ilfeld

Von der Gipfelwiese steigen wir zunächst westwärts direkt hinab zu einem Querweg. Der führt uns nach links, südwärts hinab zu einem kleinen Sattel. Von diesem folgen wir einem kleineren Weg über eine Kuppe und gelangen nach kurzer Zeit zum Rastplatz am **Aussichtspunkt Falkenstein** ⑤. Unterhalb steht das Felstürmchen Falkenstein. Wir gehen oberhalb vorbei und einen schmalen Weg über steile Hänge hinab. Nach einigen Zickzacks führt dann ein Weg waagerecht westwärts hinüber in den Grund des Gottestales. Darin bringt uns ein Weg steil hinab zum Ortsrand von Ilfeld. Dort führt die Neue Marktstraße und später rechts die Hohnsteiner Straße über den Bach Bere und dann rechts zum **HSB-Bahnhof Ilfeld** Ⓔ.

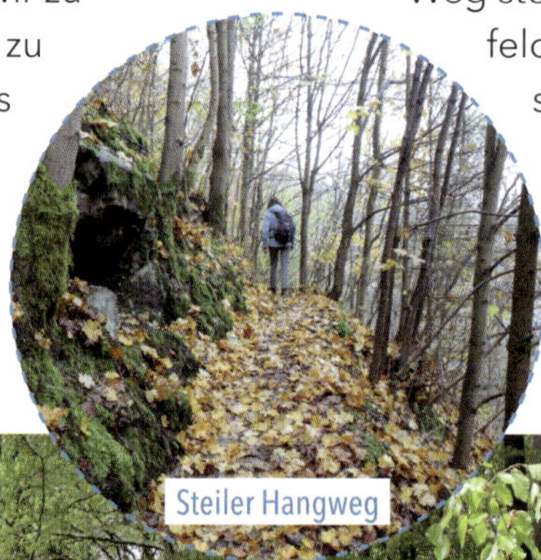

Steiler Hangweg

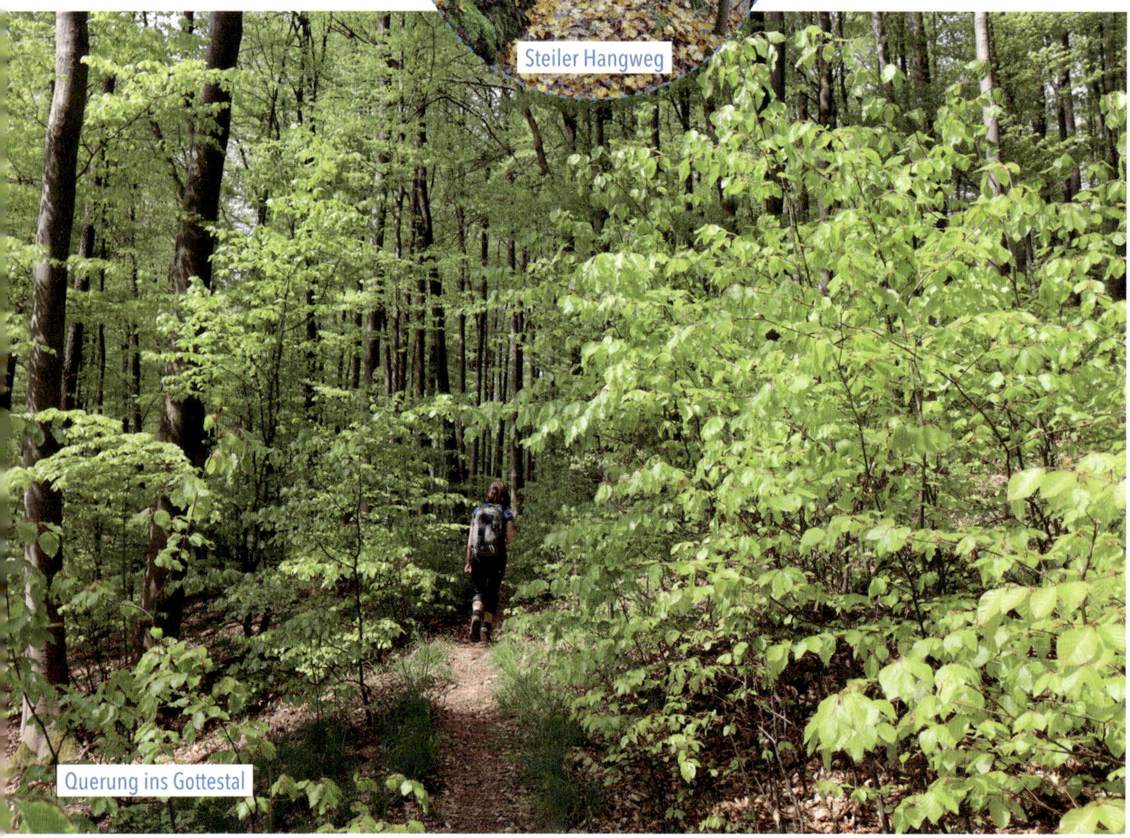

Querung ins Gottestal

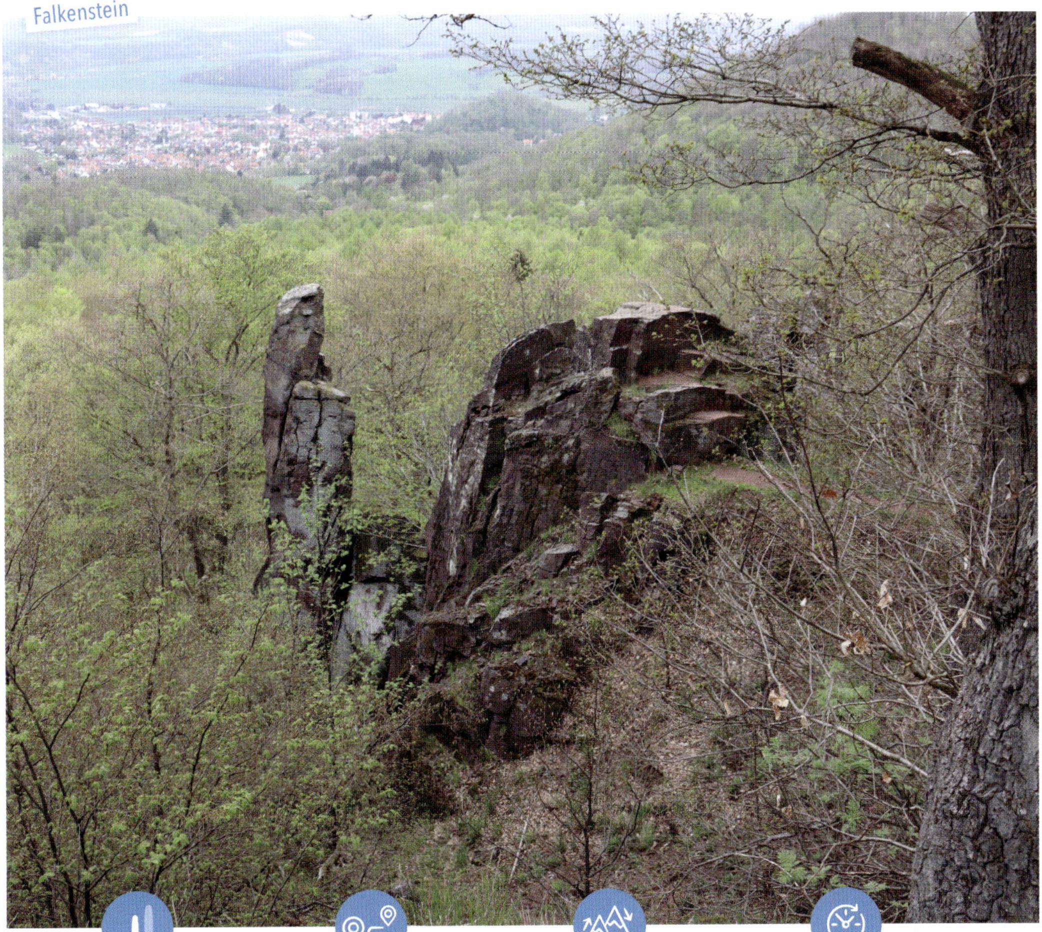

Falkenstein

mittel | 9 km | 300/350 Hm | 4 h

Auf einen Blick

Übersicht
HSB HP Netzkater – Sandlünz – Poppenbergturm – Falkenstein – Gottestal – HSB HP und B Ilfeld

Tourencharakter
Weithin schmale und teils über steile Hänge führende Pfade in hübschem Laubwald

Ausgangspunkt
HSB-Haltepunkt Netzkater beim Museumsbergwerk Rabensteiner Stullen

Endpunkt
HSB-Haltepunkt Ilfeld

Anfahrt
Am besten von Süden her über Nordhausen, dann Bus oder HSB

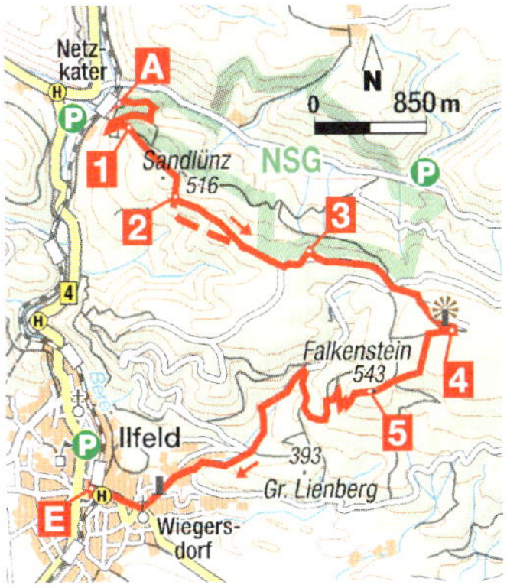

Rückfahrt
HSB oder Bus nach Nordhausen, dann Bahn

Karte
»Der Harz in vier Teilen« 1:30 000, Verlag Schmidt-Buch, Blatt Südharz

Einkehr
Unterwegs keine Einkehrmöglichkeiten

Info
- www.harztourist.de
- www.harzinfo.de

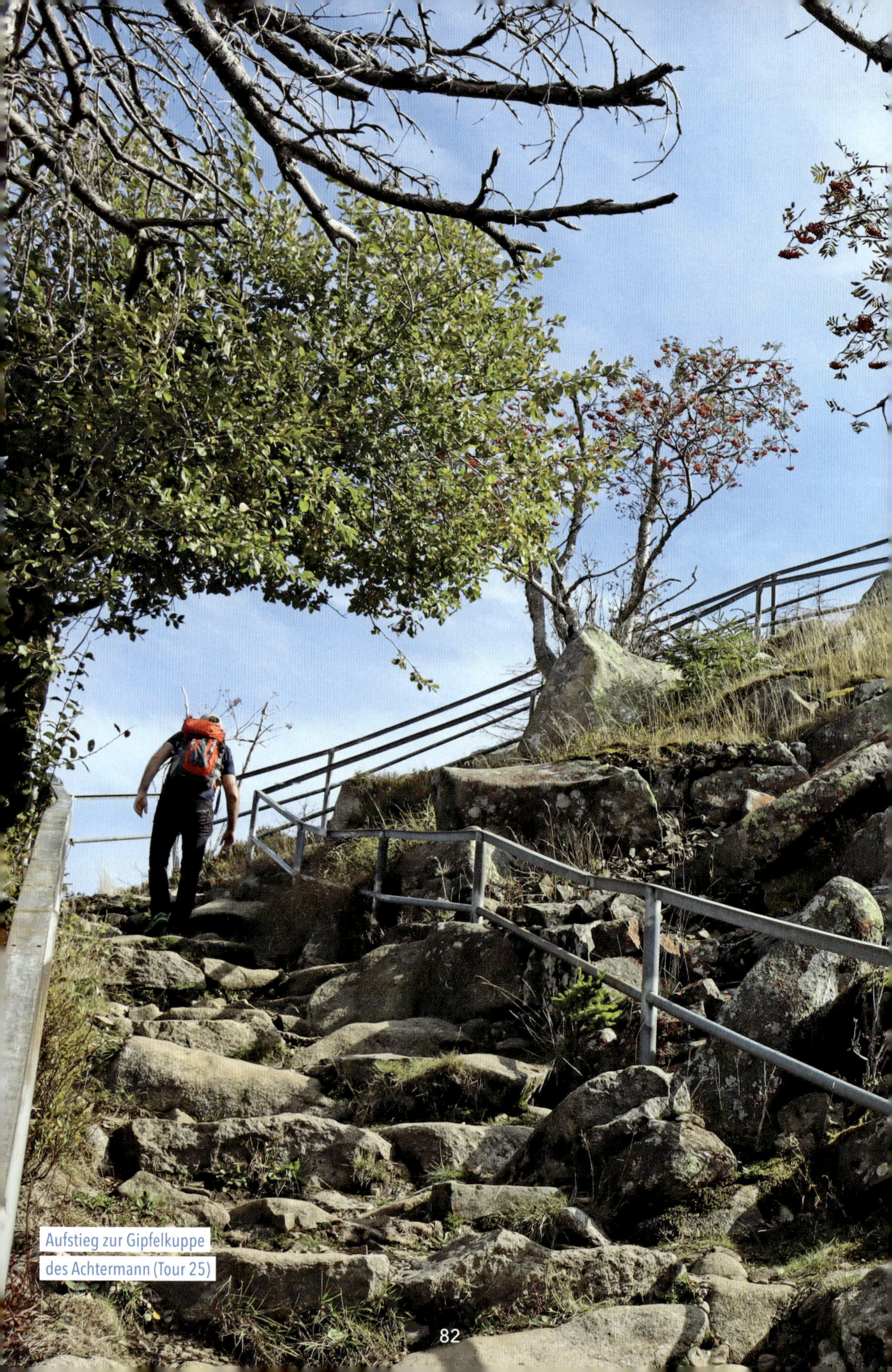

Aufstieg zur Gipfelkuppe des Achtermann (Tour 25)

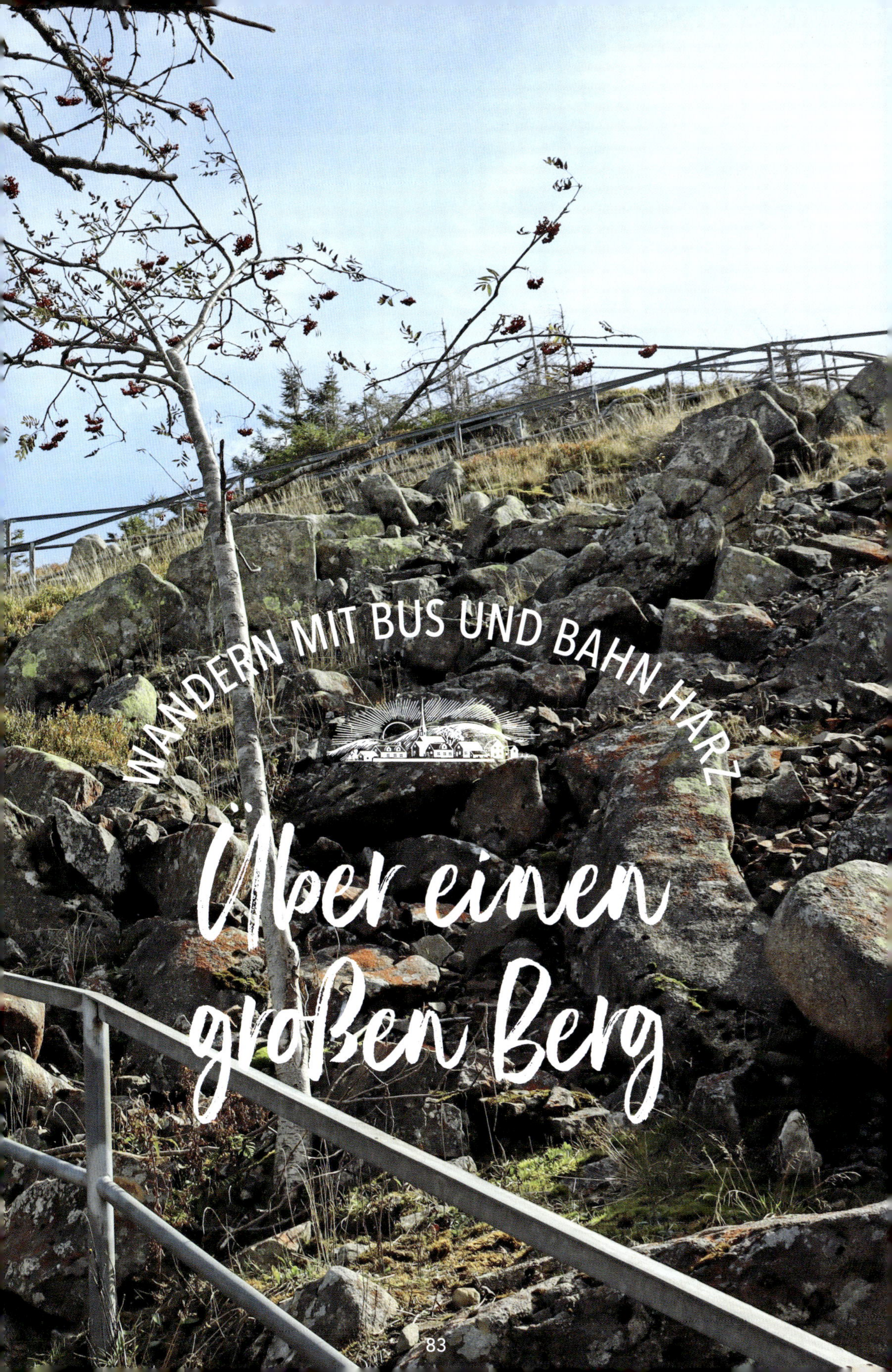

WANDERN MIT BUS UND BAHN HARZ
Über einen großen Berg

ÜBER DEN HÖCHSTEN WESTHARZBERG

21

Vom Auerhahn über Schalke und Herzberg

Dies ist eine der kaum bekannten, großartigen Harzwanderungen auf festen Hang- und Kammwegen abwärts. Der Waldwandel hat ihr aktuell besonders viele Ausblicke beschert. Auf der Linie direkt über den Gipfel des Herzberges führt ein Naturweg durch äußerst reizvolle Szenerien.

Über die Schalke auf den Herzberg

Von der **Busstation Auerhahn** Ⓐ gehen wir ostwärts auf der asphaltierten Straße zur Gipfelkuppe der **Schalke** ❶ (eisernes Turmgestell und Wanderhütte, Blick zum Brocken). Wir gehen zum unteren Rand der Wiese und folgen der Straße etwa einen Kilometer ostwärts. Dann biegen wir links ab und gehen einen Weg hinüber in den Talanfang des Wintertalbaches. Dort folgen wir nun nordostwärts dem Schalker Weg stetig abwärts durch die steilen Hänge.

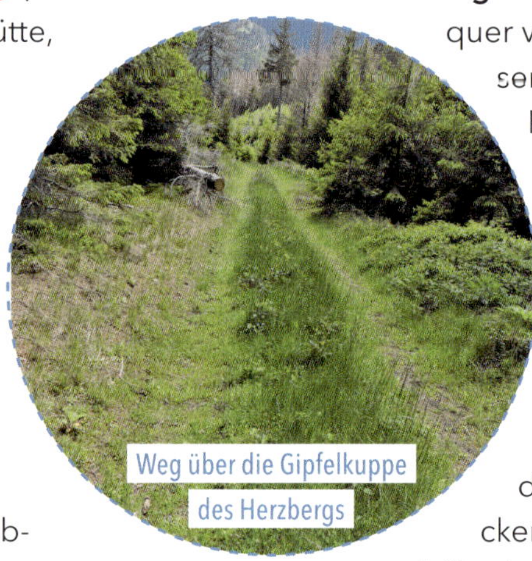

Weg über die Gipfelkuppe des Herzbergs

Nach gut zwei Kilometern erreichen wir in einem Bergsattel die **Volksbankhütte** ❷. Von hier bietet nach links abwärts der Herzberger Weg den kürzesten Weiterweg. Ich empfehle jedoch den weit schöneren Weg direkt über den Bergkamm ansteigend weiterzugehen: Er bringt uns auf vor Jahren von Harvestern böse zerfahrenen, aber inzwischen meist wieder schön begrünten Wegen direkt über die Gipfelkuppe des **Herzberges** ❸ und danach abwärts zum quer verlaufenden Richtweg. Diesem folgen wir über mehrere Kehren steil bergab bis zur **Mündung in den Herzberger Weg** ❹. Ihm folgen wir nach rechts nur knapp 100 Meter und biegen dann links in den gerade hinabführenden Naturweg. Der bringt uns direkt zu einem Wiesenrücken. Über diese gehen wir mit hübschem Blick auf die Stadt direkt hinab zur Rammelsberger Straße. Ab hier gibt es Busangebote. Zu Fuß gehen wir am schönsten nahe der Gose durch die Bergstraße und an schiefergedeckten Häusern vorbei zum Markt und dann links haltend zum **Bahnhof Goslar** Ⓔ.

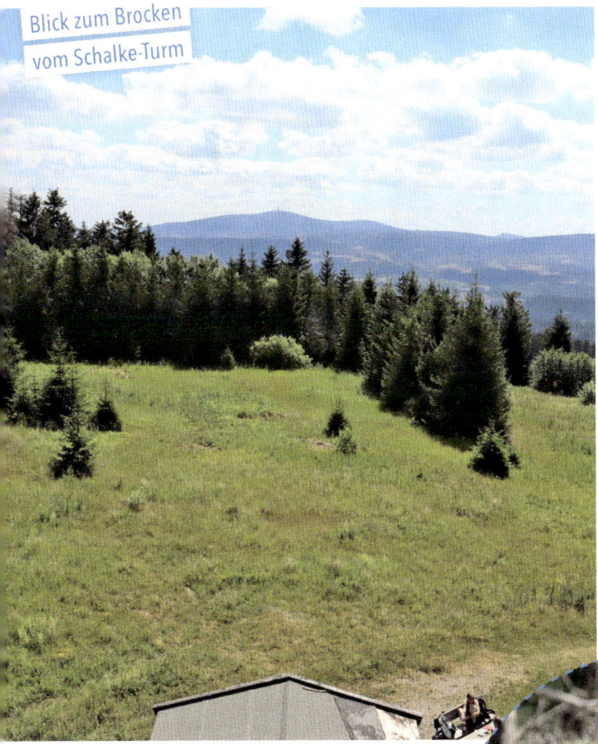
Blick zum Brocken vom Schalke-Turm

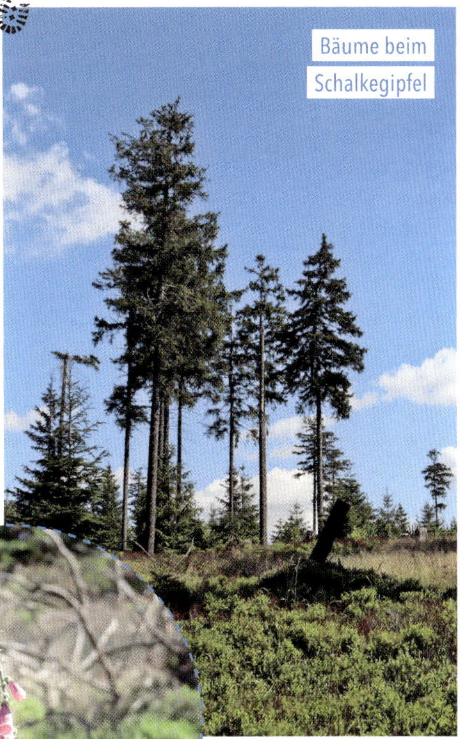
Bäume beim Schalkegipfel

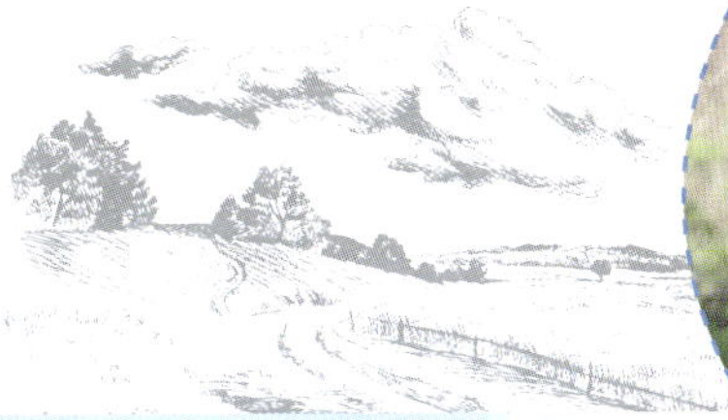

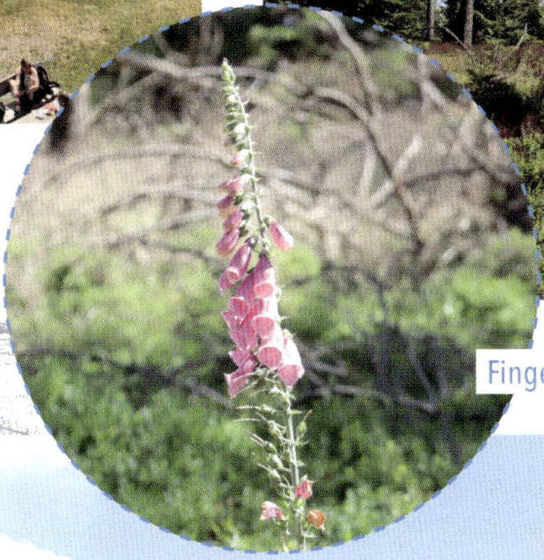
Fingerhut

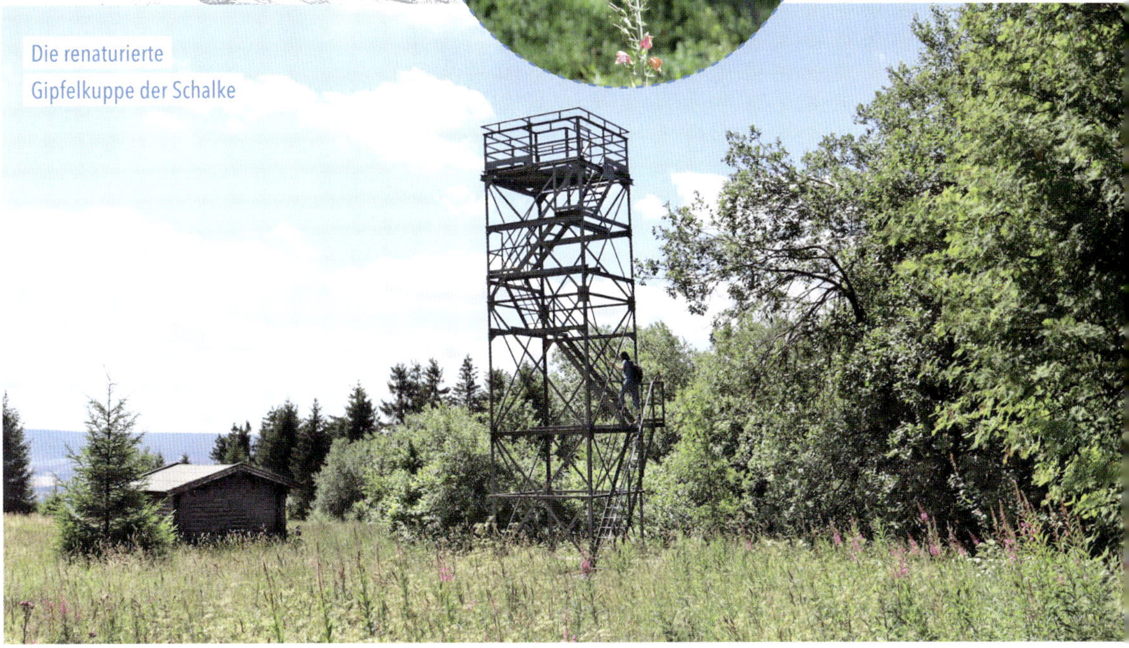
Die renaturierte Gipfelkuppe der Schalke

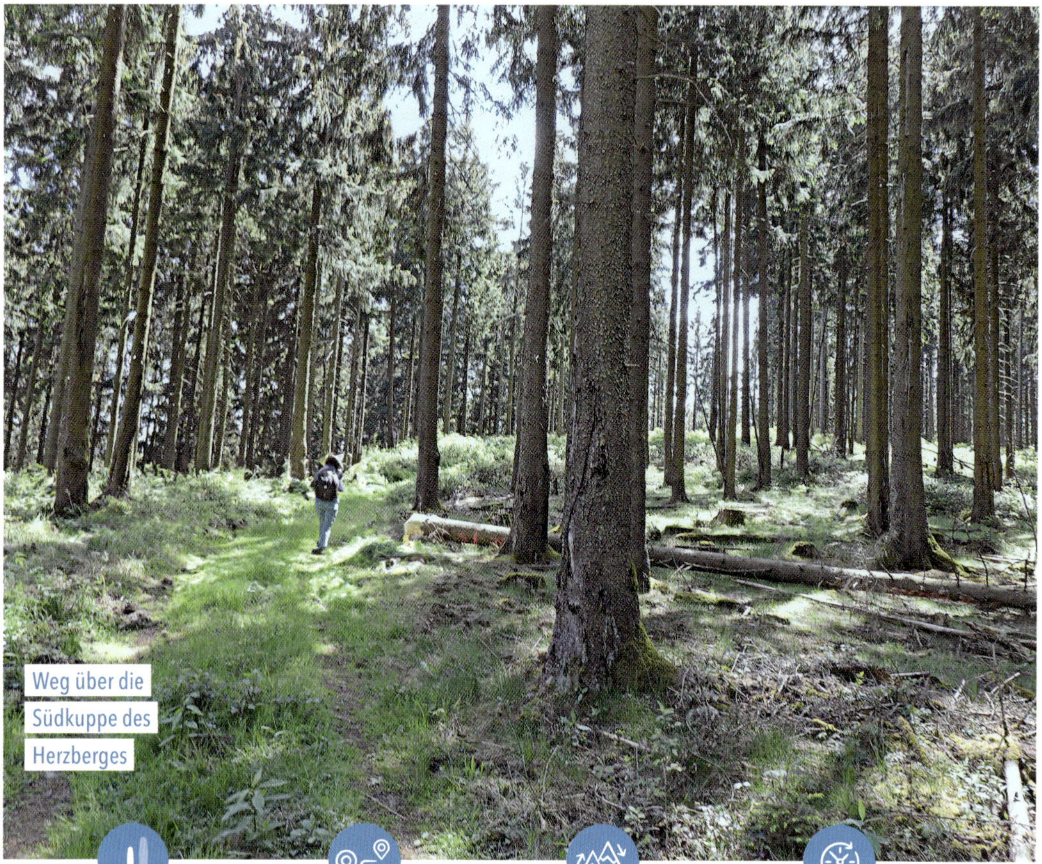

Weg über die Südkuppe des Herzberges

mittel | 12 km | 180/580 Hm | 4 h

Auf einen Blick

Übersicht
B Auerhahn – Schalke – Schalker Weg – Herzberg – B Rammelsberger Straße und Bf Goslar

Tourencharakter
Eindrucksvolle großzügige Kammwanderung mit weiten Ausblicken

Ausgangspunkt
Bushaltestelle Auerhahn

Endpunkt
Bahnhof Goslar

Anfahrt
Bahn bis Goslar, Bus Richtung Clausthal

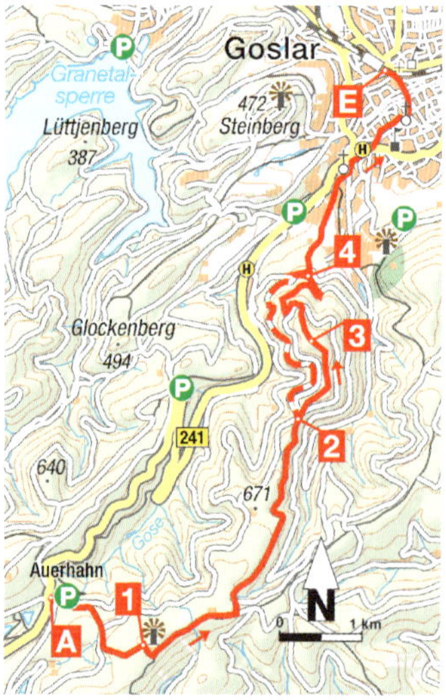

Rückfahrt
Evtl. Stadtbus z. B. ab Rammelsberger Straße bis Bahnhof Goslar, dann Bahn

Karte
»Der Harz in vier Teilen« 1:30 000, Verlag Schmidt-Buch, Blatt Oberharz

Einkehr
Erst in Goslar

Info
- *www.harztourist.de*
- *www.harzinfo.de*

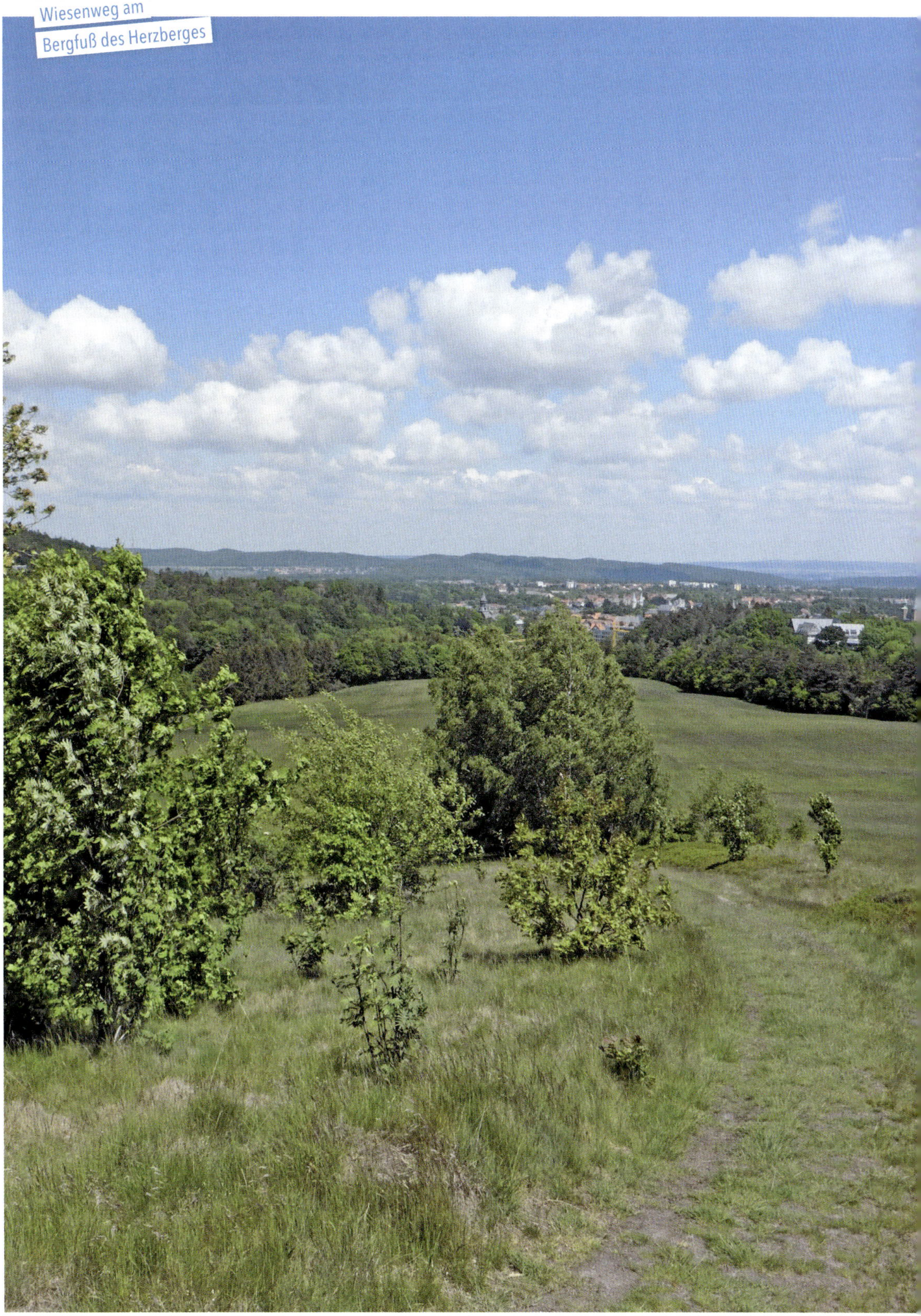

Wiesenweg am Bergfuß des Herzberges

DER KÜRZESTE WEG ÜBER DEN BROCKEN

22 Schierke – Brocken – Torfhaus

Diese ideale Kombination nutzt die besonderen Stärken des öffentlichen Verkehrs und wäre mit Auto so gar nicht zu haben. Beide Wege sind populär und gut ausgeschildert. Im Gipfelbereich ist allerdings die harte Brockenstraße zu gehen. Aber dort gibt es meist weite Ausblicke als Zugabe.

Über das Eckerloch auf den Brocken

Von der **Busstation Schierke Jugendherberge** Ⓐ gehen wir gleich vor dem Gebäude links, westwärts den breiten Weg neben dem Bach hinauf. Nach 800 Metern führen nach rechts eine Holzbrücke und ein schmaler Weg hinauf zur Brockenstraße. Diese erreichen wir knapp vor einem Wasserbehälter und einer **Steinbrücke** ①. Dahinter beginnt nach rechts der klassische Eckerlochstieg. Er führt als blockiger, intensiv ausgelaufener Weg deutlich ansteigend bei 750 Metern Höhe wieder zur Brockenstraße, überquert diese und erreicht die Brockenstraße wieder an ihrer **Kehre Schwarzes Schluftwasser** ②. Hier führt er neben dem Bach über altes Pflaster und später wieder ausgelaufen und teils auch mal nass hinauf. Wir überqueren die Gleise der Brockenbahn (860 m). Danach führt der Weg, nochmals steiler und ruppiger, blockig an einer **Wanderhütte** ③ vorbei, es geht geradeaus und mit allerlei kleinen Schikanen in Form von glatten Wurzeln, rollenden Steinen und Reibungsblöcken hinauf. Schließlich erreicht der Weg wieder die **Brockenstraße** ④ (1020 m). Auf dieser gehen wir unverfehlbar und prosaisch, teilweise recht steil, zum Bahnhof Brocken und bald danach links zum **Brockengipfel** ⑤.

Über den Goetheweg hinab zum Torfhaus

Wir folgen der Brockenstraße zurück hinab bis zum Rastplatz vor der Bahnlinie. Hier nehmen wir den breit ausgebauten Goetheweg westwärts entlang der Bahn. Nach

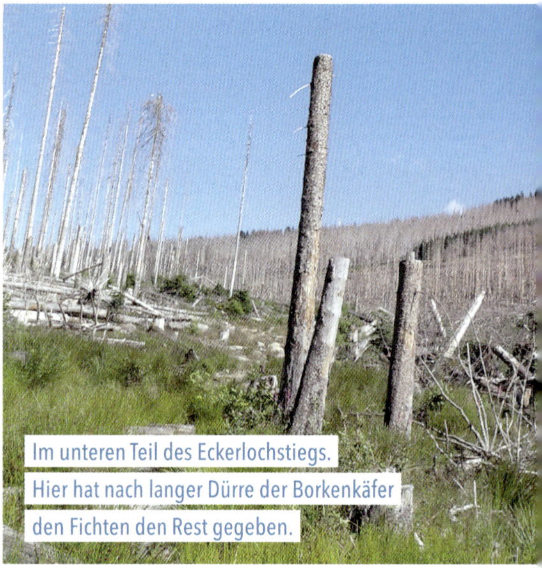

Im unteren Teil des Eckerlochstiegs. Hier hat nach langer Dürre der Borkenkäfer den Fichten den Rest gegeben.

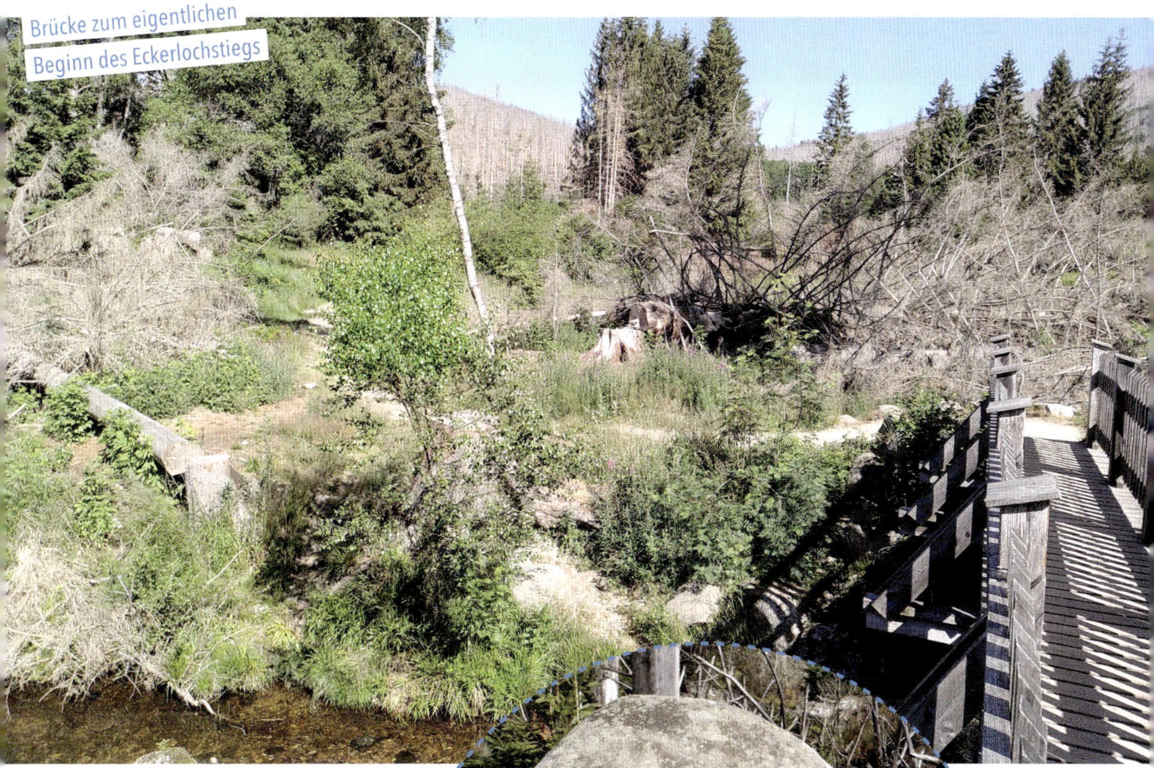

Brücke zum eigentlichen Beginn des Eckerlochstiegs

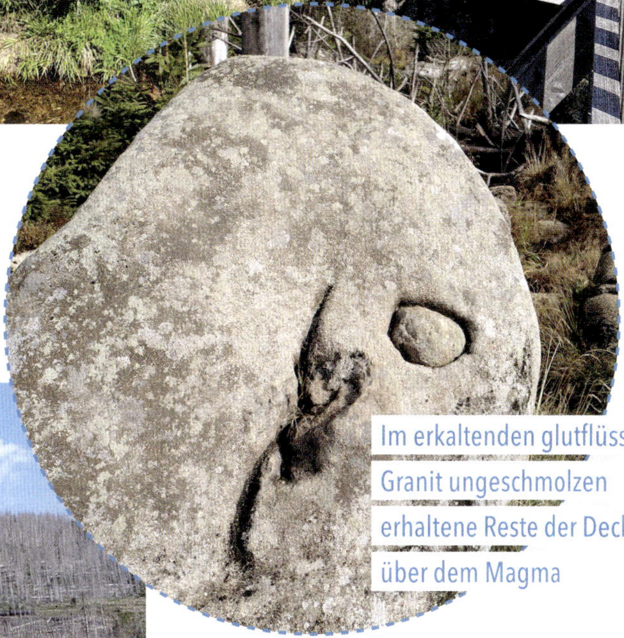

Im erkaltenden glutflüssigen Granit ungeschmolzen erhaltene Reste der Deckschichten über dem Magma

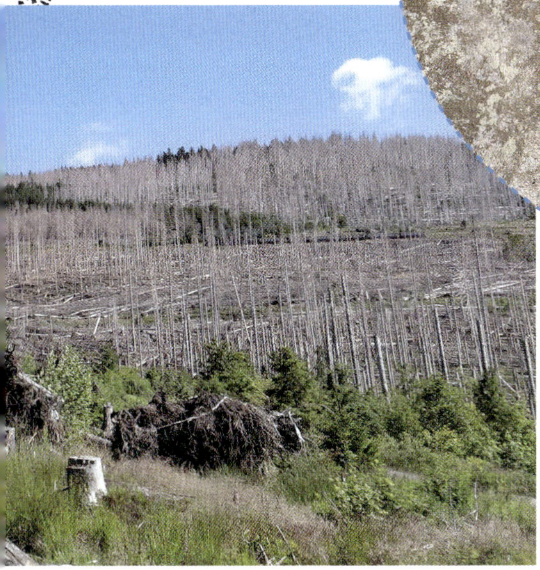

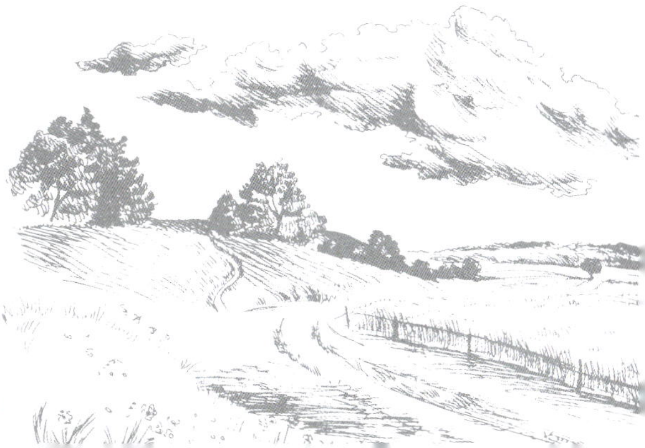

einer Kurve sehen wir zum auffallenden Achtermann und erreichen die Begegnungsstelle der Züge am sogenannten **Goethebahnhof** ❻. Nun führt die Plattenstraße rechts steil hinab. Unten biegen wir nach rechts ab zum Bergsattel **Eckersprung** ❼ mit Wanderhütte. Der satt ausgeschilderte Goetheweg führt uns weiter, nahe an der Kuppe des Quitschenberges vorbei und hinab zum Kaiserweg. Dem folgen wir 300 Meter nach rechts hinab. Dann zweigt der Goetheweg nach links zum Abbegraben ab. Entlang diesem, später am nahen Torfmoor (Aussichtssteg) vorbei, gehen wir zu Skihütten und entlang der B4 hinauf zur **Bushaltestelle Torfhaus** Ⓔ beim Nationalparkhaus.

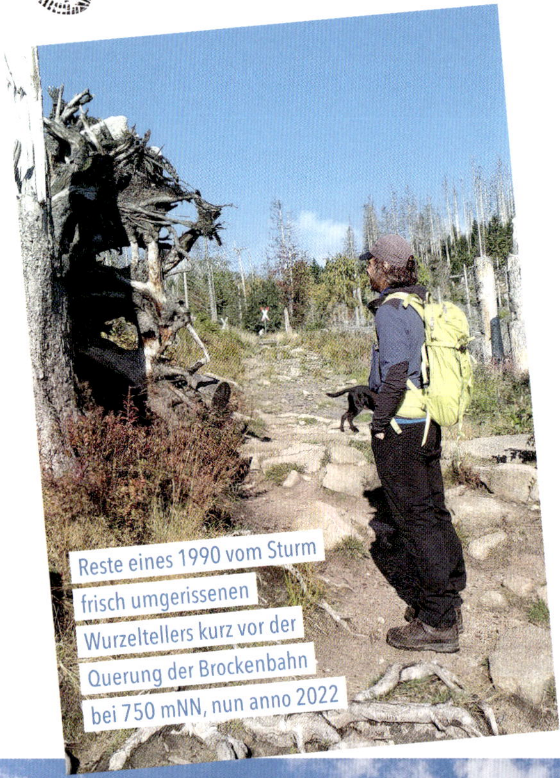

Reste eines 1990 vom Sturm frisch umgerissenen Wurzeltellers kurz vor der Querung der Brockenbahn bei 750 mNN, nun anno 2022

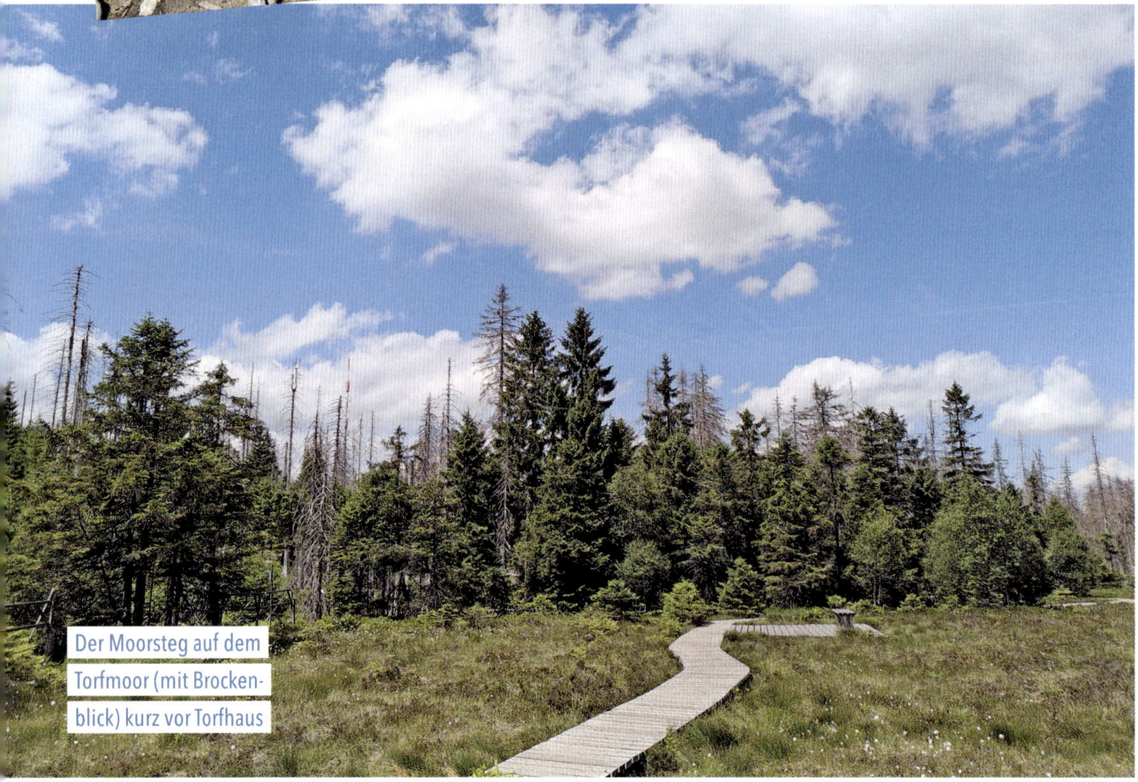

Der Moorsteg auf dem Torfmoor (mit Brockenblick) kurz vor Torfhaus

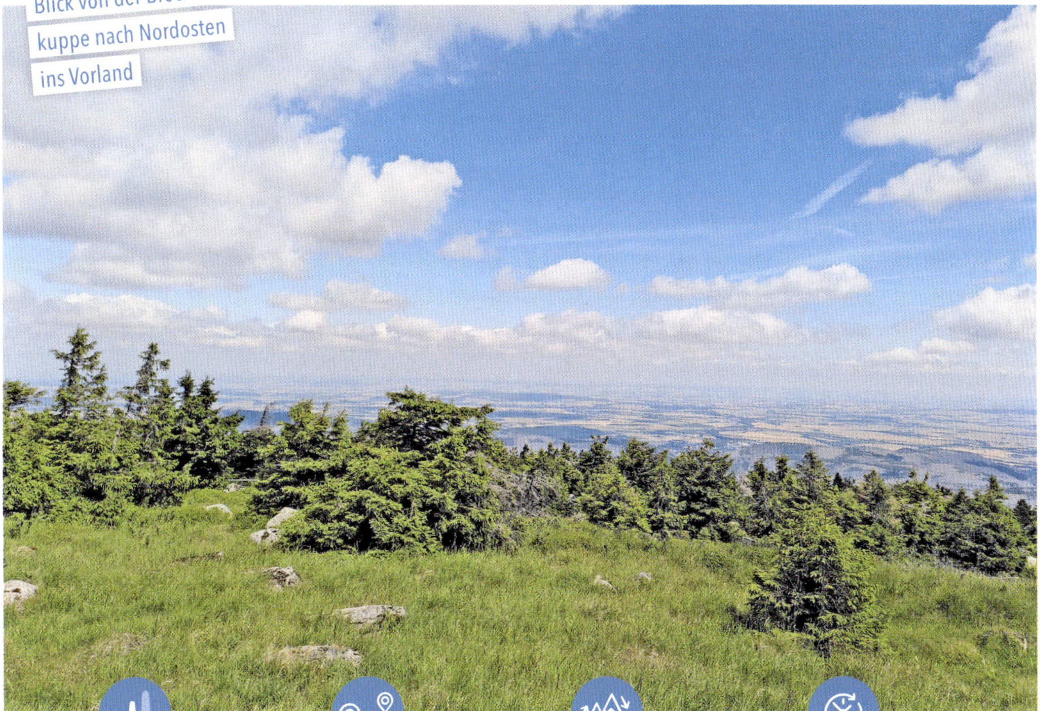

Blick von der Brocken-kuppe nach Nordosten ins Vorland

mittel | 14 km | 550/370 Hm | 4 h

Auf einen Blick

Übersicht
B JH Schierke – Eckerloch – Brocken – Goetheweg – B Torfhaus

Tourencharakter
Klassische Wanderwege durch Hochharzambiente

Ausgangspunkt
Bushaltestelle Schierke Jugendherberge

Endpunkt
Bushaltestelle Torfhaus

Anfahrt
Bahn bis Bad Harzburg, Bus nach Braunlage, von dort nach Schierke Jugendherberge

Rückfahrt
Von der oft bedienten Bushaltestelle Torfhaus nach Bad Harzburg, dann Bahn

Karte
»Der Harz in vier Teilen« 1:30 000, Verlag Schmidt-Buch, Blatt Mittlerer Harz und Oberharz

Einkehr
Am Brockengipfel und Torfhaus

Info
- *www.nationalpark-harz.de*
- *www.harztourist.de*
- *www.harzinfo.de*

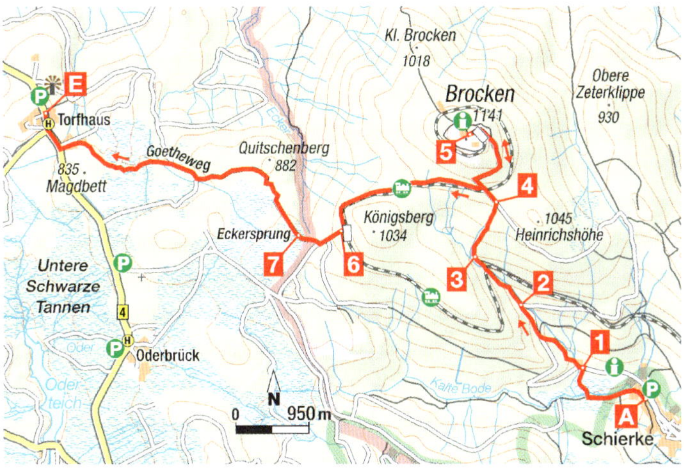

23 Über das Radautal und Eckertal

Der historische Hirtenstieg wurde zur DDR-Zeit weitgehend als Betonplattenstraße ausgebaut. Er bietet nach der Strecke oberhalb des Eckerstausees schon bald großartige, weite Ausblicke. Der Abstieg über den Goetheweg nach Torfhaus erreicht für die Heimfahrt eine tagsüber stündlich bediente Buslinie.

Vom Radautal auf den Brocken

Von der **Bushaltestelle Radauwasserfall** Ⓐ gehen wir unter dem Wasserfall nach rechts hinauf zum Zuleitungsgraben. Wir folgen dem Weg entlang des Grabens ostwärts bis hinter die gegenüberstehenden Zollhäuser. Auf dem von der Straße heranführenden Naturweg gehen wir nach links. Er leitet steil das Tälchen hinauf und erreicht schließlich oben wieder die asphaltierte Straße. Diese bringt uns nun hinauf zum Straßenkreuz bei der Wanderhütte **Luisenbank** ❶. Nach rechts gehen wir die Asphaltstraße hinab in ein Tal und nach der Brücke die mittlere Straße weiter. Über Treppen hinab erreichen wir die **Staumauer** ❷ und überqueren sie mit Blick zum Eckerstausee und zum Brocken. Der Weg führt immer oberhalb des Sees quer durch Tälchen und um Bergsporne zum dritten Tal. Einen Kilometer danach führt links ein wurzeliger Weg hinauf zu einer Wiese bei einer Ruine des historischen Viehhofs Scharfenstein und zur festen Straße. Diese leitet uns nach rechts und hinauf zum Frickenplatz am Scharfenstein-Sattel bei der **Rangerstation** ❸ (tagsüber oft Kaffee und Snacks. Von hier beläuft sich der Abstieg ostwärts durch das Ilsetal nach Ilsenburg Bahnhof auf acht Kilometer – das macht, besonders zusammen mit einer Besteigung des Scharfensteins als

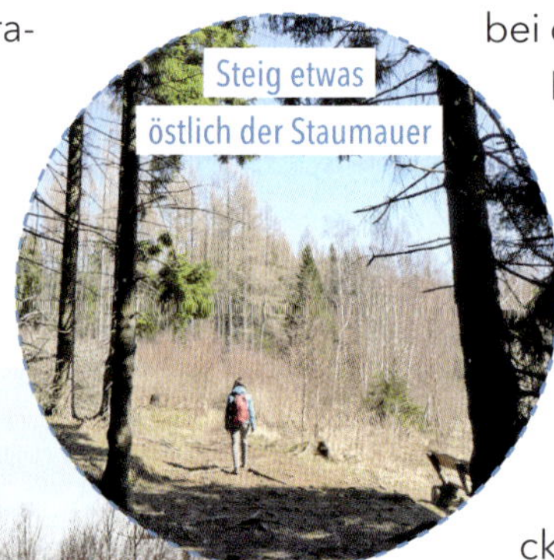
Steig etwas östlich der Staumauer

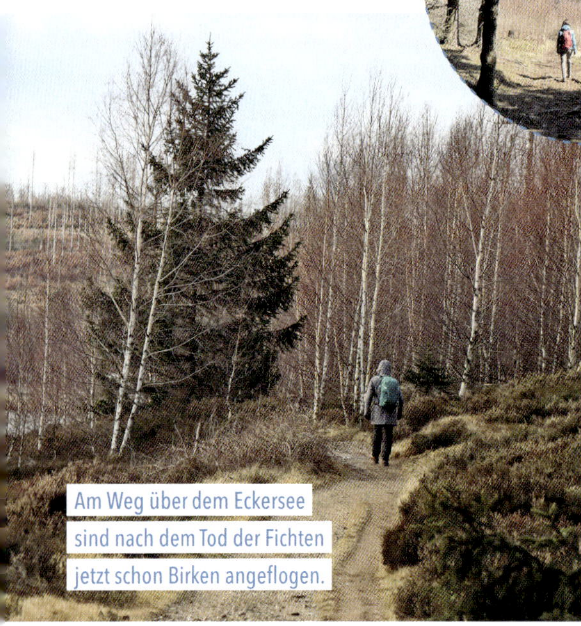
Am Weg über dem Eckersee sind nach dem Tod der Fichten jetzt schon Birken angeflogen.

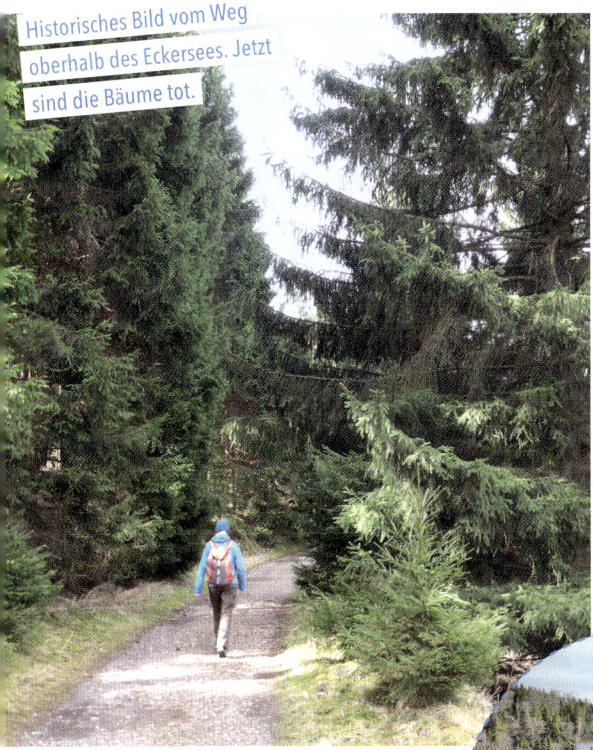
Historisches Bild vom Weg oberhalb des Eckersees. Jetzt sind die Bäume tot.

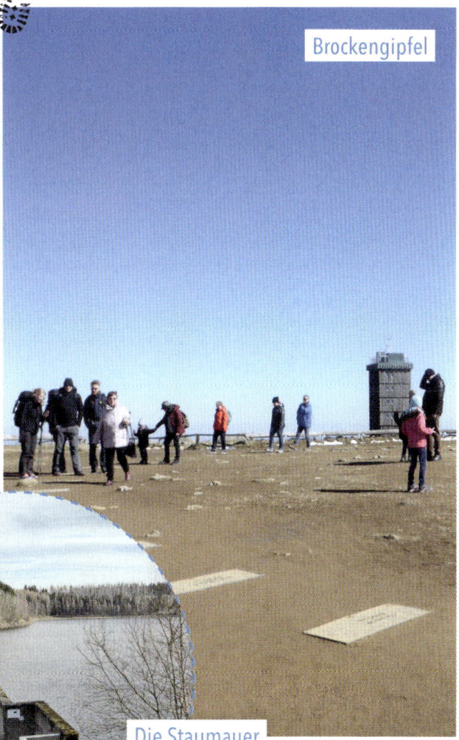
Brockengipfel

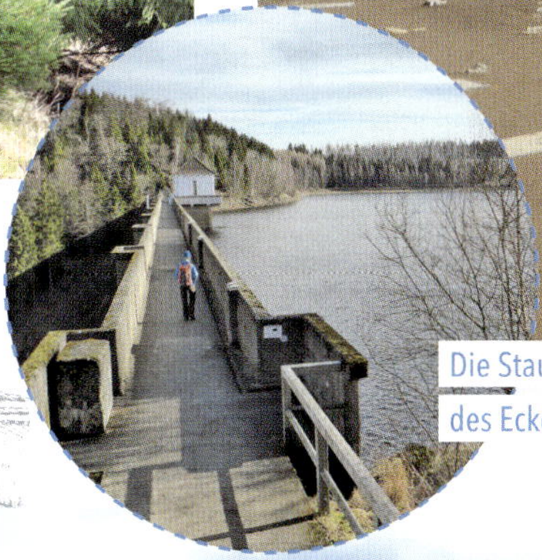
Die Staumauer des Eckersees

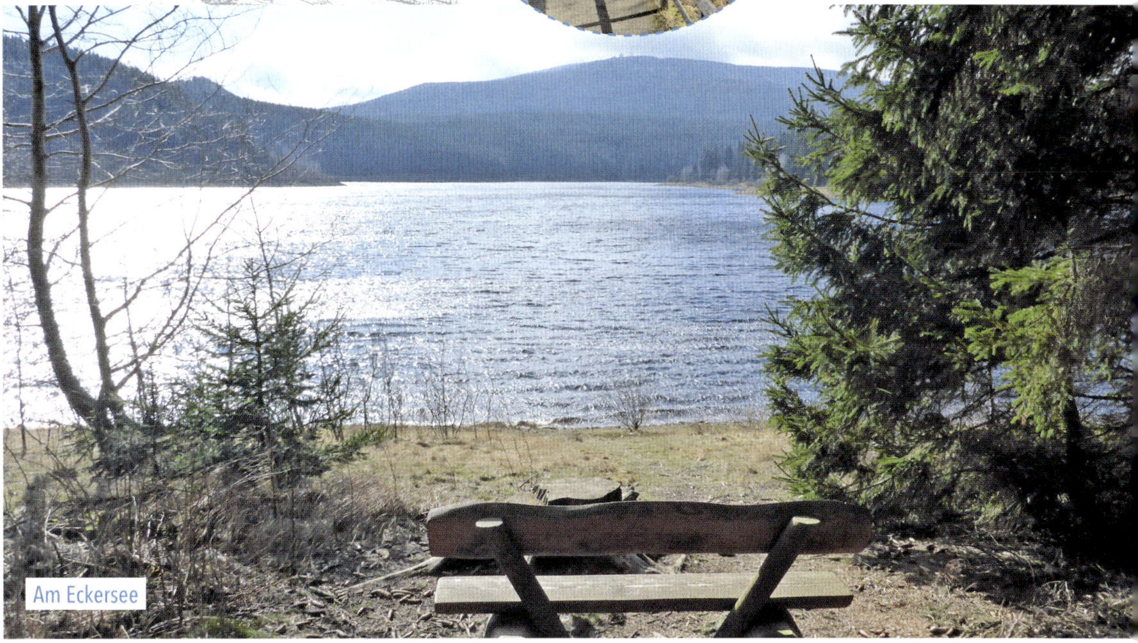
Am Eckersee

Blick zurück zur Staumauer

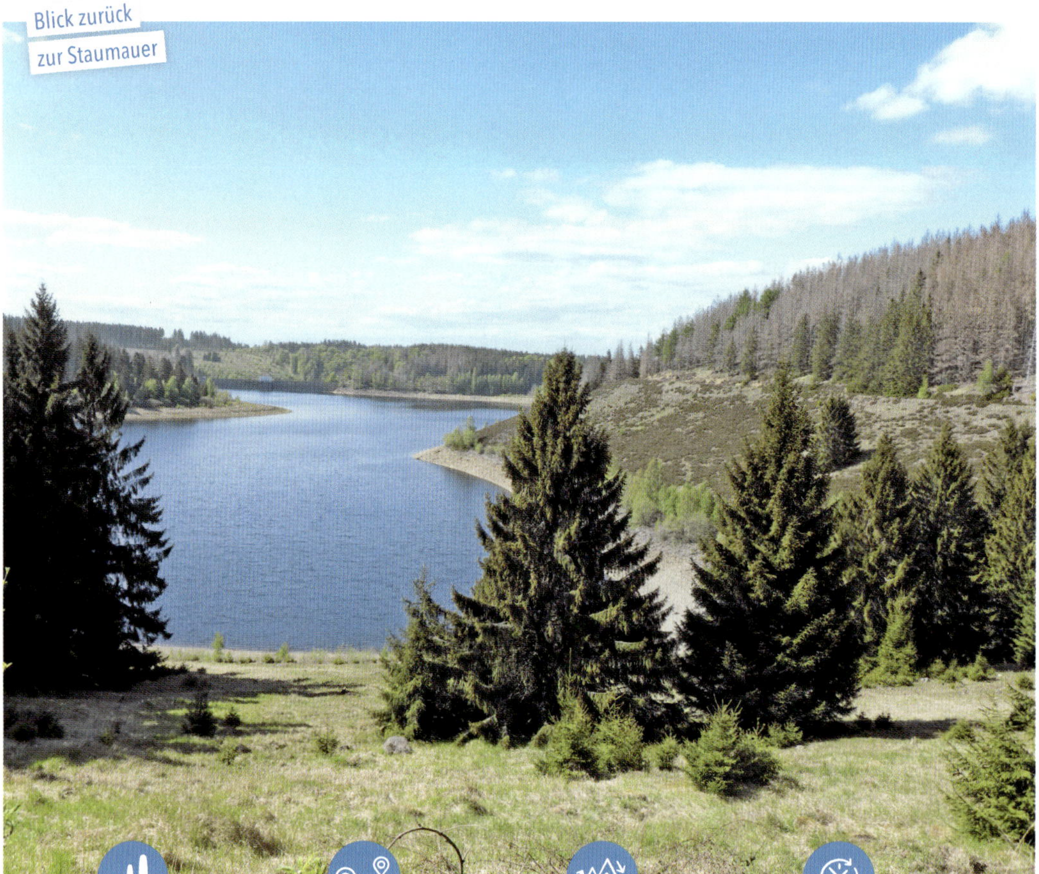

schwer | 18 km | 750/370 Hm | 7 h

Auf einen Blick

Übersicht
B Radauwasserfall – (B) Luisenbank – Eckerstausee – Scharfensteinbaude – Plattenstraße – Brocken – Goetheweg – B Torfhaus

Tourencharakter
Landschaftlich großartiger Brockenaufstieg von beachtlicher Länge

Ausgangspunkt
Bushaltestelle Radauwasserfall

Endpunkt
Bushaltestelle Torfhaus

Anfahrt
Bahn bis Bad Harzburg, Bus in Richtung Braunlage

Rückfahrt
Bus nach Bad Harzburg, dann Bahn

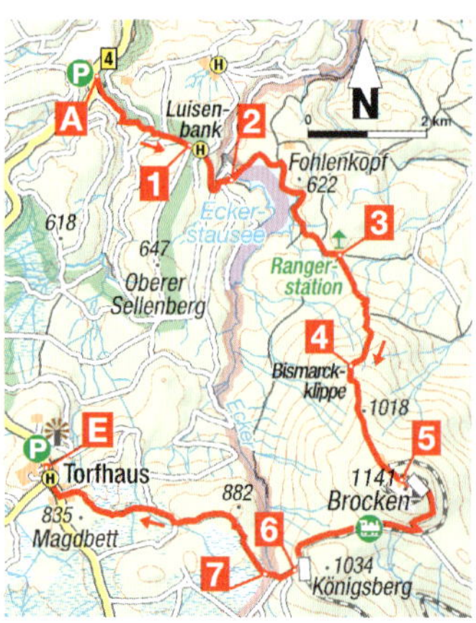

Karte
»Der Harz in vier Teilen« 1:30 000, Verlag Schmidt-Buch, Blatt Oberharz

Einkehr
Auf dem Brocken und am Torfhaus, oft auch an der Rangerstation

Info
- www.nationalpark-harz.de
- www.harztourist.de
- www.harzinfo.de

Sahnehäubchen, eine lohnende kürzere Tour für sich!).

Vom Frickenplatz folgen wir nun der als Plattenstraße ausgebauten Trasse des historischen Hirtenstiegs stetig stramm bergauf. Bei 750 Metern Höhe mündet von links bei der Hermannsklippe der Heinrich-Heine-Weg ein. Bei 900 Metern Höhe liegt rechts die **Bismarckklippe** 4 (mit etwas Kletterei weite Aussicht). Weiter hinauf an einer Wanderhütte vorbei, gelangen wir zur Bergschulter Kleiner Brocken (1060 m, Rastplatz) und zuletzt nach Überqueren der Bahn zum Gipfel des **Brocken** 5 (1141 m, bis hier 10 km). Abstieg über **Goethebahnhof** 6 und **Eckersprung** 7 nach **Torfhaus** E siehe Tour 22 auf S. 88.

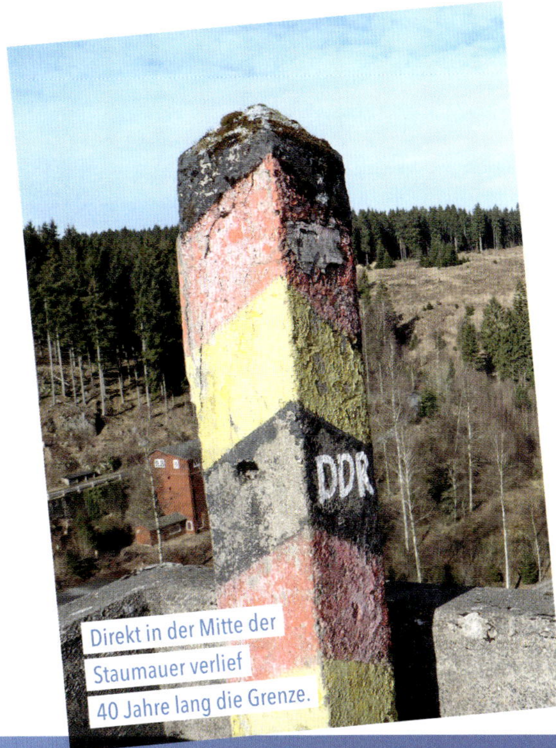

Direkt in der Mitte der Staumauer verlief 40 Jahre lang die Grenze.

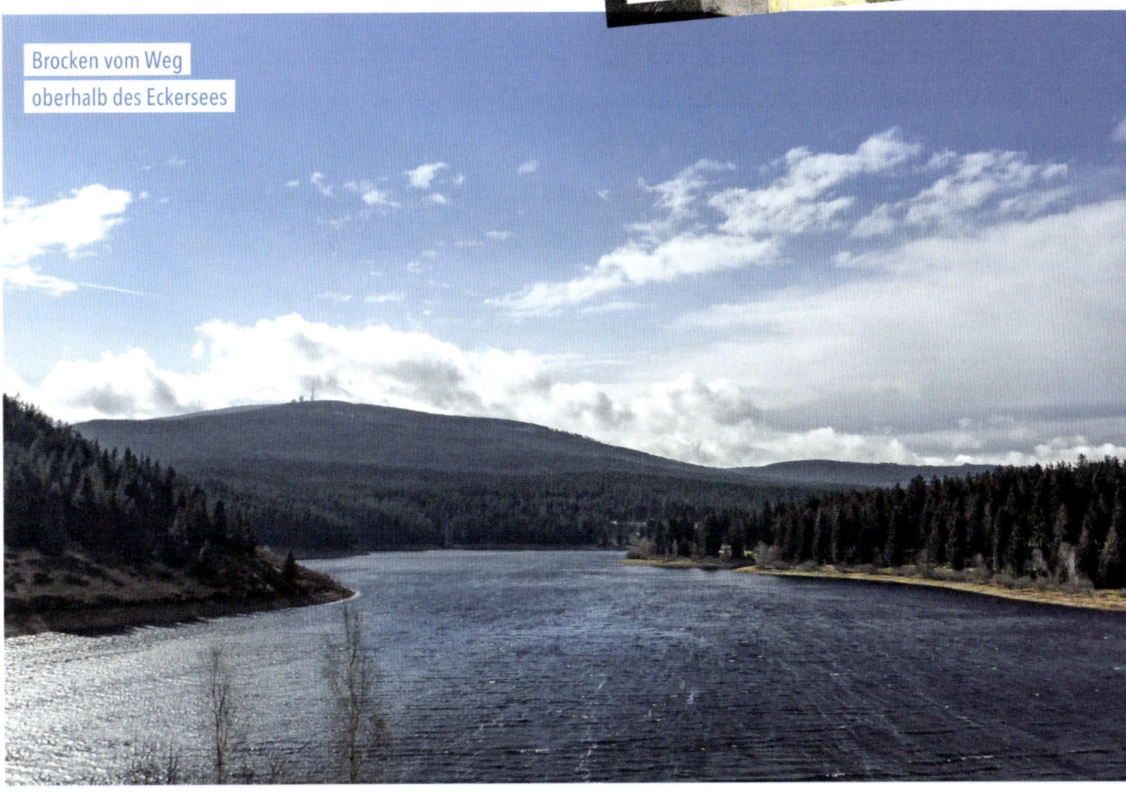
Brocken vom Weg oberhalb des Eckersees

HEINES HAMMERTOUR ÜBER DEN BROCKEN

24

Auf dem Heinrich-Heine-Weg

Diese klassische Wanderung ist der schönste und anspruchsvollste Aufstieg auf den Brocken. Sie bringt uns vom Vorland direkt zum Gipfel. Bachnah führt sie im Laubwald durch das entzückende Ilsetal hinauf. Später leitet sie mit dem Hirtenstieg zum Gipfel. Der Abstieg über den Goetheweg zum Torfhaus ist zurück kürzer und angenehmer zu gehen als der Heinrich-Heine-Weg.

Von Ilsenburg auf den Brocken

Vom **Bahnhof Ilsenburg** Ⓐ gehen wir zuerst auf dem Vorplatz links, bald jedoch nach rechts, südwestwärts durch den schmalen Tannengang und am Kitzsteinteich vorbei zur breiten Wernigeroder Straße. Rechts gegenüber bringt uns die Kroatenstraße zum Platz beim **Forellenteich** ❶. Nun genau südwärts folgen wir der Mühlenstraße hinauf zur Talstraße Ilsetal. Diese gehen wir ganz hinauf, nach dem Parkplatz besser rechts daneben auf hübschem Wanderweg, zum Platz vor dem **Waldhotel Ilsetal** ❷. Hier beginnt links der eigentliche Heinrich-Heine-Weg als steiniger Naturweg neben dem Bach. Er führt unter dem Sockel des imposant schroffen Ilsesteins hindurch und später über eine blecherne Brücke auf das

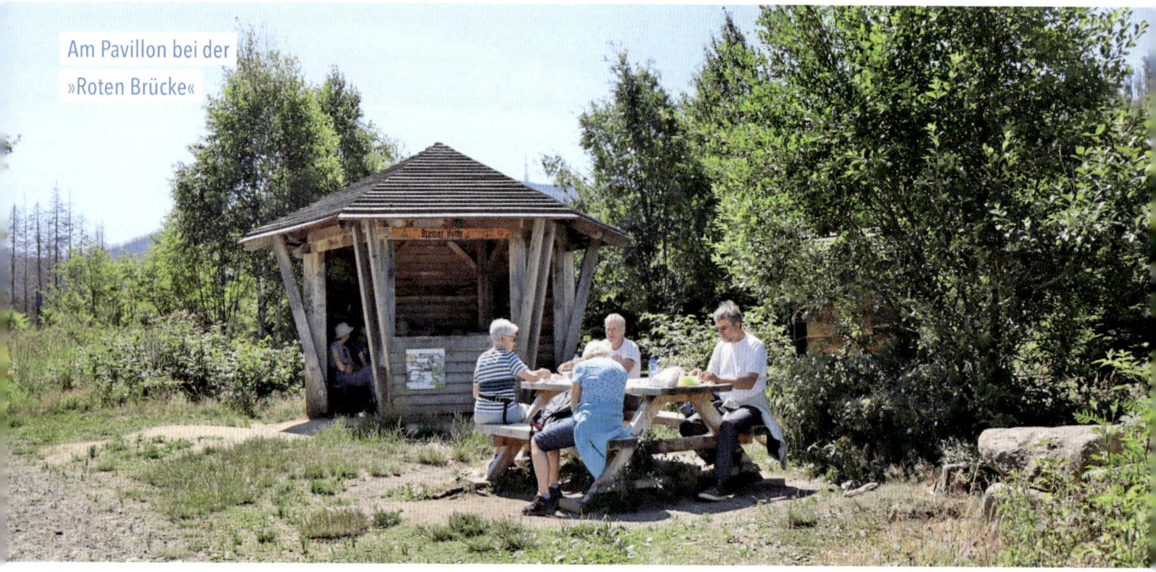

Am Pavillon bei der »Roten Brücke«

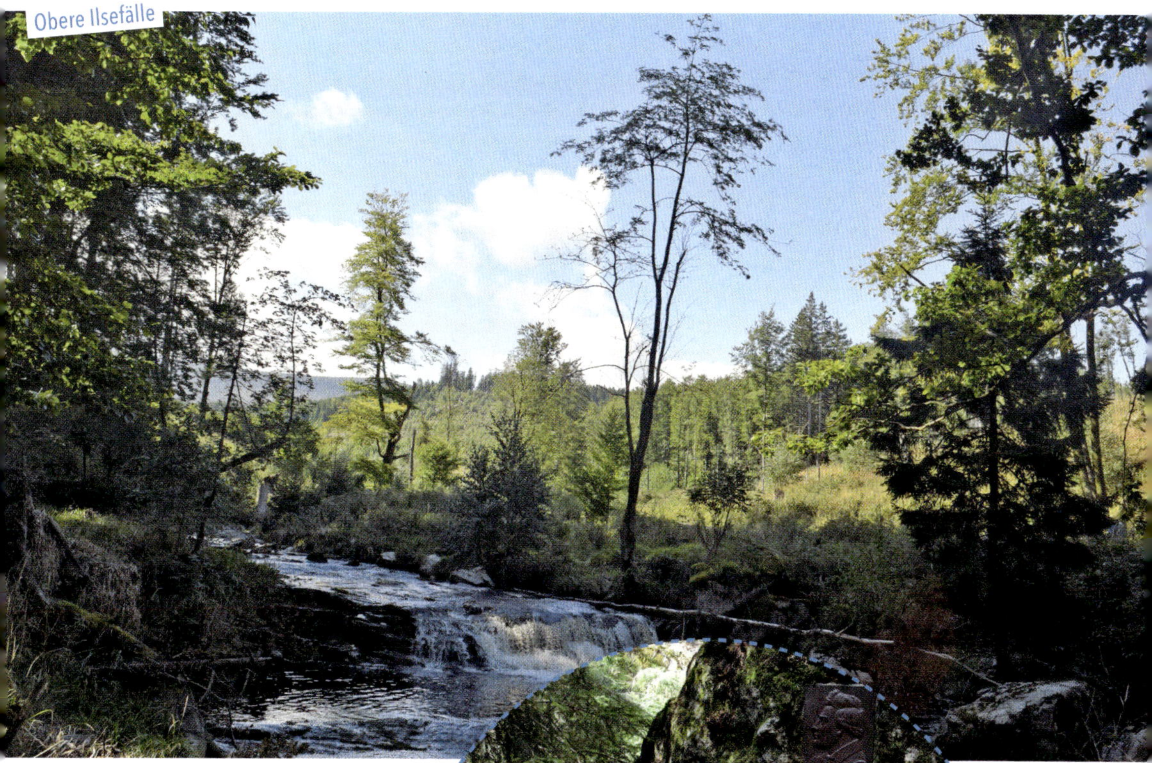
Obere Ilsefälle

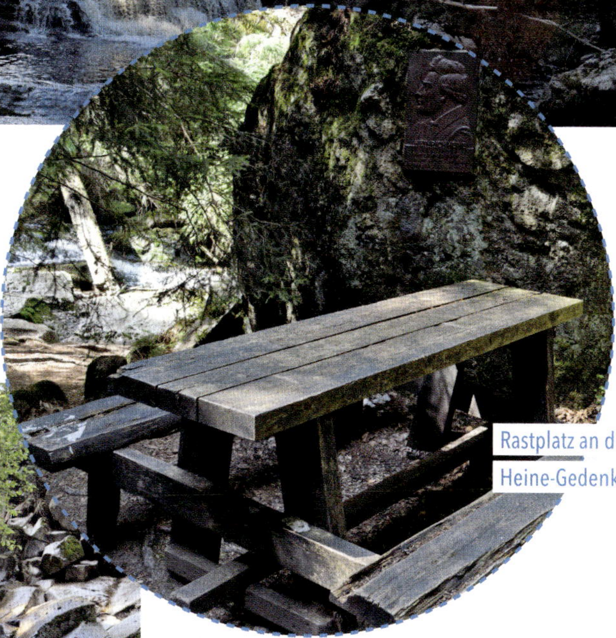
Rastplatz an der Heine-Gedenkplatte

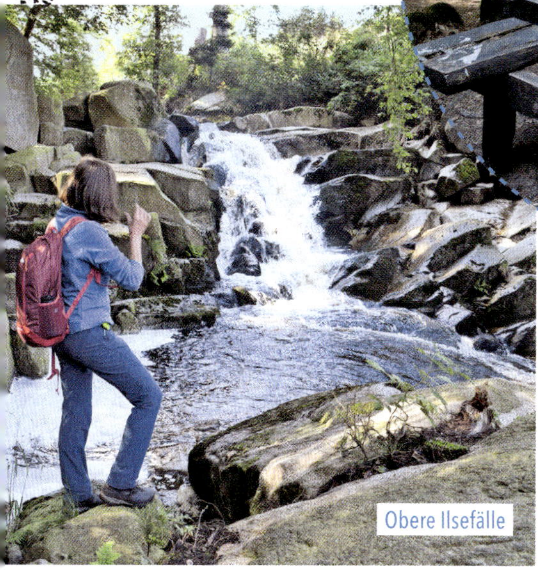
Obere Ilsefälle

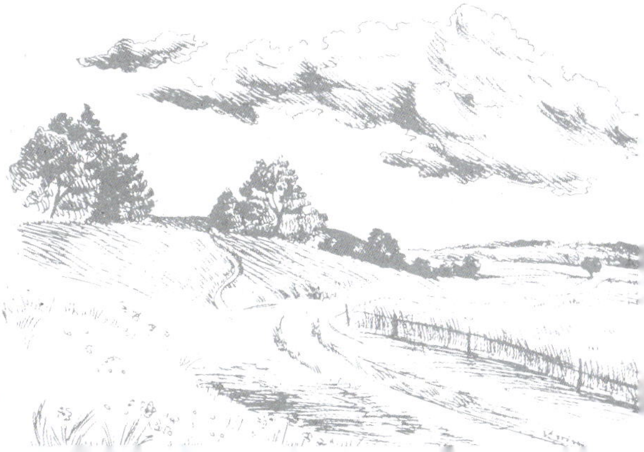

Westufer. Dort erinnert der **Zanthier-Platz** 3 an einen Pionier der Forstwissenschaft. Nun verläuft der Weg immer als steiniger Naturweg entlang dem Ilsebach zwei Kilometer talein. Vor dem Sandtal leitet er nach links über eine Brücke zur Talstraße. Gleich gegenüber führt der Weg nun rechts am Bach entlang den unteren Ilsefällen hinauf zu einer Steinbrücke. Nun immer links des Baches gehen wir am **Heinrich-Heine-Stein** 4 und den oberen Ilsefällen vorbei. So gelangen wir zur **Roten Brücke** 5 und links zu einem **Pavillon** 6. Hier gehen wir rechts den steinigen und steilen Weg hinauf zu einer grob gepflasterten Straße und diese weiter zu **Stempels Buche** 7 und einer Wanderhütte. Der steiler werdende breite Weg führt weiter. Bei einer Gabelung gehen wir rechts und erreichen schließlich kurz nach der **Hermannsklippe** 8 die Plattenstraße des Hirtenstieges.

Diese führt nun ebenso wie bei Tour 23 beschrieben (siehe Seite 92) zum Gipfel. Abstieg über **Goethebahnhof** 10 und **Eckersprung** 11 nach **Torfhaus** E siehe Tour 22 auf S. 88.

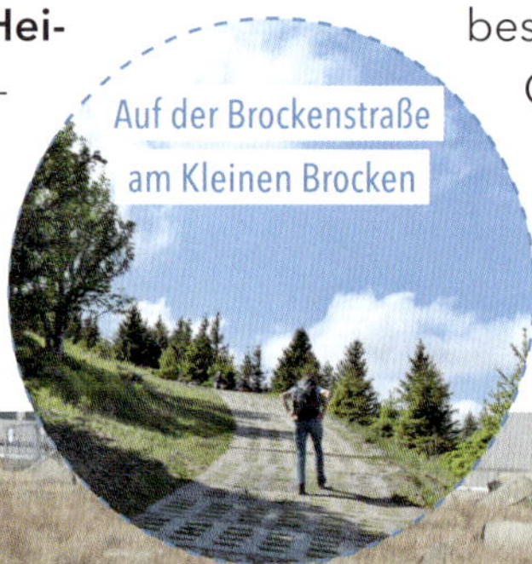

Auf der Brockenstraße am Kleinen Brocken

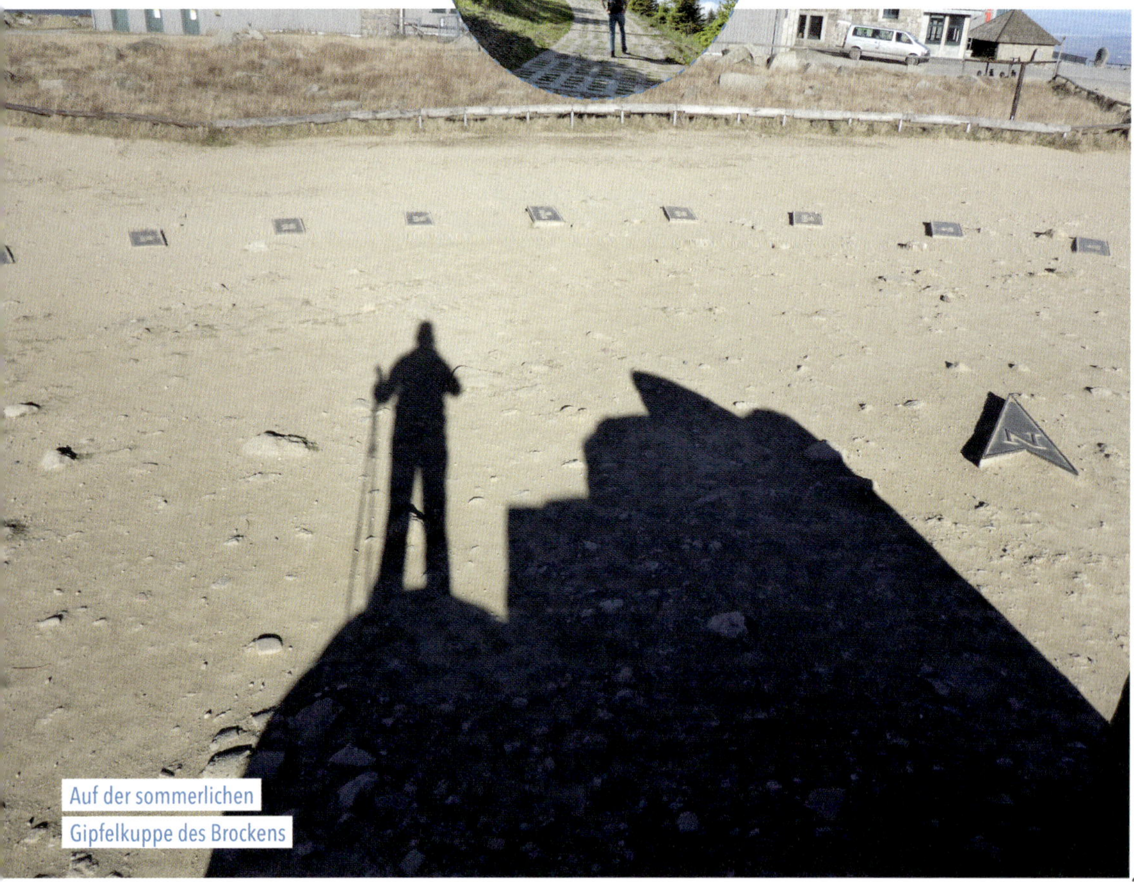

Auf der sommerlichen Gipfelkuppe des Brockens

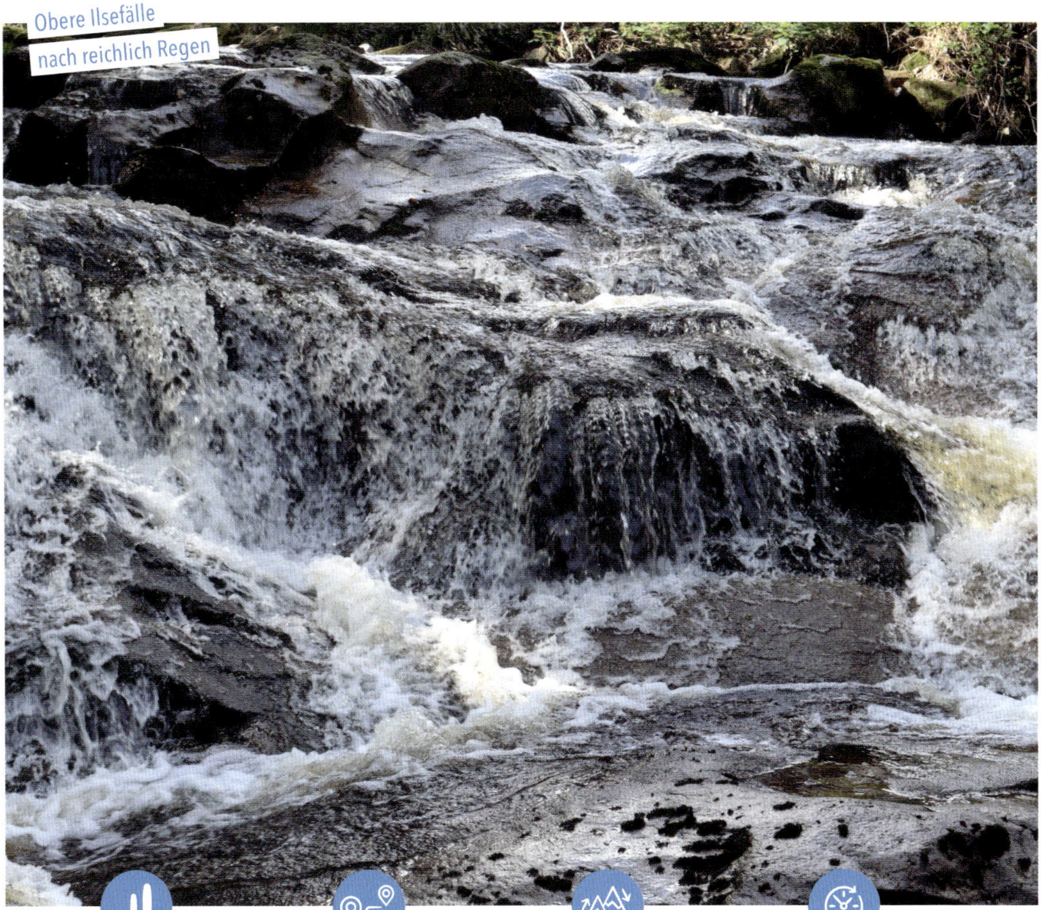

schwer | 20 km | 900/370 Hm | 9 h

Auf einen Blick

Übersicht
Bf Ilsenburg – (B) Hotel Ilsetal – Heinrich-Heine-Weg – Brocken – Goetheweg – B Torfhaus

Tourencharakter
Zünftige, großzügige Wanderung, aktuell weitgehend sonnig. Bei Bedarf kann sie mit einer nicht billigen, aber sicher unvergesslichen Übernachtung am Gipfel in zwei handlichere Strecken geteilt werden.

Ausgangspunkt
Bahnhof Ilsenburg

Endpunkt
Bushaltestelle Torfhaus

Anfahrt
Bahn bis Ilsenburg

Rückfahrt
Bus bis Bad Harzburg, dann Bahn

Karte
»Der Harz in vier Teilen« 1:30 000, Verlag Schmidt-Buch, Blatt Mittlerer Harz und Oberharz

Einkehr
Am Brockengipfel, auch Übernachtung möglich

Info
- www.nationalpark-harz.de
- www.harztourist.de
- www.harzinfo.de

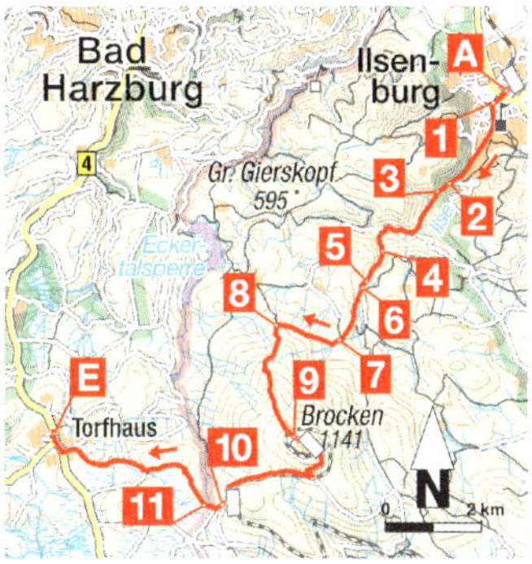

ÜBER DIE PANORAMISCHE FELSKUPPE

25

Von Oderbrück nach Königskrug

Diese Wanderung bietet auf recht kurzer und mühearmer Strecke einen guten Eindruck von den herben Höhen des zentralen Berglandes. Sie ist deshalb beliebt und gut ausgelaufen.

Auf den Achtermann

Vom **Bushalt Oderbrück** A gehen wir an den Skihütten vorbei und rechts den alten Kaiserweg entlang der Stromleitung südwärts. Er führt nach kurzer Zeit links im Wald weiter. Hier ist die jahrhundertealte Pflasterung mit darin eingetieften Radspuren zu erkennen. Wir passieren die links gelegene, inzwischen schon wieder vom neu aufkommenden Wald fast verdeckte, niedrige Klippe Breitestein und gelangen zu einer **Wegteilung** 1. Hier gehen wir nach links. Wir überqueren eine Straße (im Winter gegentlich Loipe) und folgen einer Schneise mit Granitblöcken weiter hinauf. Oben biegt der Weg nach rechts und bringt uns durch vergehenden Wald zu einem Platz mit einer **Hütte** 2. Über eine grobe Treppe aus glattgelaufenen Blöcken gelangen wir auf die Gipfelkuppe des **Achtermann** 3. Sie besteht aus dem besonders harten Hornfels und bietet weite Rundsicht.

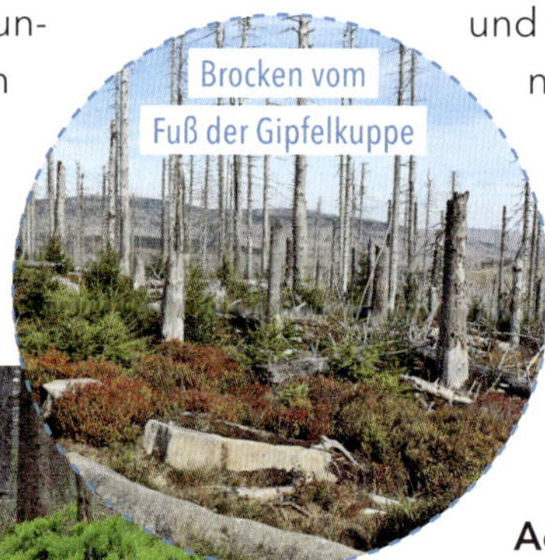

Brocken vom Fuß der Gipfelkuppe

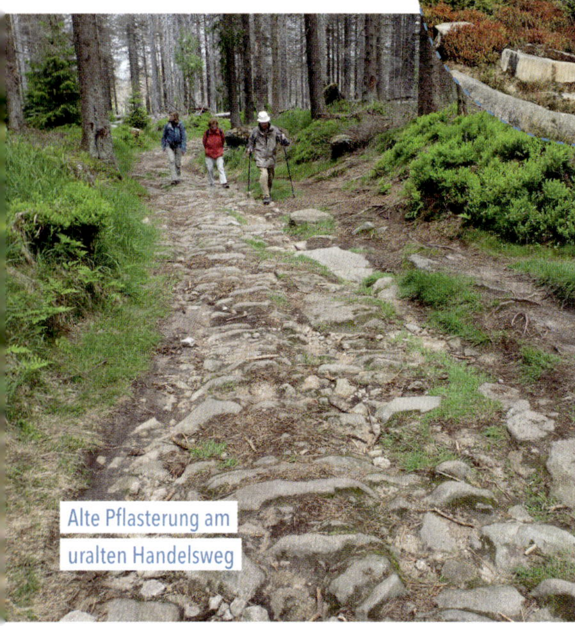

Alte Pflasterung am uralten Handelsweg

Abstieg nach Königskrug

Vom Platz bei der Wanderhütte führt ein deutlicher Pfad unterhalb der steilen Blockhalde der Gipfelkuppe nach rechts zur niedrigen Klippe **Achtermannstor** 4. Dann führt der Weg nach rechts in einer von Granitblöcken geprägten Schneise südwestwärts geradeaus hinab zu einer Straße. Diese bringt uns nach links hinab zur **Busstation Königskrug** E, daneben ist ein Gasthaus.

mittel | 5 km | 150 Hm | 2 h

Auf einen Blick

Übersicht
B Oderbrück – Kaiserweg – Achtermann – Achtermannstor – B Königskrug

Tourencharakter
Kurze, aber eindrückliche Hochharzwanderung

Ausgangspunkt
Bushaltestelle Oderbrück

Endpunkt
Bushaltestelle Königskrug

Anfahrt
Am besten Bahn bis Bad Harzburg, dann Bus Richtung Braunlage

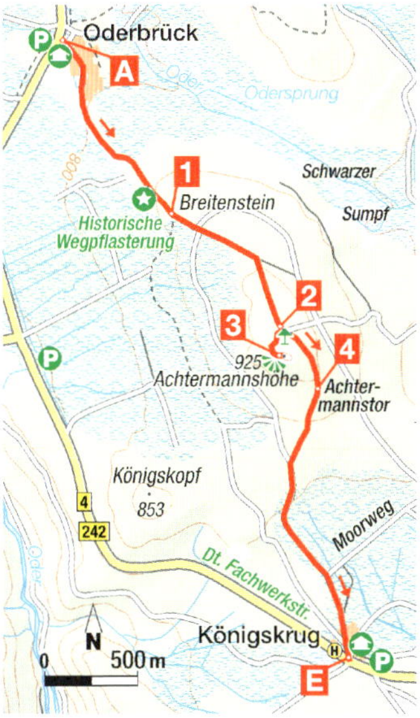

Rückfahrt
Bus nach Bad Harzburg, dann Bahn

Karte
»Der Harz in vier Teilen« 1:30 000, Verlag Schmidt-Buch, Blatt Oberharz

Einkehr
Königskrug

Info
- *www.nationalpark-harz.de*
- *www.harztourist.de*
- *www.harzinfo.de*

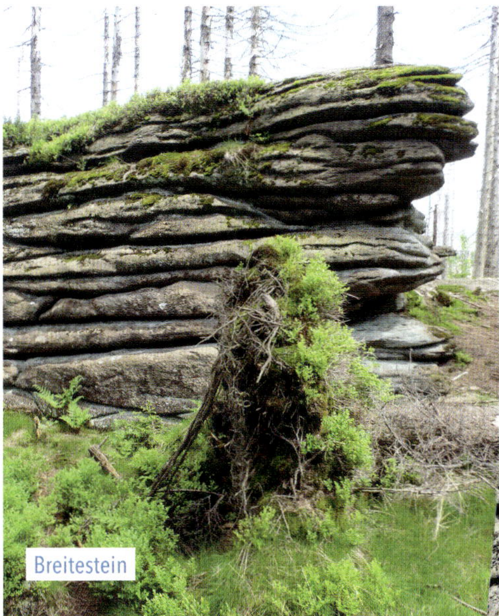
Breitestein

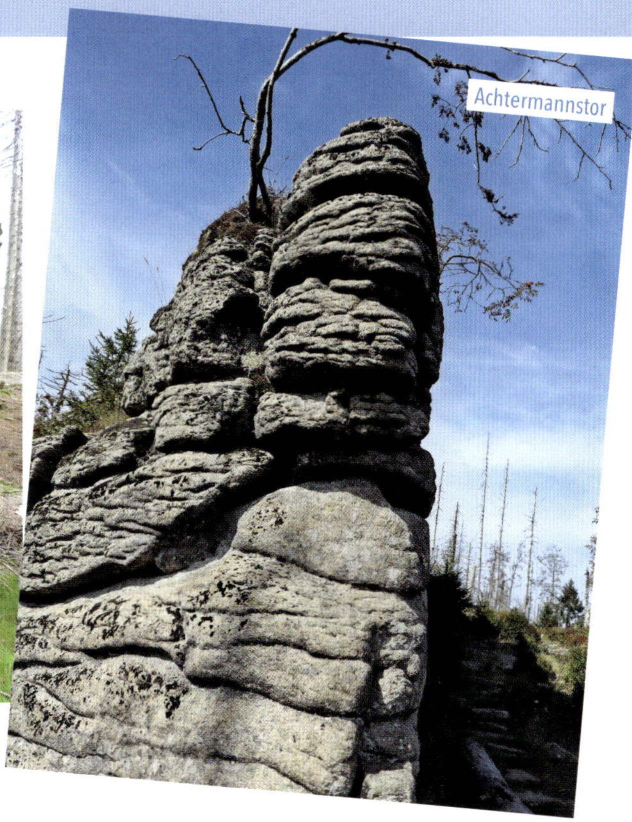
Achtermannstor

ZUR AUSSICHTSKLIPPE AM BRUCHBERG

26

Über die Wolfswarte zum Torfhaus

Abwechslungsreiche, typische Hochharzwanderung zum höchsten Bereich des langen Ackerkammes. Der Name Bruchberg verweist auf die hier verbreiteten Moore. Die Tour führt auf teils herben Wegen überwiegend aufwärts und schließlich hinüber zur touristisch brummenden Torfhaussiedlung mit guter Busverbindung.

Über Mühlenberg und Butterstieg zur Wolfswarte

Von der **Bushaltestelle Altenau Markt** Ⓐ gehen wir am Hotel vorbei ins Sträßchen Am Mühlenberg. Es endet an einer Treppe. Diese führt steil auf den Rücken des Mühlenberges. Nach Blick zurück auf Altenau gehen wir den Wiesenweg südostwärts hinauf und erreichen zuletzt an frisch abgeräumtem Wald vorbei den Dammgraben. Auf der Grabenkrone nach links passieren wir rasch einen hölzernen Schuppen (Wanderstempel) und die Bacheinmündung **Kleine Oker** ❶.

100 Meter links davon gehen wir über eine Brücke und die steinige Kuppe ostwärts hinauf zur zum Torfhaus führenden Autostraße. In gleicher Richtung bringt uns daneben ein schmaler Weg weiter hinauf zur Abzweigung des Butterstieges. Wir steigen rechts den stark überwurzelten und steinigen Weg stetig steil hinauf, queren einen Hangweg und erreichen durch weitgehend abgestorbenen Wald einen weiteren Querweg. Nach rechts gelangen wir zu einer Wanderhütte. Gleich danach führt ein steiler, steiniger Weg hinauf zu den zackigen Quarzitfelsen der **Wolfswarte** ❷, mit Blick auf Altenau und zur nahen, aber zum Schutz der Moore gesperrten Gipfelkuppe des Bruchberges.

Variante

Zu Beginn über Schwarzenberg und Dammgraben zur Kleinen Oker: Das sind drei Kilometer mehr, die aber sehr schön sind und sich lohnen.

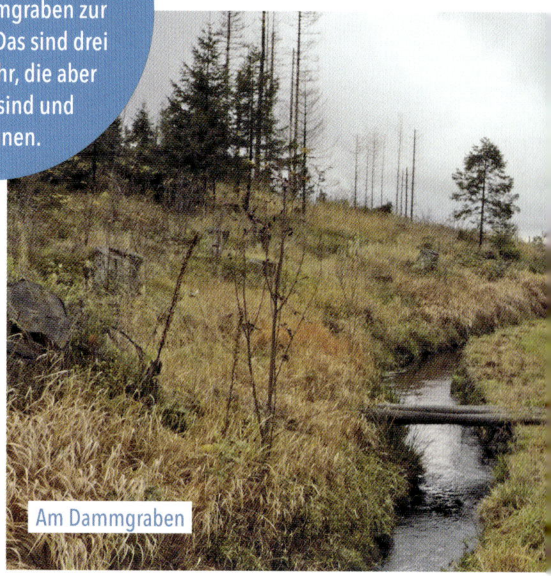
Am Dammgraben

Mühlenberg

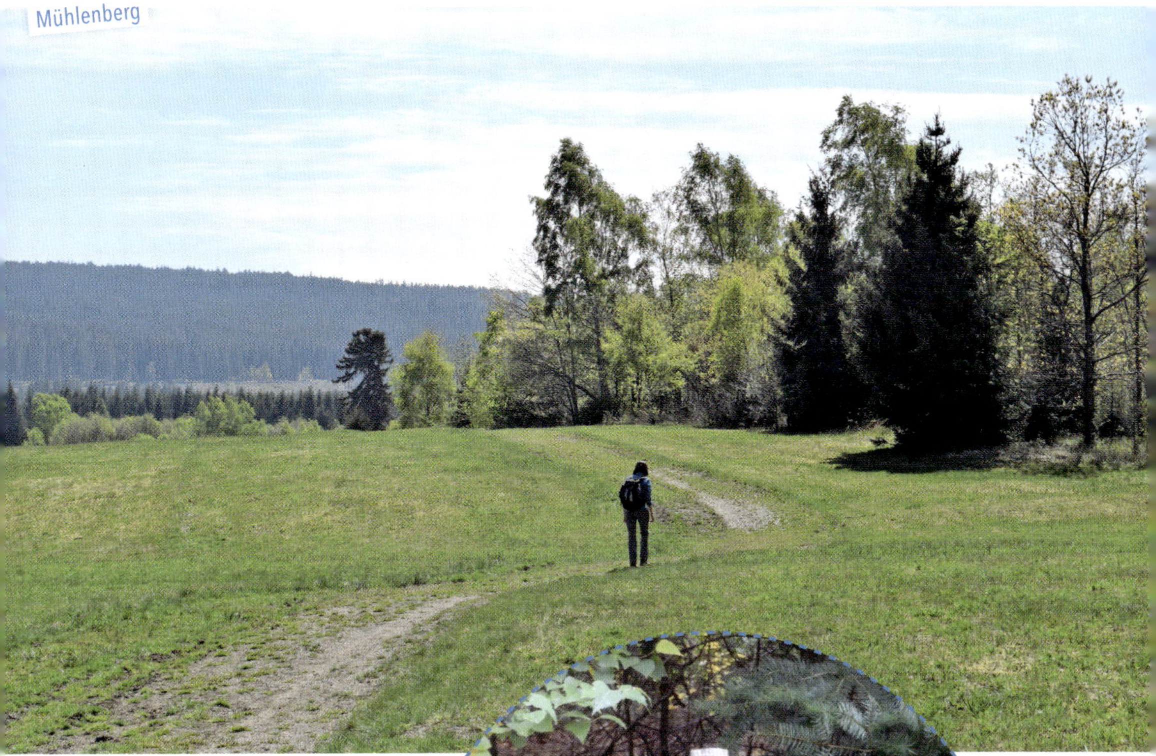

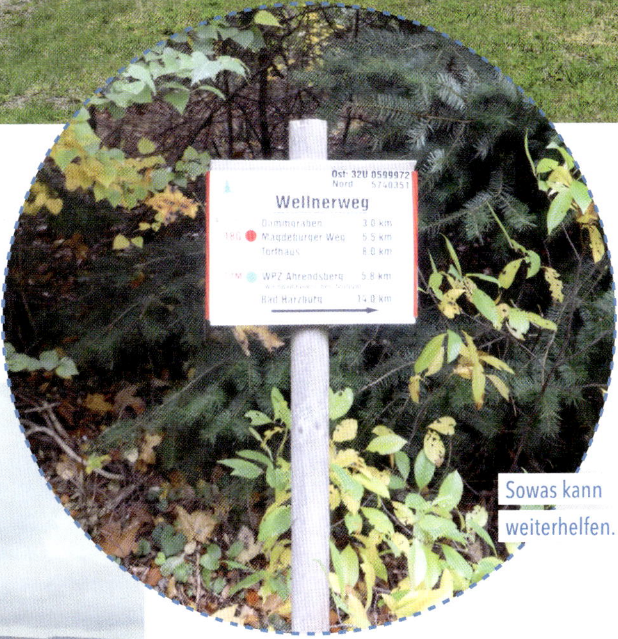

Sowas kann weiterhelfen.

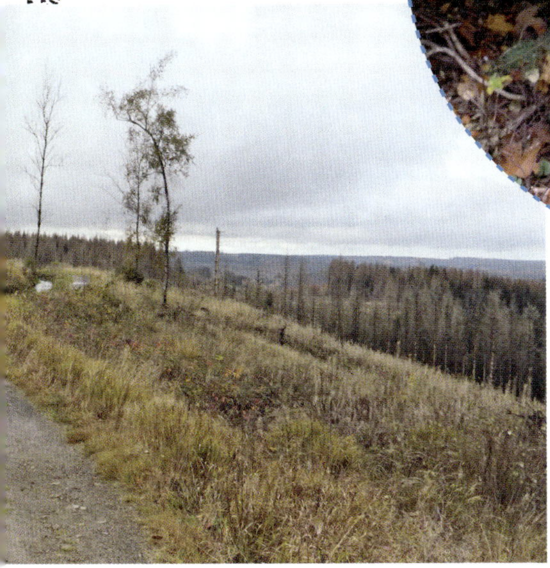

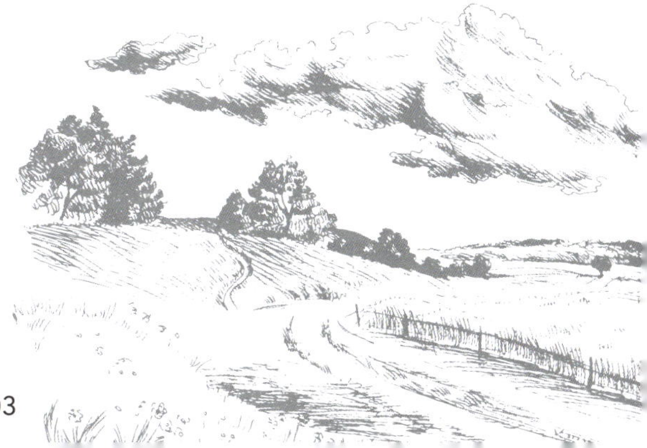

Nach Torfhaus

Ostwärts gehen wir den geraden, schuttigen Weg hinab. Dieser kann bei oder nach Regen auch von Wässerchen beansprucht werden und zu Hüpfserien von Stein zu Stein anregen. Unten überqueren wir den **Clausthaler Graben** 3 und nach rechts hin die Autostraße. Über allerlei Stock und Stein und auch mal Granitblöcke bringt uns der Weg weiter und nach rechts bis kurz vor die Straße. Daneben überquert der Weg im **Talgrund** 4 auf Stegen Bach und Rinnsale und mündet auf einen horizontalen Weg. Rechts gehen wir über einen großen Parkplatz und das Weglein an der Jugendherberge vorbei hinauf zur Bundesstraße 4.

Links entlang dieser erreichen wir schließlich den am Nationalparkhaus gelegenen **Bushalt Torfhaus** E beim neuen Millionending Monsterturm.

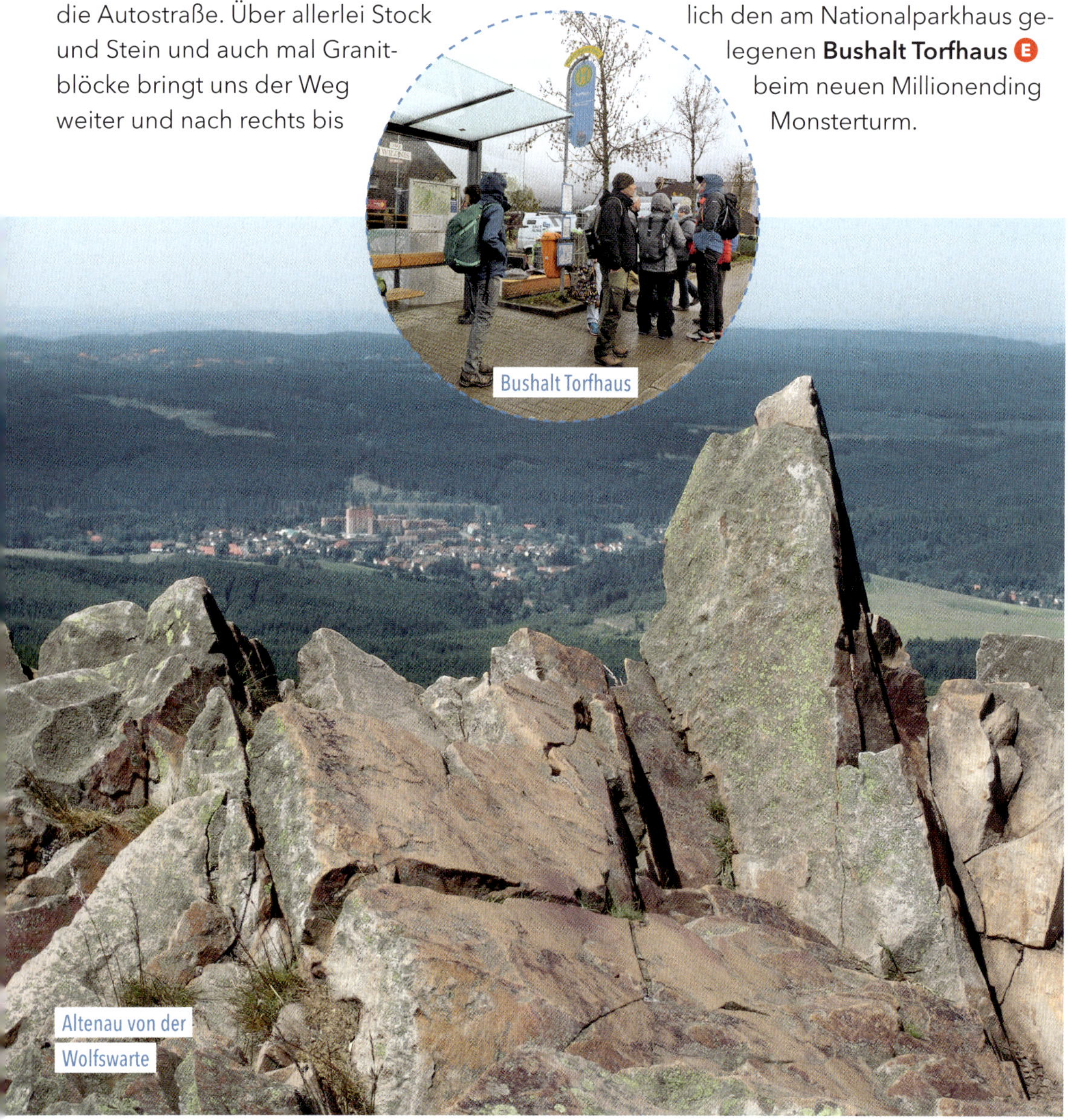

Bushalt Torfhaus

Altenau von der Wolfswarte

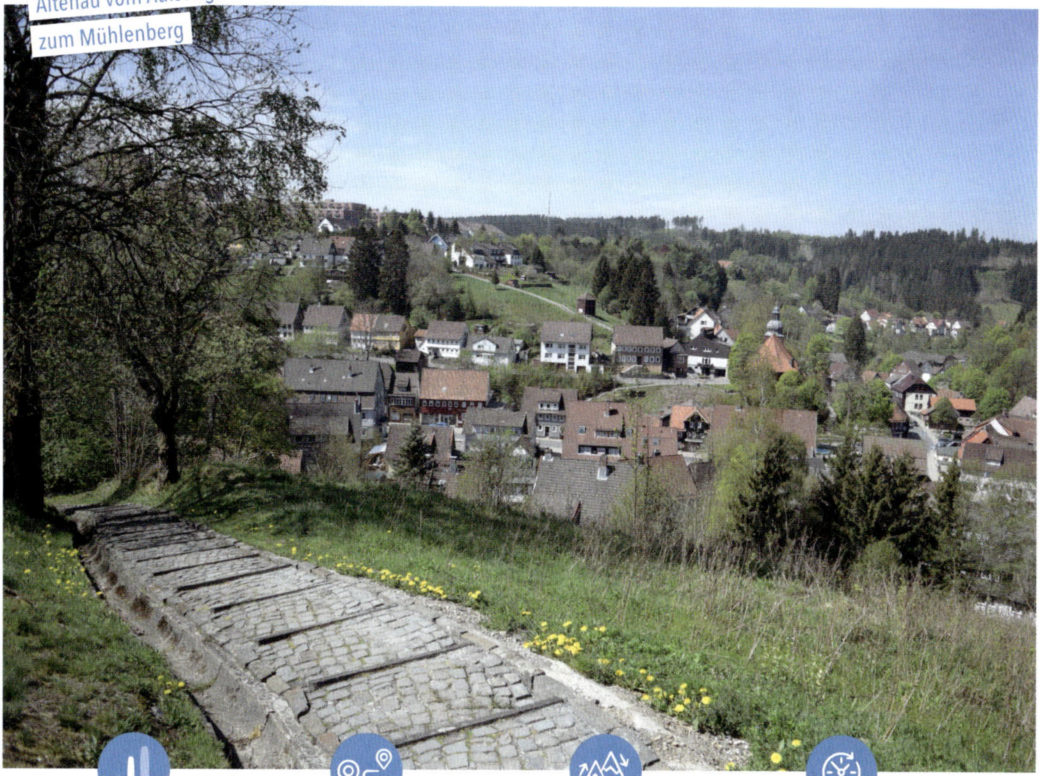

mittel | 10 km | 450/200 Hm | 3 h

Auf einen Blick

Übersicht
B Altenau – Mühlenberg – Buttersteig – Wolfswarte am Bruchberg – B Torfhaus

Tourencharakter
Reizvolle Wanderung mit Mittelgebirgsambiente

Ausgangspunkt
Bushaltestelle Altenau Markt

Endpunkt
Bushaltestelle Torfhaus

Anfahrt
Bahn bis Oker, dann Bus Richtung Altenau

Rückfahrt
Bus bis Bad Harzburg, dann Bahn

Karte
»Der Harz in vier Teilen« 1:30 000, Verlag Schmidt-Buch, Blatt Oberharz

Einkehr
Torfhaus

Info
- *www.nationalpark-harz.de*
- *www.harztourist.de*
- *www.harzinfo.de*

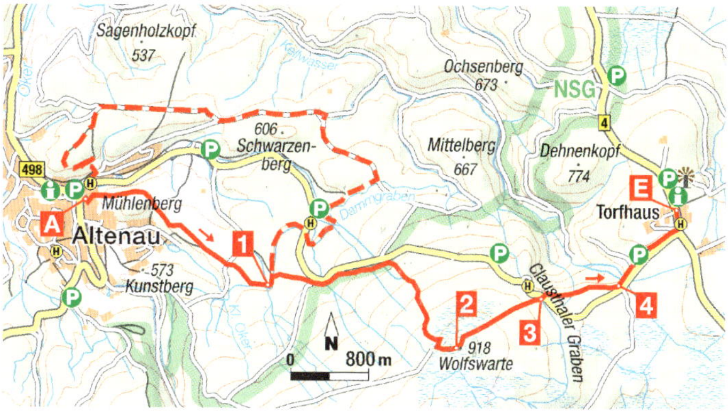

DER GRÖSSTE BERGKAMM DES HARZES

27

Von der Stieglitzecke nach Osterode

Diese klassische Wanderung ist lang und anfangs gelegentlich feucht. Sie führt insgesamt sanft abwärts. Weil die abgestorbenen Fichten weithin abgeräumt sind, bieten sich aktuell besonders weite Ausblicke. Aber oben am Kamm, wo der Wald bereits in den 1980er-Jahren verschwand, machen sich auch heute schon wieder gesunde Bäume breit.

Über den Reitstieg zur Hanskühnenburg

Von der Bushaltestelle am oberen Parkplatz **Stieglitzecke** Ⓐ gehen wir zunächst hinab zum unteren, westlichen Parkplatz. Hier beginnt der breite Reitstieg. Er führt insgesamt südwestwärts, zunächst abwärts, bald aber wieder ansteigend an den oberen Hängen des behäbig breiten Ackerkammes entlang. Nach etwa zwei Kilometern ist er ein oft feuchter Naturweg und führt allmählich deutlicher abwärts. Zuletzt leitet er wieder als Waldstraße zum großen Wegekreuz **Auerhahnplatz** ❶. Nun steigen wir wieder schräg aufwärts in südlicher Richtung über 70 Höhenmeter der Kammhöhe entgegen. Dort bringt uns der Weg nach rechts und erreicht als steiniger Naturpfad eine niedrige Quarzitklippe (Aussicht). Jetzt fast auf gleicher Höhe passieren wir nach 700 Metern den acht Meter hohen Felsklotz der **Hanskühnenburgklippe** ❷ (mit nicht leichter Kletterei besteigbar). 300 Meter weiter erreichen wir die im Sockel eines Turmes eingerichtete gemütliche **Baude Hanskühnenburg** ❸.

Weiterweg bis Osterode

Der Weiterweg auf dem historischen Fastweg ist wieder ein oft nasser, aber immer deutlicher Naturweg. Er führt nach knapp zwei Kilometern an der lang gezogenen **Seilerklippe** ❹ vorbei. Später gelangen wir zum **Haspelkopf** ❺ (von einem Blockmeer Aussicht nach Westen). 800 Meter danach gehen wir auf einer Kuppe bei einer Gabelung rechts. Schräg hinab gelangen wir zu einer breiten Straße in einem flachen Bergsattel. Wir folgen ihr weiter westwärts am Nordhang des Schindelkopfes abwärts zur offenen **Schindelkopfköte** ❻. Stetig abwärts immer westwärts gelangen wir 1,5 Kilometer weiter zur Abzweigung auf den Aussichtspunkt **Feenhöhe** ❼ (unbedingt auch müden Wanderern empfohlen). Zurück auf dem Weg gehen wir rasch hinab zu einem Bergsattel. Hier nehmen wir links das traditionell als Nasser Weg bezeichnete Sträßchen, wo aber keine Sümpfe mehr zu erwarten sind. Immer nahe dem Kamm abwärts passieren wir etwa zwei Kilometer nach dem Sattel zwei große Wasserbehälter. 600 Meter danach erreichen wir einen Parkplatz am

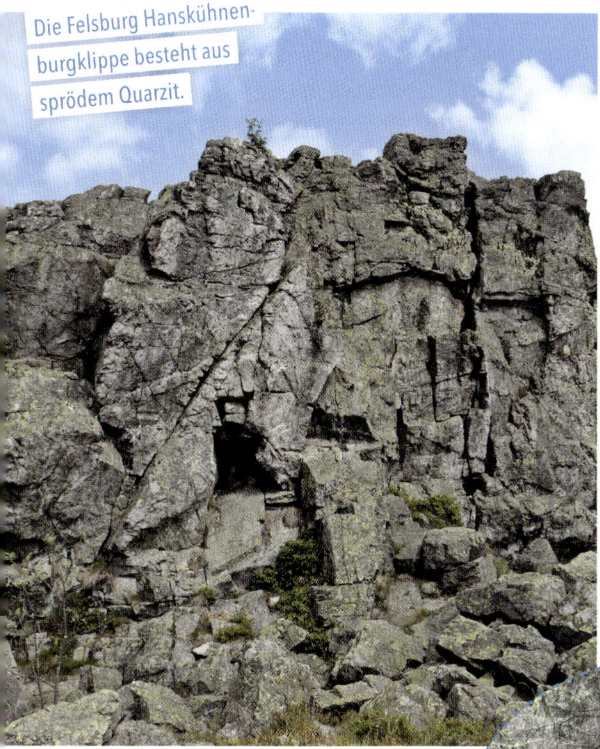

Die Felsburg Hanskühnenburgklippe besteht aus sprödem Quarzit.

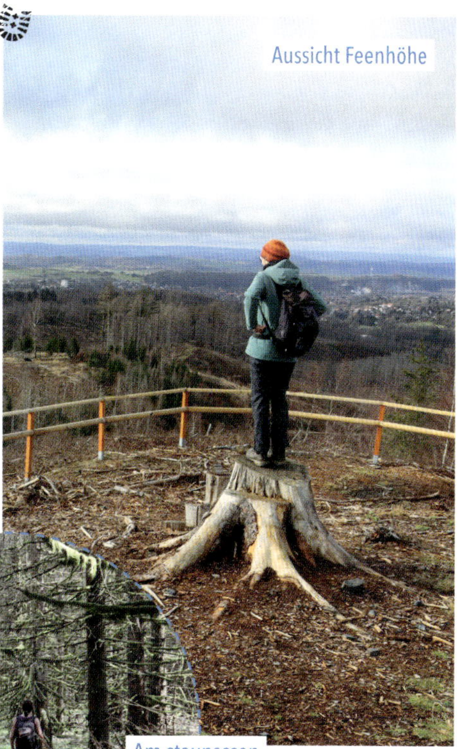

Aussicht Feenhöhe

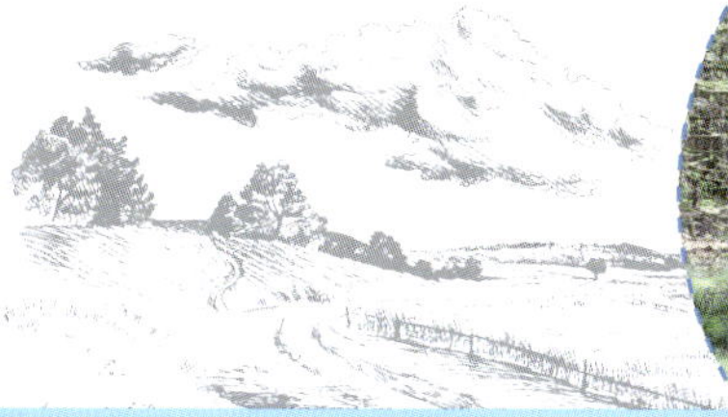

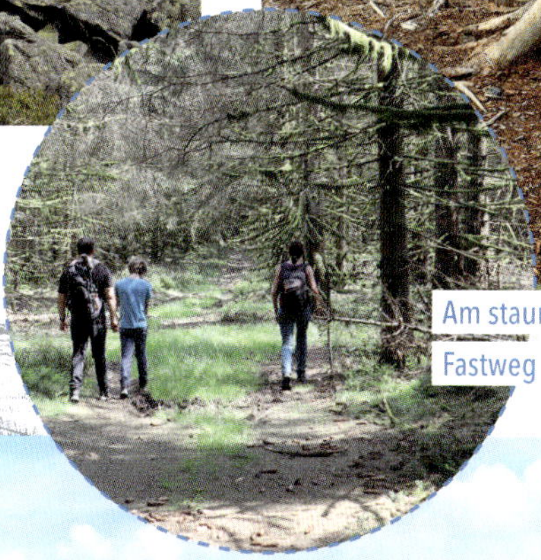

Am staunassen Fastweg

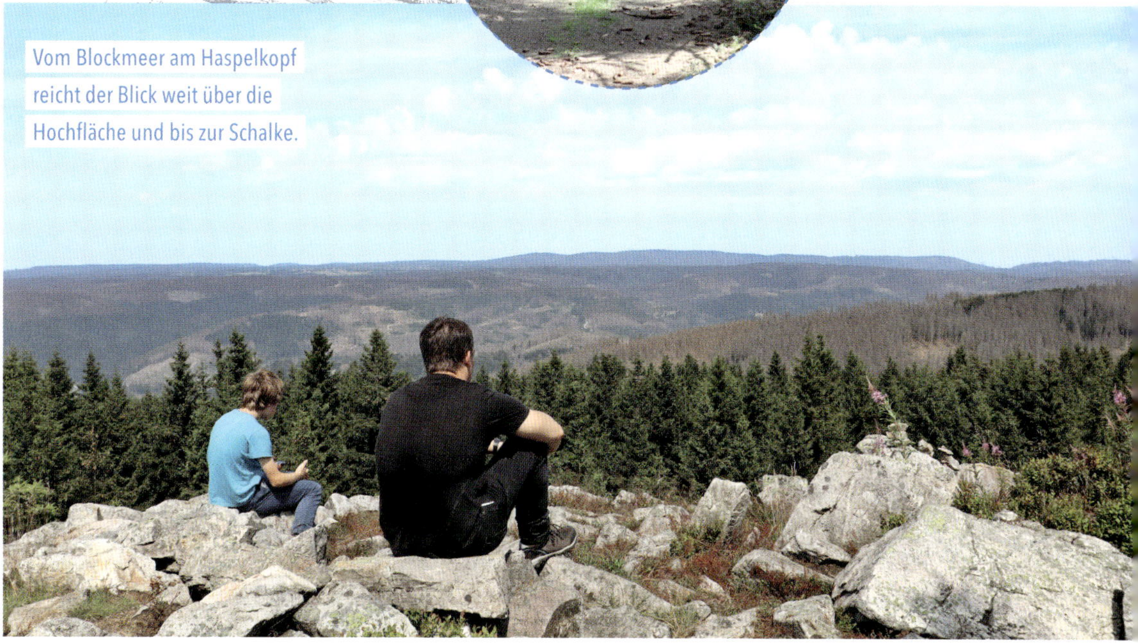

Vom Blockmeer am Haspelkopf reicht der Blick weit über die Hochfläche und bis zur Schalke.

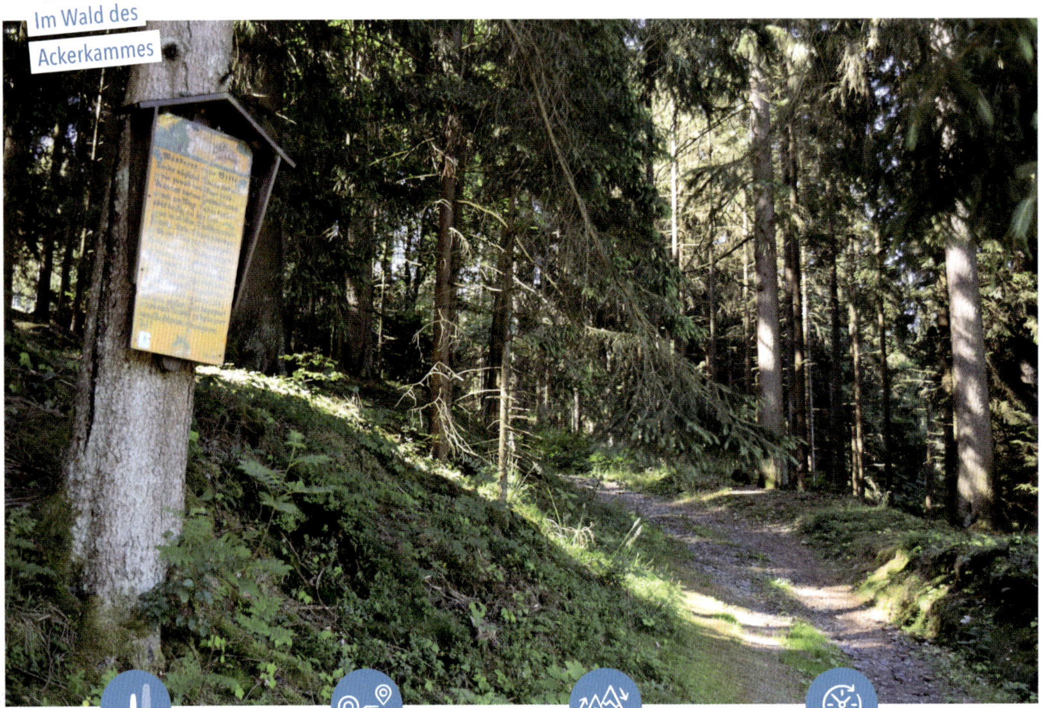

Im Wald des Ackerkammes

mittel | 18 km | 150/700 Hm | 5 h

Auf einen Blick

Übersicht
B Stieglitzecke – Reitstieg – Ackerkamm – Hanskühnenburg – Fastweg – Schindelkopfköte – Feenhöhe – Bf Osterode Leege

Tourencharakter
Lange, eindrucksvolle Kammwanderung abwärts

Ausgangspunkt
Bushaltestelle Stieglitzecke

Endpunkt
Osterode Leege

Anfahrt
Bahn bis Bad Harzburg, Goslar oder Gittelde, dann Bus

Rückfahrt
Ab Osterode Leege Bahn

Karte
»Der Harz in vier Teilen« 1:30 000, Verlag Schmidt-Buch, Blatt Oberharz

Einkehr
In der nur stramm wandernd erreichbaren Baude Hanskühnenburg

Info
- www.nationalpark-harz.de
- www.harztourist.de
- www.harzinfo.de

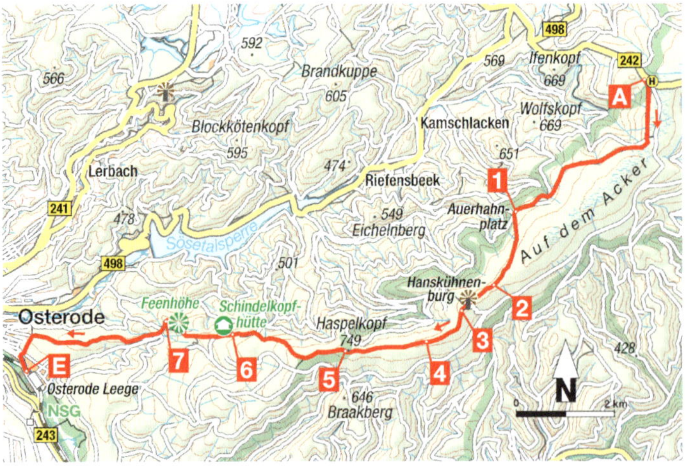

Beginn einer festen Straße. Hier biegen wir links in eine hinabführende Schneise ein. Sie bringt uns zu einer Straße. Rechts und weiter hinab führt sie zum **Bahnhalt Osterode Leege** E.

Moore und Sperrung Fastweg

Auf dem wasserdichten Felsuntergrund gedeihen Hochmoore. Sie bestehen aus oft meterdicken Polstern von Pflanzen und Pflanzenresten. Als Wasserspeicher und CO_2-Speicher sind sie für den Naturhaushalt von hohem Wert. Deshalb wurde im Nationalpark der traditionell auch hier als uralter Handelsweg entstandene Fastweg auf der Höhe des Bergrückens für Wanderer und Skiläufer auf mehrere Kilometer gesperrt. Ab der gastlichen Wanderbaude Hanskühnenburg können wir jedoch auch heute noch auf diesem alten Weg gehen.

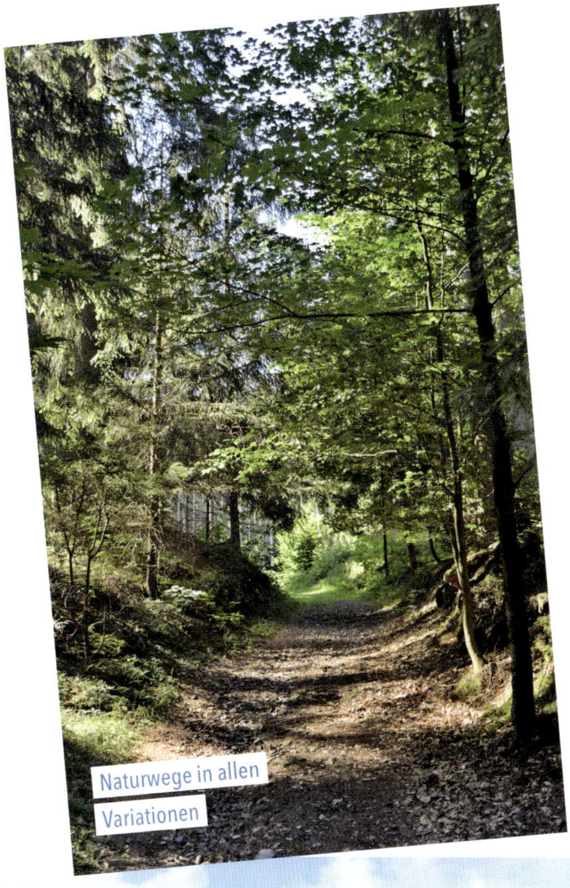
Naturwege in allen Variationen

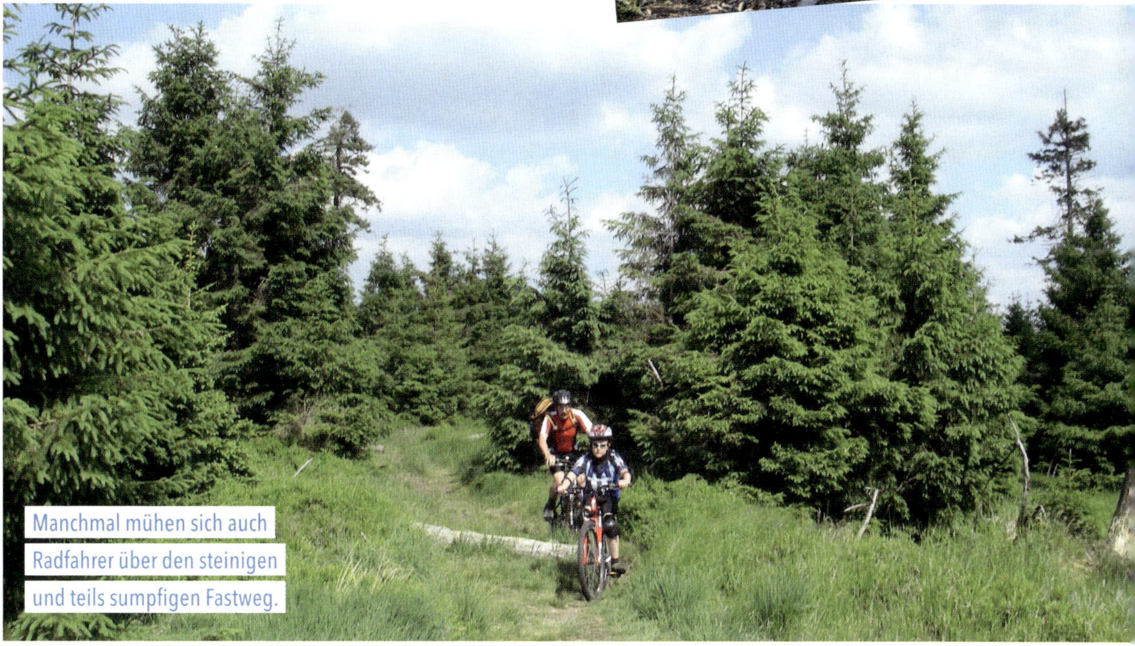
Manchmal mühen sich auch Radfahrer über den steinigen und teils sumpfigen Fastweg.

ÜBER BERGRÜCKEN ZUM HARZRAND

28

Jordanshöhe – Bad Lauterberg

Von der Mitte des Gebirges hinab ins Vorland – diese Wanderung ist ein Traum. Sie ist lang. Aber sie führt über einen alten Vulkan mit einer der urigen Harzer Wanderbauden, weitgehend auf schmalen echten Wanderwegen. Aktuell bietet sie obendrein weite Nah- und Fernblicke.

Vom Fuß des Rehbergs zum Großen Knollen

Bei der **Bushaltestelle Jordanshöhe** Ⓐ liegt ein Geologischer Schaugarten und ein Parkplätzchen. Wir gehen westwärts die feste Feldstraße durch ein Gehöft und dann mit weitem Ausblick, unter der Kuppe Höhe vorbei, im Bogen nach links hinab. Unten gehen wir auf dem Querweg nach rechts und zum Sattel vor dem Sieberberg. Wir nehmen westwärts den Weg hinauf zur Kuppe **Sieberberg** ❶ und weiter nach links zur etwas tiefer gelegenen südlichen Kuppe. Dort gehen wir links und unten rechts einen Weg hinab auf eine Waldstraße. Diese führt uns nach links, südwärts zum **Bergsattel** ❷ der Autostraße Sankt Andreasberg-Sieber. Gegenüber folgen wir der Waldstraße hinauf, an der Kuppe Nesseltalskopf dicht vorbei, und später nach rechts in hohem Laubwald hinauf zum **Bergsattel Göddeckenplatz** ❸. Wir folgen nun westwärts den Wegen immer auf dem Rücken des Bergkammes über eine kleinere Kuppe, dann über die aktuell kahle beherrschende **Aschentalshalbe** ❹**,** und danach abwärts zur Wegegabel an der Bergschulter **Hohes Feld** ❺. Hier gehen wir links hinab weiter zu einem Sattel mit Wegedreieck und Köte. Wir folgen der breiten Straße südwärts um eine Kuppe herum und hinauf zu einem weiteren Straßendreieck. Nach links und später vor der Gipfelkuppe auf einem steileren, kleineren Weg erreichen wir den Gipfel **Großer Knollen** ❻ (gastliche Baude, Aussichtsturm).

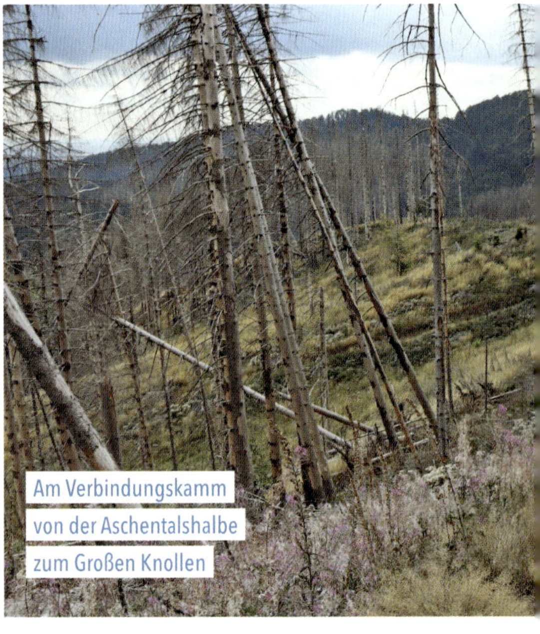

Am Verbindungskamm von der Aschentalshalbe zum Großen Knollen

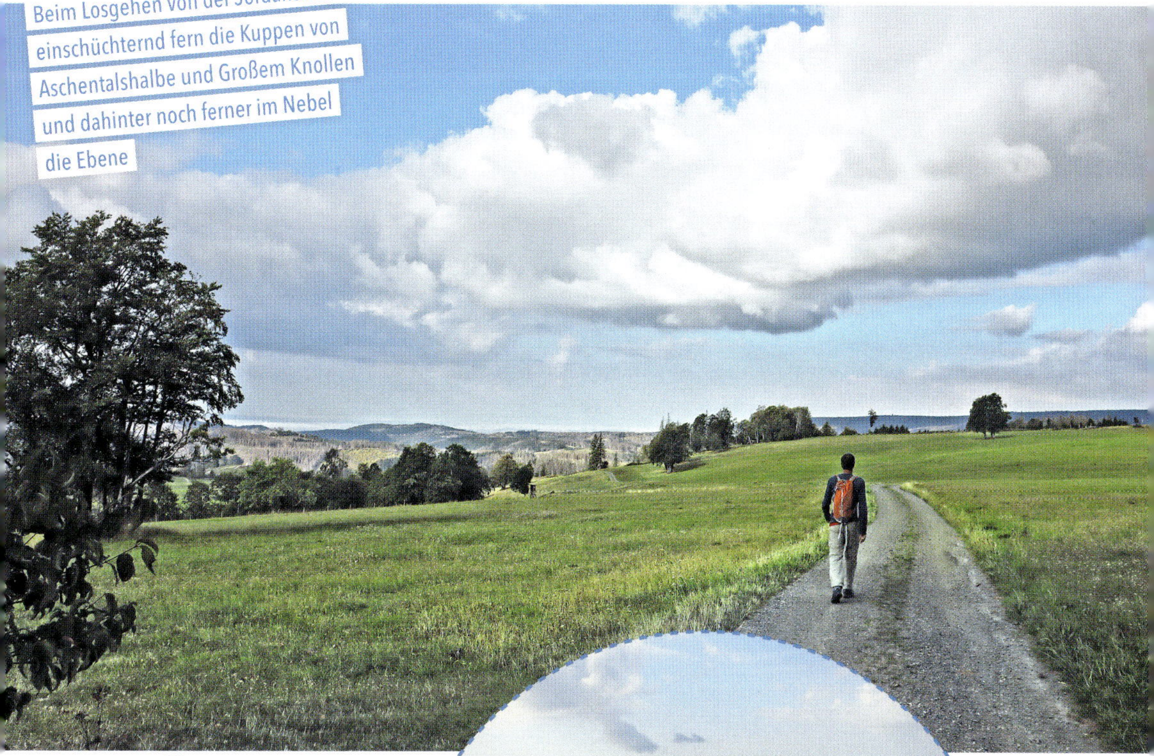

Beim Losgehen von der Jordanshöhe einschüchternd fern die Kuppen von Aschentalshalbe und Großem Knollen und dahinter noch ferner im Nebel die Ebene

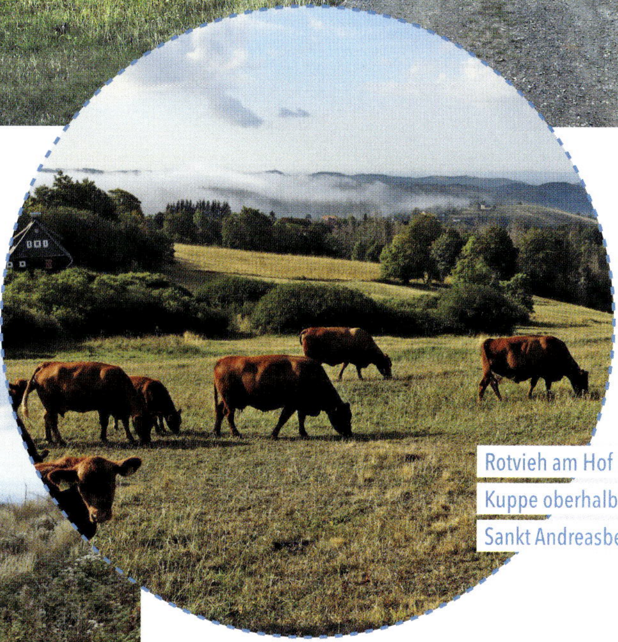

Rotvieh am Hof auf der Kuppe oberhalb von Sankt Andreasberg

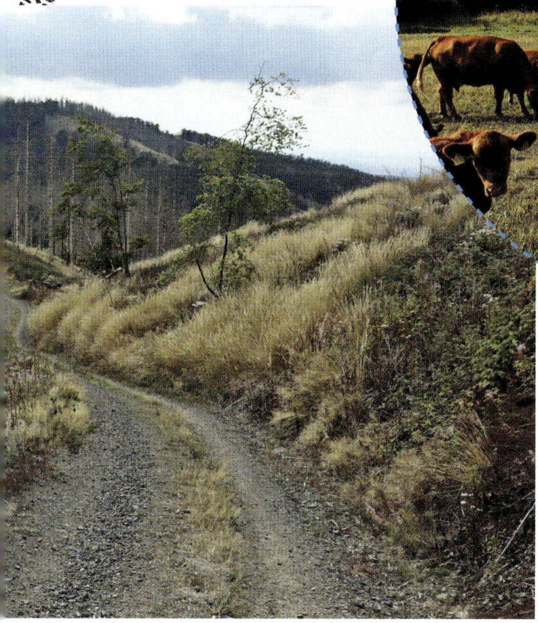

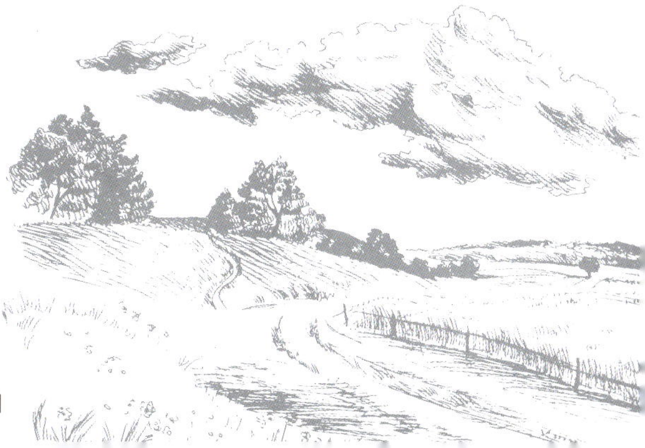

Abstieg über Großentalsköpfe und Knollenkreuz nach Bad Lauterberg

Südostwärts gehen wir die Autozufahrt hinab zur Kurve und dann südwärts einen kleinen, steilen Weg hinab in einen Bergsattel. In gleicher Richtung folgen wir dem Weg unterhalb der steilen Wiesen der Hübichentalsköpfe zu einer gen Scharzfeld hinabführenden Straße. Wir nehmen nicht diese, sondern den schönen kleinen Naturweg weiter nahe dem Kamm der Bärenköpfe und dann nach links. Nun geht es nordostseitig weiter bis unter die Großentalsköpfe. Hier knickt der schmale Weg nach rechts ab. Er führt nun genau südwärts hinab zum raumgreifenden **Knollenkreuz** 7, Köte. Wir gehen den festen Weg südostwärts hinab zu einem Sattel. Nun folgen wir ihm nach links, ostwärts zuerst in eine Waldstraße, und nach kurzer Zeit auf einen kleinen Weg zu einer Gabelung. Nach rechts hinab gelangen wir auf den breiten Hangweg **Augenweg** 8. Diesen gehen wir südwärts über einige Windungen und an Orten alter Bergwerke vorbei zur Einmündung in die querende Straße Am Heibeek. Kurz nachdem wir links eingebogen sind, erreichen wir die Straße Kupferroser Weg. Diese führt an einem Graben entlang südwärts zur Hauptstraße und zum **Bushalt Bad Lauterberg Alter Bahnhof** E.

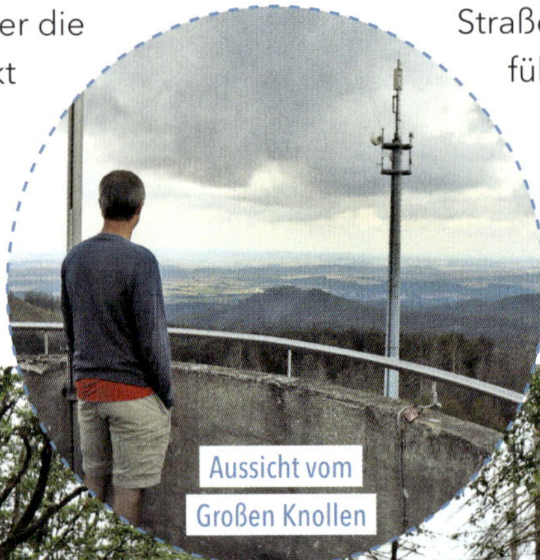
Aussicht vom Großen Knollen

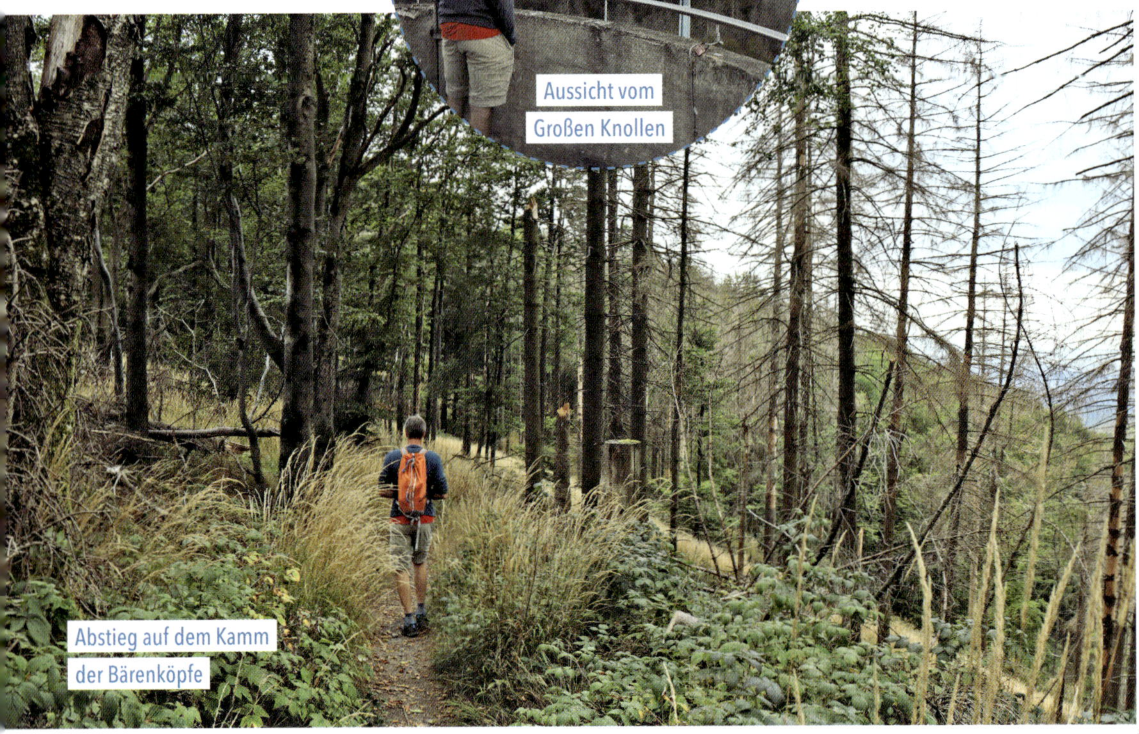
Abstieg auf dem Kamm der Bärenköpfe

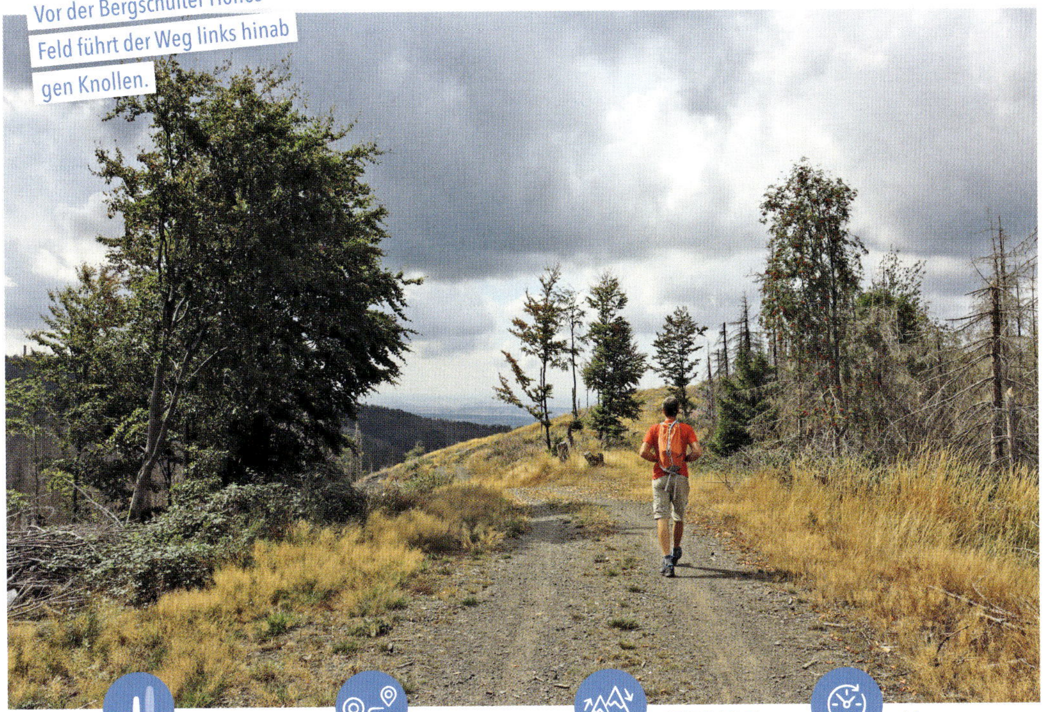

Vor der Bergschulter Hohes Feld führt der Weg links hinab gen Knollen.

mittel | 19 km | 370/800 Hm | 6 h

Auf einen Blick

Übersicht
B Sankt Andreasberg Jordanshöhe – Kuppe – Sieberberg – Pass – Göddeckenplatz – Aschentalshalbe – Hohes Feld – Pass – Großer Knollen – Bärenköpfe – Großentalsköpfe – Knollenkreuz – B Bad Lauterberg
Notausgänge: vom Pass nach dem Hohen Feld nach Wernigerode hinab zum B Sieber Kirche und vom Großen Knollen westwärts hinab ins Siebertal zum B Paradies

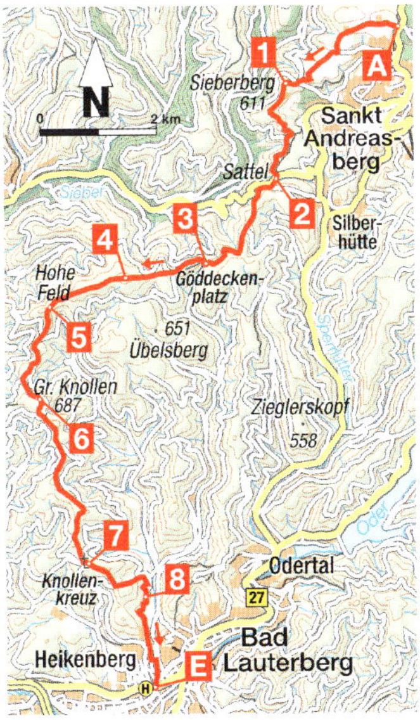

Tourencharakter
Begeisternde, großzügige Kammwanderung

Ausgangspunkt
Bushaltestelle St. Andreasberg Jordanshöhe

Endpunkt
Bushaltestelle Bad Lauterberg, ehemaliger Bahnhof

Anfahrt
Bahn bis Bad Harzburg, Bus bis St. Andreasberg Jordanshöhe

Rückfahrt
Bus bis Bahnhof Herzberg, dann Bahn

Karte
»Der Harz in vier Teilen« 1:30 000, Verlag Schmidt-Buch, Blatt Oberharz uns Südharz

Einkehr
Urige Baude am Großen Knollen

Info
- *www.nationalpark-harz.de*
- *www.harztourist.de*
- *www.harzinfo.d*

DER HÖCHSTE BERG DES SÜDHARZES

29 Von Wieda über Stöberhai und Ravensberg

Auch dies ist eine lohnende Kammwanderung. Sie verbindet die beiden markanten Berge nahe dem südlichen Harzrand. In den Kammbereichen herrschten Nadelbäume vor, die aktuell abgeräumt sind. An den unteren Hängen ist der dort übliche Laubwald weiterhin zu erleben.

Über den Stöberhai zum Ravensberg

Von der **Bushaltestelle Wieda Bergstraße** A gehen wir westwärts ins Sträßchen Frankental und rechts der Talstraße den stärker ansteigenden Hangweg stetig aufwärts zum Bergrücken des Berges **Steiger** 1. Westwärts weiter gelangen wir zur Wanderhütte auf dem Gipfel des **Stöberhai** 2. Südwestwärts führen Wege hinab. Noch vor dem Talgrund folgen wir einer Straße nach links, südostwärts. Wir überqueren die Straße im Grund des Frankentals und gehen bald südwärts auf dem Bergkamm den Grenzweg zur **Hampe-Hütte** 3 und weiter zur **Stephans-Hütte** 4. Später führt die Straße südwestwärts in Richtung der Gipfelkuppe des Ravensbergs zu einem Bergsattel mit Parkplatz. Entlang der Autostraße gehen wir nur kurz, bis sie noch vor dem historischen **Dreiherrenstein** 5 nach links biegt. Hier führt uns der schmale Eselsweg rechts direkt westwärts und erst zuletzt nach links, zum Gipfel des **Ravensberg** 6 (Gaststätte, darüber Turm).

Über den Falkenhof nach Bad Sachsa

Wir gehen weiter südwärts den Eselsweg und später den Ede-Baller-Weg über den Bergrücken steil hinab. Er trifft unten auf den quer verlaufenden Philippsweg. Nach links führt er rasch zum **Pavillon Philippsgruß** 7. Danach folgt ein schmaler Weg im

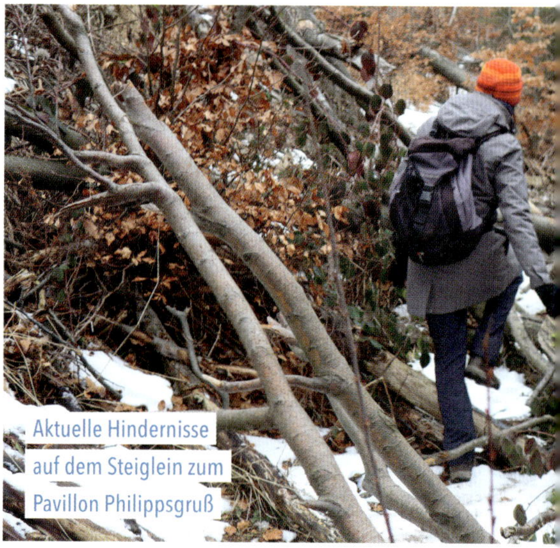

Aktuelle Hindernisse auf dem Steiglein zum Pavillon Philippsgruß

mittel | 13 km | 390/350 Hm | 4 h

Auf einen Blick

Übersicht
B Wieda – Stöberhai – Ravensberg – B Kurpark Bad Sachsa

Tourencharakter
Moderate Kammwanderung, meist Waldstraßen, zuletzt auch kleine Wege

Ausgangspunkt
Bushaltestelle Wieda Bergstraße

Endpunkt
Bushaltestelle Bad Sachsa Kurpark

Anfahrt
Bahn bis Walkenried, dann Bus

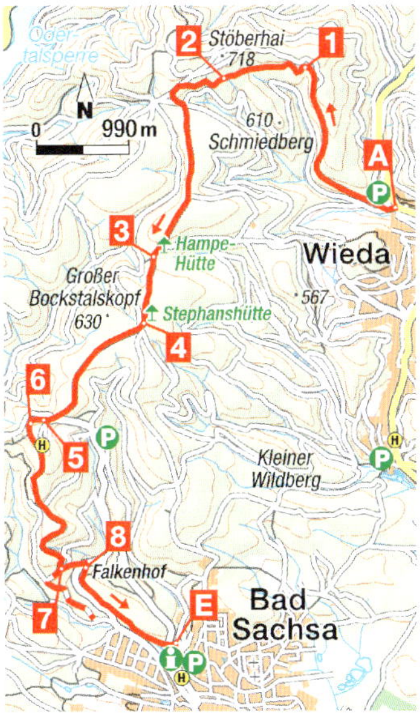

Rückfahrt
Bus zur Bahnhaltestelle Walkenried, dann Bahn

Karte
»Der Harz in vier Teilen« 1:30 000, Verlag Schmidt-Buch, Blatt Südharz

Einkehr
Berghof auf dem Ravensberg, Kurhaus Bad Sachsa

Info
- www.bad-sachsa.de
- www.harztourist.de
- www.harzinfo.de

Südharzbahn

Bis in die 1960er-Jahre führte eine Schmalspurbahn von Walkenried durch Wieda und am Stöberhai vorbei hinauf bis nach Braunlage. Wenn wir die Dringlichkeit einer Verkehrswende hin zu umweltverträglicher Organisation der Mobilität ernst nehmen, sollte eine Erneuerung und Wiedereröffnung der im Gelände noch vorhandenen Trasse ein sinnvolles Projekt sein. Der Förderverein Südharzbahn hat am Kreuzungspunkt mit Autostraße und Kaiserweg 2023 schon mal ein neues Wartehäuschen aufgestellt.

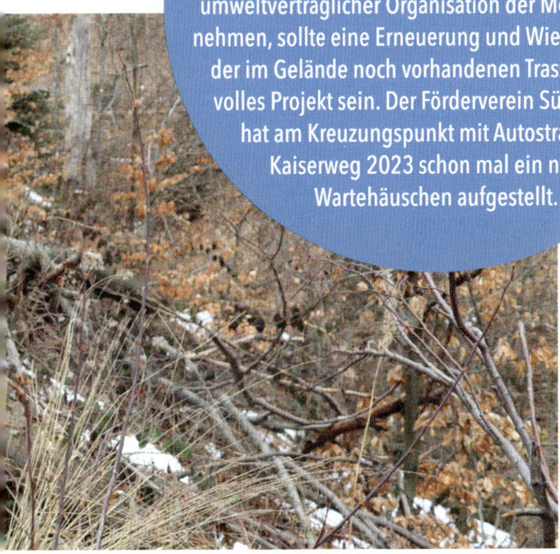

felsigen Tälchen steil und unterhaltsam hinab zur Talstraße. Nun gehen wir den Weg nahe am Bach unter dem als Falkenhof eingezäunten Porphyrfelsen **Katzenstein** 8 hindurch und immer weiter hinunter zum Schmelzerteich und zur **Busstation Kurpark Bad Sachsa** E. (Wer den steilen Weg scheut, kann auch den Ede-Baller-Weg weitergehen und gelangt ebenso hierher.)

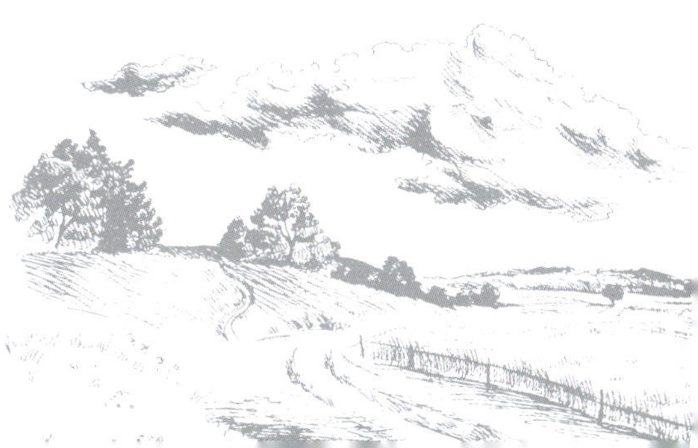

30

Zum Carlsturm und nach Hasselfelde

Diese reizvolle Wanderung führt vom Haltepunkt der Harzquerbahn über die mit einem Aussichtsturm bestückte Carlshöhe zum Städtchen auf der Harzhochfläche. Aktuell bietet sie im Waldwandel auch unterwegs weite Ausblicke.

Zum Carlshausturm

Vom **Haltepunkt Sophienhof** Ⓐ gehen wir hinab in den Grund des Tiefentals und links den Weg etwas westwärts zurück. Dann steigen wir den steilen Weg über den aktuell weitgehend kahlen Hang nordwärts hinauf. Oben führt in gleicher Richtung ein kleiner alter Wanderweg geradeaus durch eine aktuell entwaldete, flache Talmulde und danach wieder aufwärts. Er biegt weiter oben etwas nach rechts und erreicht breite Wege. Einer führt ostwärts auf die schon sichtbare Kuppe mit dem **Carlshausturm** ❶ (Aussichts- und Sendeturm).

Weiterweg nach Hasselfelde

Wir folgen dem Weg ostwärts in einem Linksbogen zum **Carlshaus** ❷. 150 Meter weiter gehen wir am **Wegekreuz** ❸ den zweiten breiten Weg nach rechts, ostwärts 1200 Meter weiter. Dann folgen wir einer breiten Waldstraße nach rechts, später links haltend zur Autostraße Hasselfelde – Benneckenstein zu einem **Parkplatz** ❹ (im Sommer zeitweise Standplatz einer Feldküche). Nördlich davon, genau gegenüber der Einmündung des Herweges, gehen wir auf die aktuell waldfreie Waldstraße etwa einen Kilometer zu einer Kreuzung. Nun bringt uns der Tännichenweg nordwärts nach 2,5 Kilometern zum Bahnhof und zur **Bushaltestelle Hasselfelde** Ⓔ.

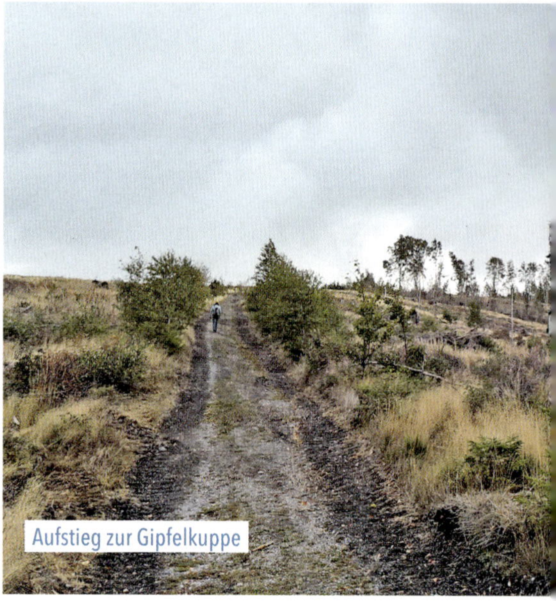

Aufstieg zur Gipfelkuppe

Blick vom Carlsturm gen Westen, auf Benneckenstein und Ebersberg

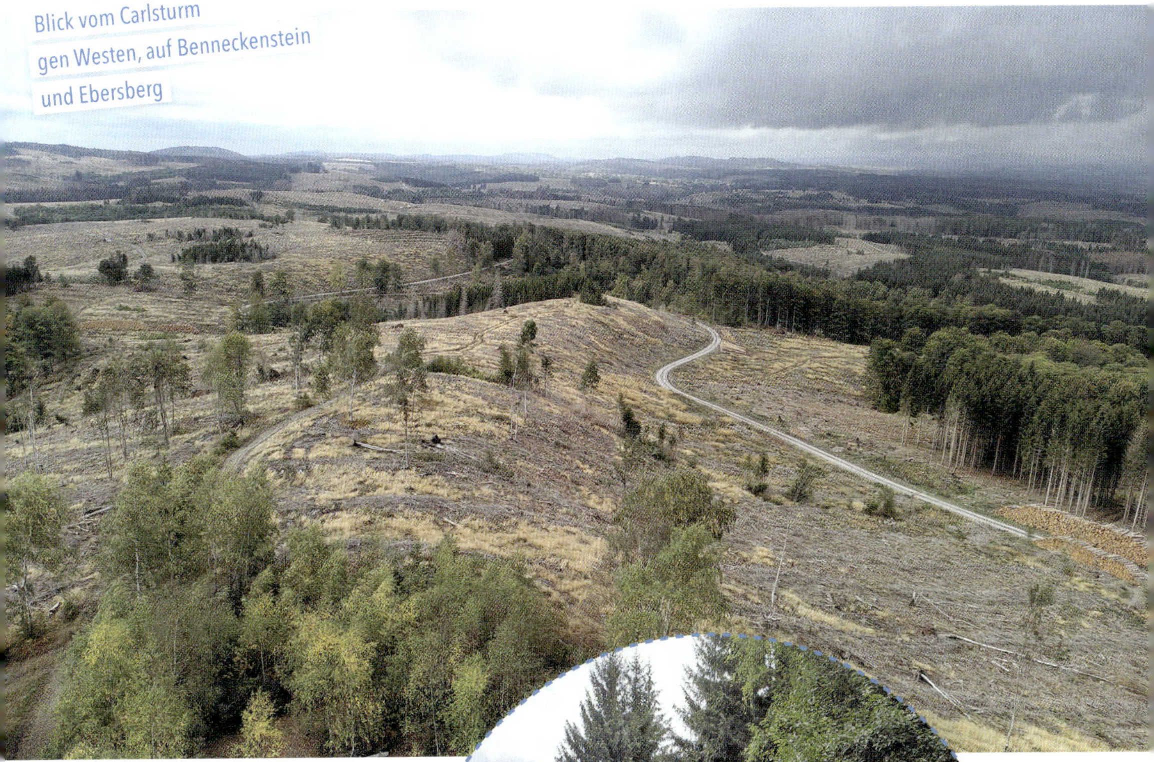

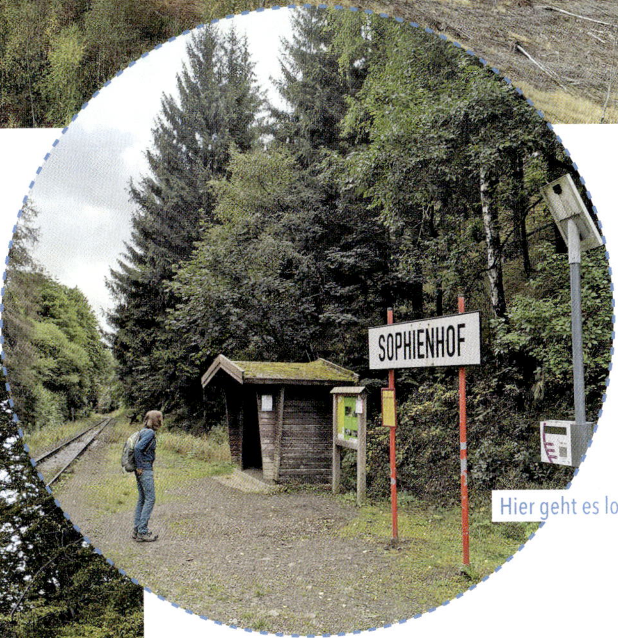

Hier geht es los

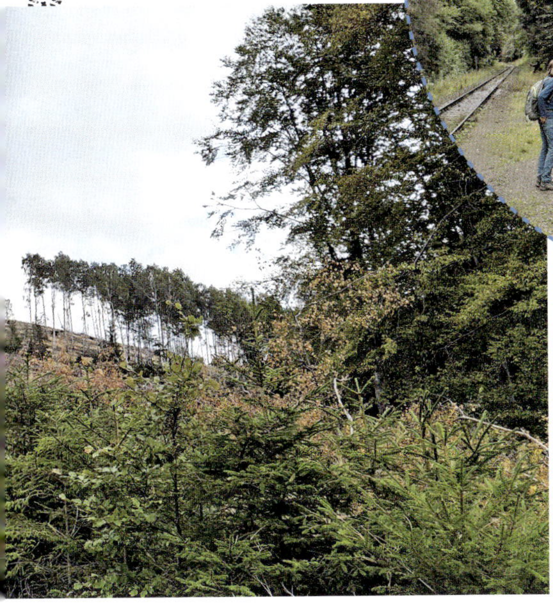

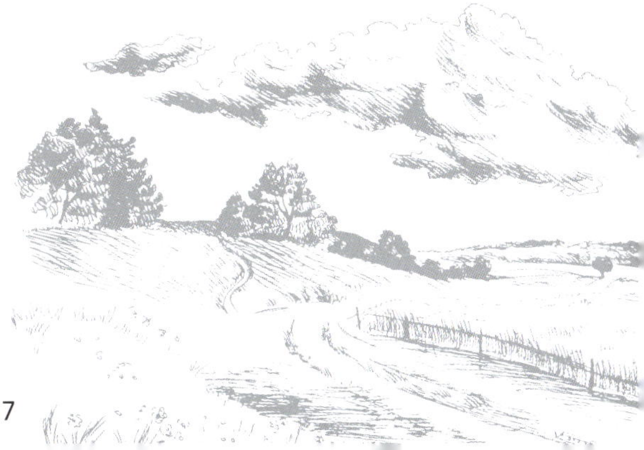

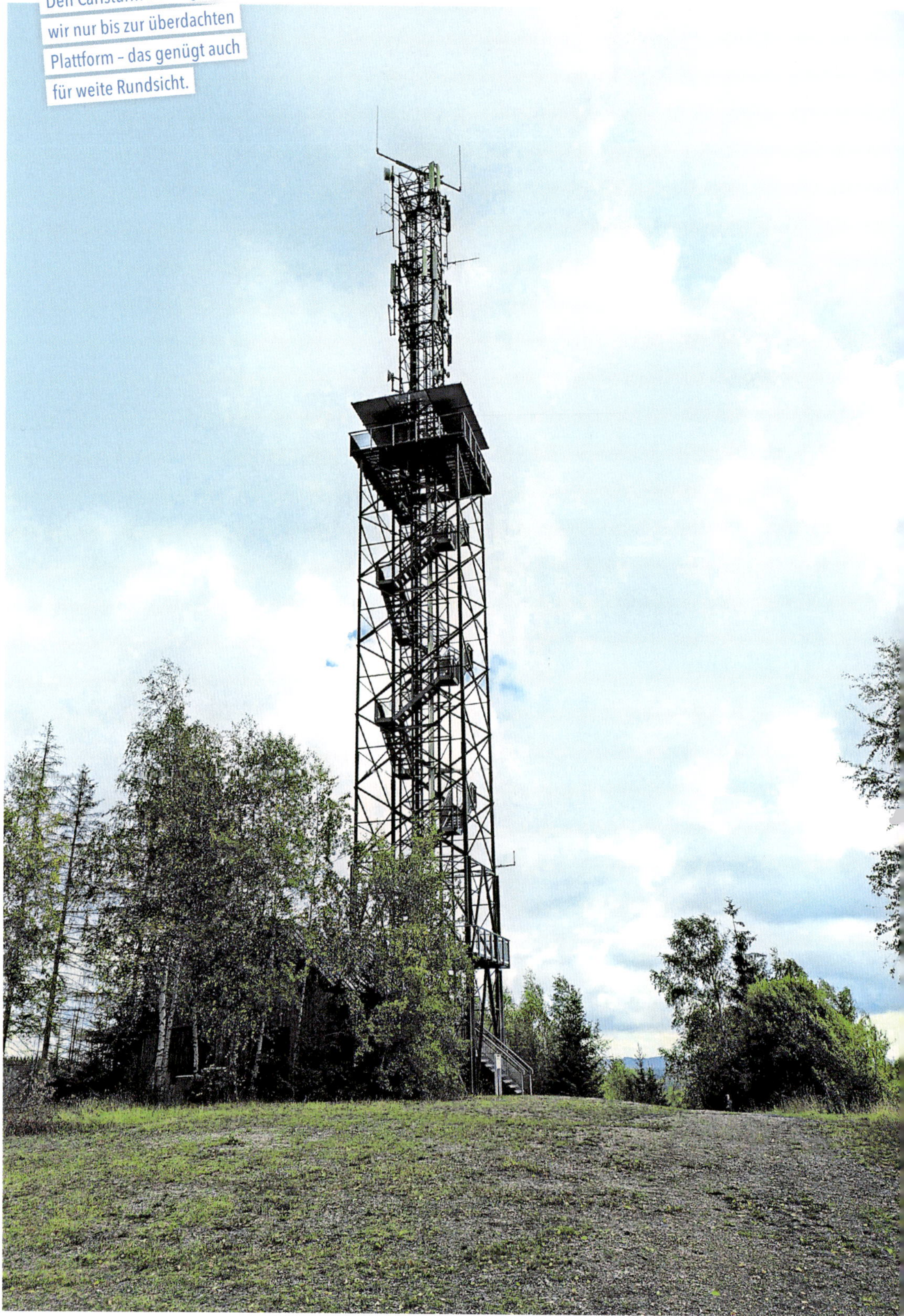

Den Carlsturm besteigen wir nur bis zur überdachten Plattform – das genügt auch für weite Rundsicht.

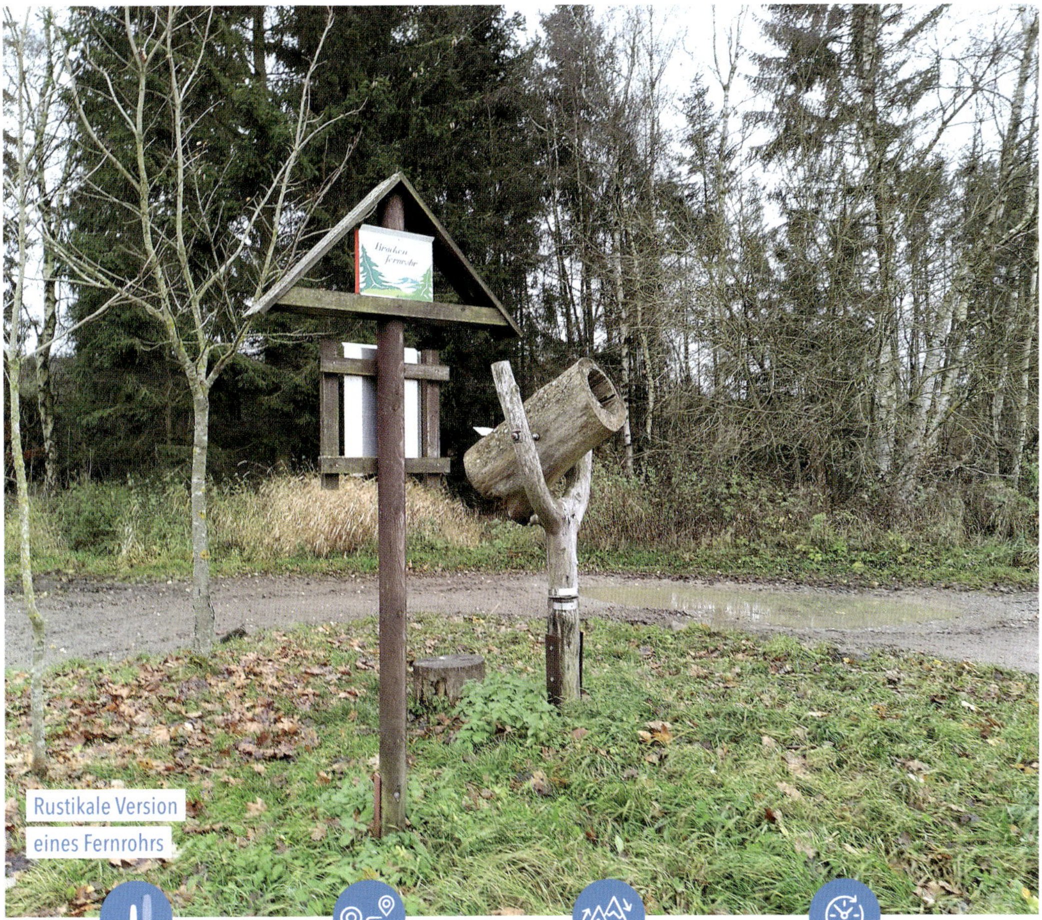

Rustikale Version eines Fernrohrs

mittel | 9,5 km | 200 Hm | 3 h

Auf einen Blick

Übersicht
HSB H Sophienhof – Carlshausturm – B Hasselfelde

Tourencharakter
Moderate Hochflächenwanderung mit einem Turm-Highlight

Ausgangspunkt
HSB Haltepunkt Sophienhof

Endpunkt
Bushaltestelle Hasselfelde

Anfahrt
Bahn bis Wernigerode, dann Harzquerbahn

Rückfahrt
Bus nach Wernigerode, dann Bahn

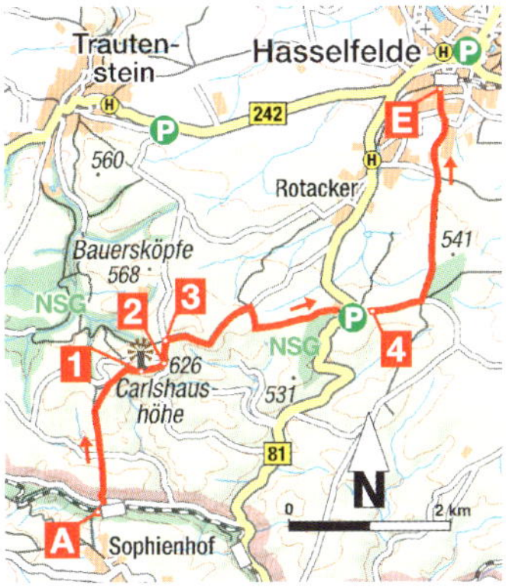

Karte
»Der Harz in vier Teilen« 1:30 000, Verlag Schmidt-Buch, Blatt Südharz und Mittlerer Harz

Einkehr
Unterwegs in der Saison gelegentlich Erbsensuppe am Wegekreuz

Info
- *www.harztourist.de*
- *www.harzinfo.de*

ÜBER DIE PANORAMAKUPPE

31

Über die Große Harzhöhe zum Birkenmoor

Die ehemalige Heilstätte Albrechtshaus ist heute eine Ruine mit dem morbiden Charme eines Lost Place. Von hier über den aktuell idealen Aussichtsberg der Harzhochfläche zum weltenfernen Bahnstopp Birkenmoor – das ist eine verkehrsferne, sehr ruhige Tour.

Zur Harzhöhe

Vom **Haltepunkt Albrechtshaus** A gehen wir südwärts an einem Hof vorbei hinauf und durch die Siedlung Friedrichsbrunn. Kurz nach dem Ortsende folgen wir rechts, südwestwärts einem festen Weg. An der Stelle, an dem er nach rechts, nordostwärts biegt, gehen wir auf einer Harvestertrasse geradeaus und bald wieder links hinauf zu einer festen Straße. Dieser folgen wir oberhalb von Talanfängen südwestwärts. Bei der ersten Gabelung gehen wir links, bei der zweiten rechts und bei der dritten wieder links. So gelangen wir, zuletzt deutlich ansteigend, zur ersten **Kuppe** 1 des kleinen Bergrückens Heidelberg. Über diesen gehen wir etwas westwärts, mit weiten Ausblicken vor der Kuppe der Schalliete zu einer **Querstraße** 2. Dann gehen wir links, südwestwärts weiter, passieren ein Wegedreieck und gelangen an einer weiteren Kuppe vorbei zu einem **Straßendreieck Kloppgasse** 3 mit Hütte. Hier gehen wir den Weg links ansteigend weiter. Nach etwa 500 Metern biegt er nach rechts abwärts in ein Tal zu einer **Gedenktafel** 4 für 25 Italiener. Sie wurden im Zweiten Weltkrieg als Verbündete nach Deutschland befohlen, nach dem Waffenstillstand Italiens als Zwangsarbeiter eingesetzt, in den allerletzten Kriegstagen hier von der SS erschossen und erst vor wenigen Jahren in die Heimat überführt. Kurz hinter der Tafel leitet nach rechts ein gerader Weg nordwestwärts direkt hinauf zur Gipfelkuppe **Große Harzhöhe** 5 (599,3 m, Bank, weite Rundsicht).

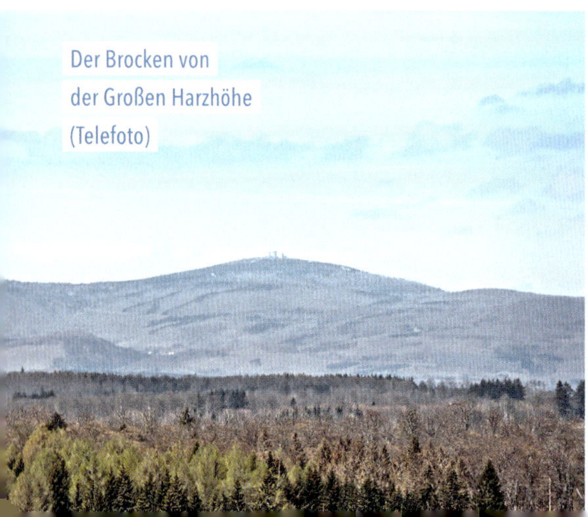

Der Brocken von der Großen Harzhöhe (Telefoto)

mittel

9 km + 3 km

250 Hm

3 h + 1 h

Auf einen Blick

Übersicht
HSB HP Albrechtshaus - Friedrichshöhe - Heidelbeerberg - Große Harzhöhe - HSB HP Birkenmoor (- B und HSB HP Stiege)

Tourencharakter
Ruhige Wanderung über aktuell weitgehend kahle Kuppen

Ausgangspunkt
Haltepunkt Albrechtshaus der HSB-Selketalbahn

Endpunkt
Haltepunkt Birkenmoor der HSB oder Bushaltestelle Stiege

Anfahrt
Bahn bis Wernigerode

Rückfahrt
Bus von Stiege nach Wernigerode, dann Bahn

Karte
»Der Harz in vier Teilen«

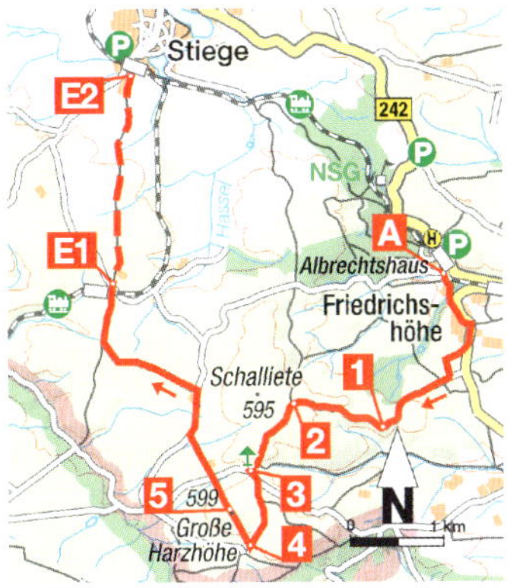

1:30 000, Verlag Schmidt-Buch, Blatt Mittlerer Harz

Einkehr
Unterwegs keine Einkehrmöglichkeiten

Info
- www.harztourist.de
- www.harzinfo.de

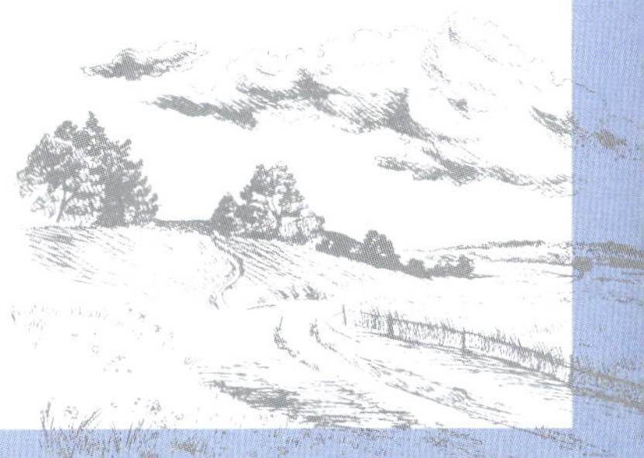

Zum Haltepunkt Birkenmoor

Wir folgen dem Weg in gleicher Richtung nordwestwärts abwärts weiter, queren unten die Straße (Kloppgasse) und gehen geradeaus weiter den breiten Weg bis zu einer festen Straße. Dieser folgen wir einige Minuten nach rechts weiter und gehen dann bei einer Gabelung links. Nach einer Viertelstunde gelangen wir so zu einer Querstraße. Diese bringt uns nach rechts geradeaus zur Bahnlinie und dem HSB-**Haltepunkt Birkenmoor** E1 (Ein undeutlicher direkter Wanderweg führt nordwärts 2,5 Kilometer nach Stiege, die längere Alternative ist die Kaufunger Straße an einer Hütte vorbei zur Autostraße, zum **HSB-Bahnhof Stiege** E2 und weiter nördlich im Ort am Denkmal zum Bushalt Stiege).

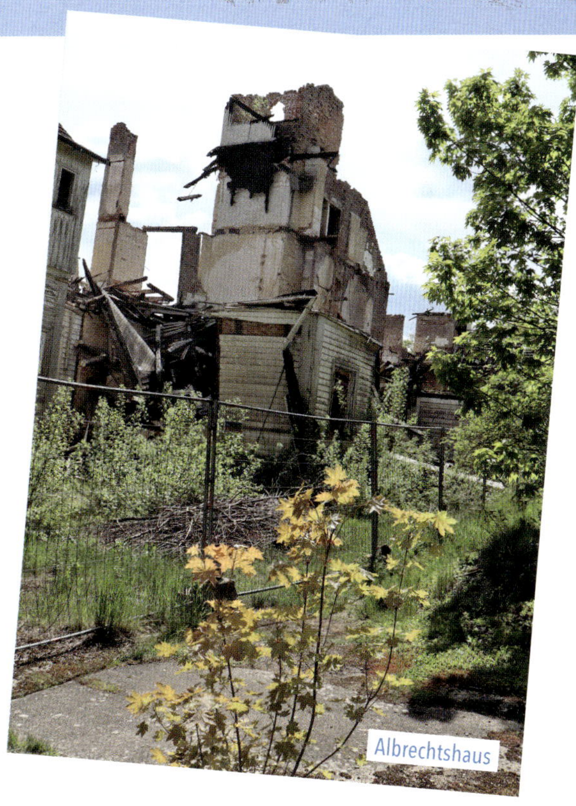

Albrechtshaus

DER KLEINE BRUDER DES BROCKEN

32

Von Güntersberge nach Gernrode

Dies ist eine lange, ruhige Wiesen- und Waldwanderung vom oberen Selketal über die Granitkuppe des Rambergs zum Harzrand. Dieser wird oberhalb von einer der schönsten Kirchen der frühen Romanik erreicht.

Über Allrode nach Friedrichsbrunn

Vom **HSB-Bahnhalt Güntersberge** Ⓐ gehen wir nordwärts die Bahnhofstraße zur B242, diese 150 Meter nach links, dann rechts durch die Friedensstraße zur **Neustadt** ❶ und gegenüber in den Allröder Weg. Dieser führt nun nordwest- und nordwärts sehr hübsch als Feldweg zwischen Äckern und Wiesen hinauf, später in gleicher Richtung durch den Wald und zuletzt rechts am Waldrand nach Allrode. Wir gehen durch den Ort (bis hier sind es fünf Kilometer) und folgen bei Gabelung der Sellstraße L 93 gen Treseburg zum **Ortsende von Allrode** ❷. Wir gehen hier rechts, ostwärts ein Tälchen hinauf, später der Straße folgend nach links. Bei einer Gabelung gehen wir rechts zu einer alten Eiche und weiter zur **Wanderhütte Echowiese** ❸. Die Straße leitet im Wald weiter zum **Wegekreuz Adlereiche** ❹ (Hütte). Von hier bringt uns die Straße Klobenberg ostwärts zur **Bushaltestelle Friedrichsbrunn Ortsmitte** ❺ (von Güntersberge bis hier sind es elf Kilometer).

Vom Ramberg nach Bad Suderode

Von der Kirche Friedrichsbrunn gehen wir am Friedhof vorbei hinab zum **Gondelteich** ❻. Von seinem Staudamm nehmen wir ostwärts den Grenzweg zum **Bergrat-Müller-Teich** ❼. Von seinem Ostufer führt nordostwärts ein Weg hinauf zur Granitklippe Große Teufelsmühle und weiter zur Klippe **Kleine Teufelsmühle** ❽ kurz vor der Gipfelkuppe des Rambergs. Wir gehen hier nach rechts kurz hinab zur östlichen Rundstraße (Variante: von hier südostwärts weiter hinab und am Bärendenkmal und dem Bremer Teich vorbei zum HSB-Halt Sternhaus

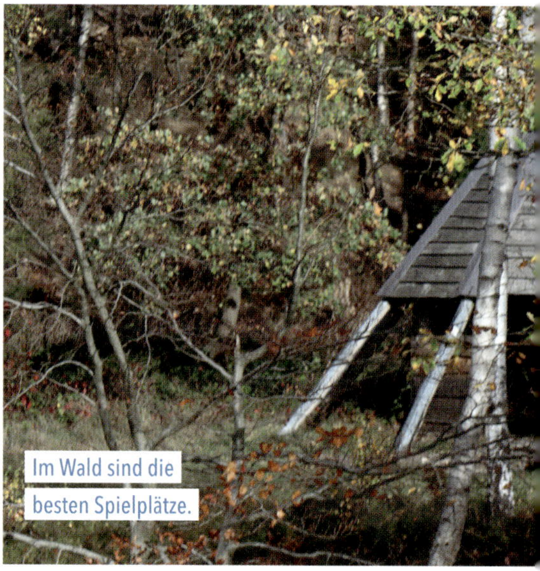

Im Wald sind die besten Spielplätze.

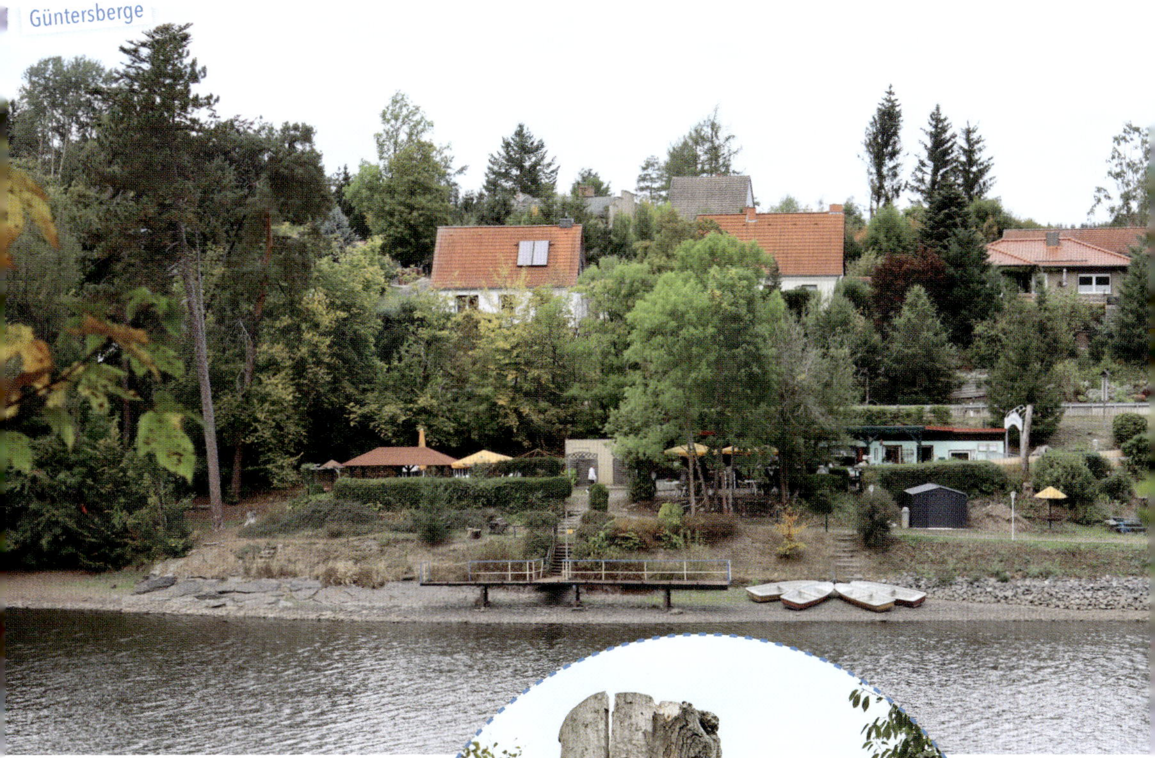
Güntersberge

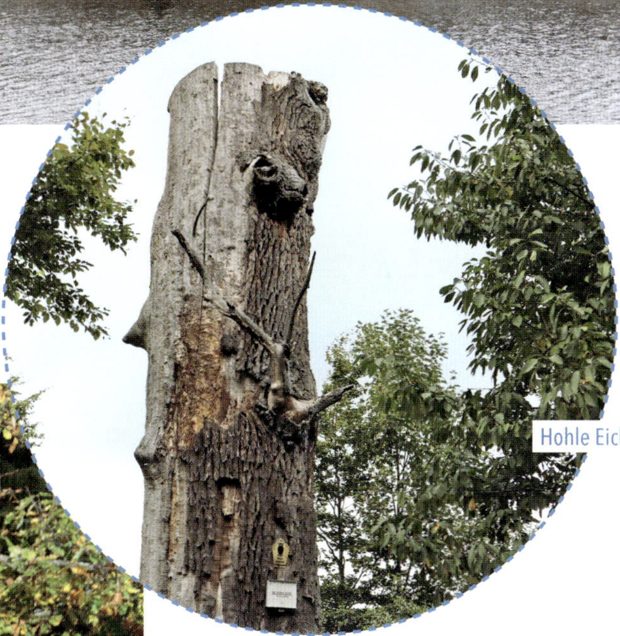
Hohle Eiche

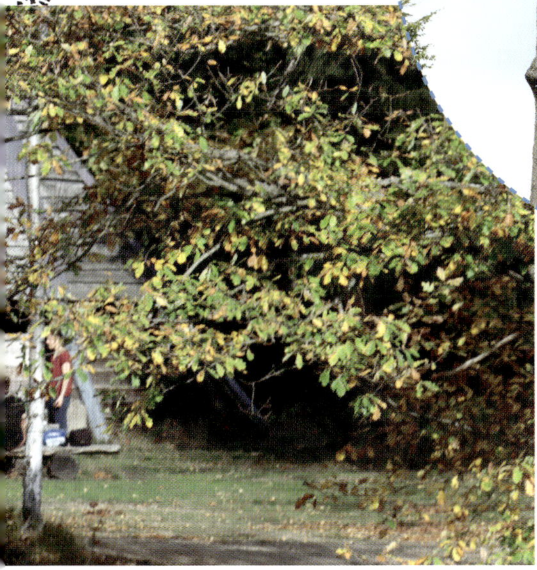

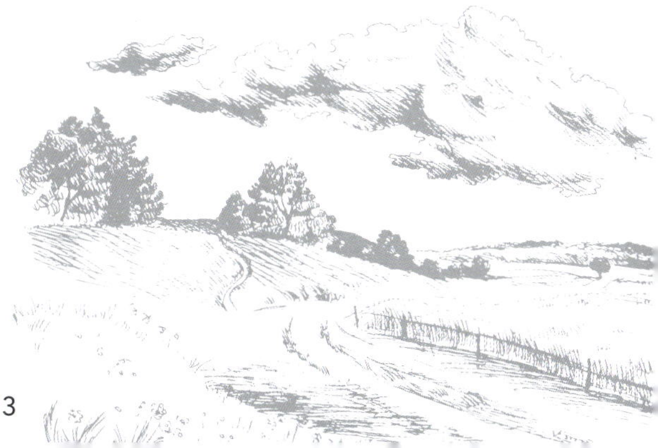

Ramberg sind es vier Kilometer abwärts). Wir folgen der ebenen Straße links um die von Ruinen vollgestellte Gipfelkuppe herum bis hinter einen Sendemast. Dort führt eine lange Schneise nordwärts gerade hinab zum quer verlaufenden Rambergweg. Den gehen wir 700 Meter nach rechts. Dann biegen wir nach links in die Straße in ein Tal ein. Darin hinab gelangen wir zum Stauteich **Neuer Teich** 9. Die Straße im Grund des Hagentales leitet uns weiter hinab bis zu einem kleinen Teich. Gleich danach führt, noch vor einem Altenheim, der Panoramaweg nach links. Dieser bringt uns am Hang entlang aufwärts zu einer Linkskurve mit **Aussicht** 10 (auf Gernrode mit Stiftskirche St. Cyriakus). Danach gehen wir den Panoramaweg nordwestwärts nahe dem Waldrand weiter und zuletzt hinab zur **Busstation Bad Suderode Kurzentrum** E.

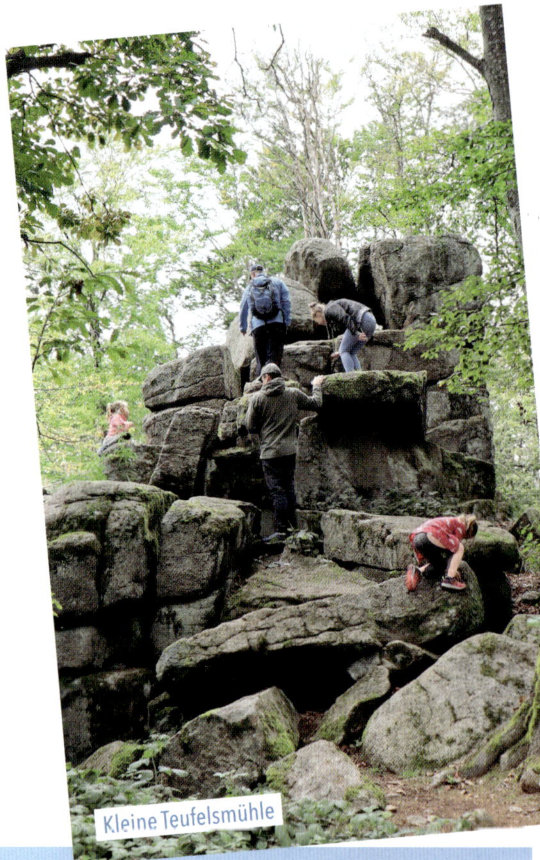
Kleine Teufelsmühle

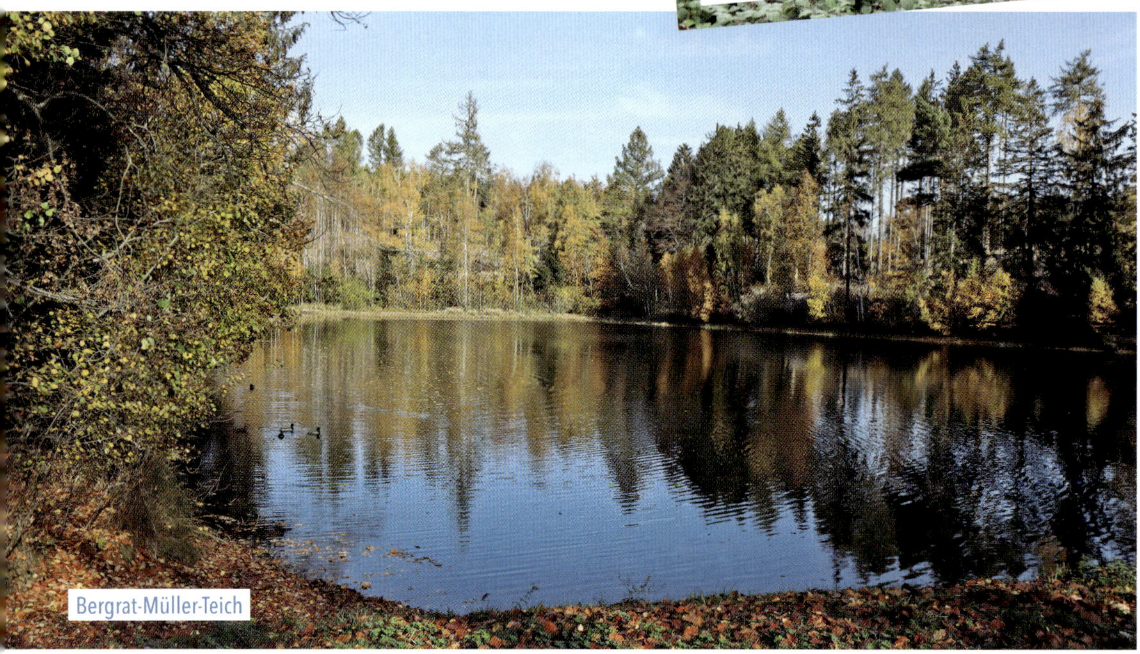
Bergrat-Müller-Teich

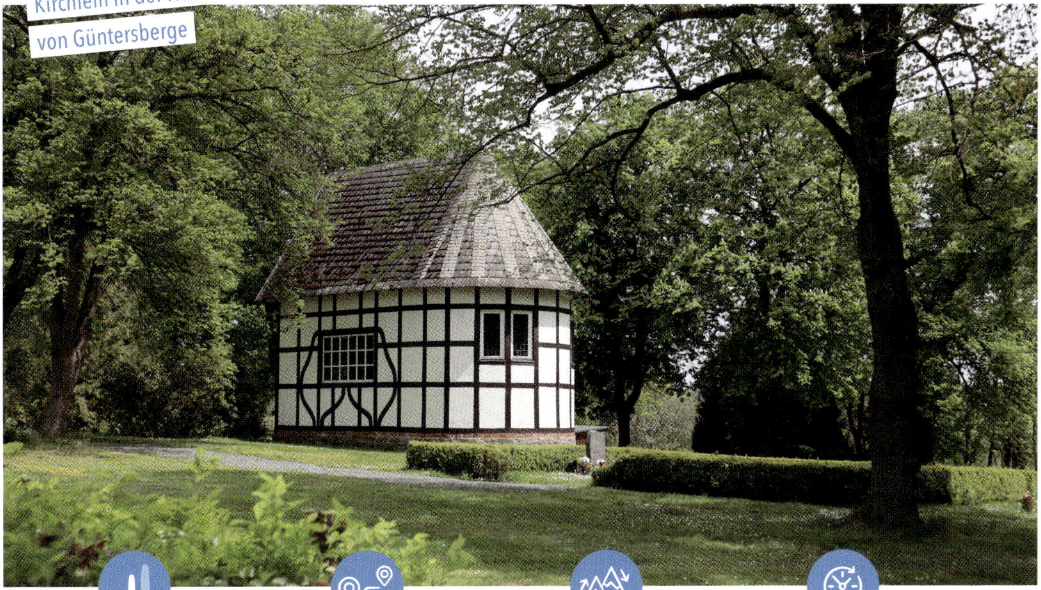

Kirchlein in der Neustadt von Güntersberge

mittel | 11 km + 13 km | 100/400 Hm | 3 h + 4 h

Auf einen Blick

Übersicht
HP Güntersberge – B Allrode – B Friedrichsbrunn – Viktorshöhe/Ramberg – Neuer Teich – B Bad Suderode Kurzentrum

Tourencharakter
Ein Hammer! Die Wanderung ist eine Kombination von zwei auch jeweils für sich gut gehbaren Strecken. Die erste führt von Güntersberge über Allrode nach Friedrichsbrunn (11 km), die zweite über den aktuell schütter bewaldeten Ramberg und an Gernrode vorbei nach Bad Suderode (13 km).

Ausgangspunkt
HSB-Haltepunkt Güntersberge

Endpunkt
Bushaltestelle Bad Suderode Kurzentrum

Anfahrt
Bahn bis Wernigerode oder Nordhausen, HSB Harzquerbahn bis Talmühle, dann Selketalbahn bis Güntersberge, hierher auch in Gegenrichtung von Quedlinburg. Bei Beginn in Allrode: Bahn bis Wernigerode, von dort Bus direkt bis Allrode. Auch Bus von Quedlinburg nach Friedrichsbrunn

Rückfahrt
Bus bis Quedlinburg, dann Bahn, bei Abstieg zur Stiftskirche ist von dieser der Bushalt von der Rose mit 500 m Weg erreichbar.

Karte
»Der Harz in vier Teilen« 1:30 000, Verlag Schmidt-Buch, Blatt Ostharz

Einkehr
In Friedrichsbrunn

Info
- www.harztourist.de
- www.harzinfo.de

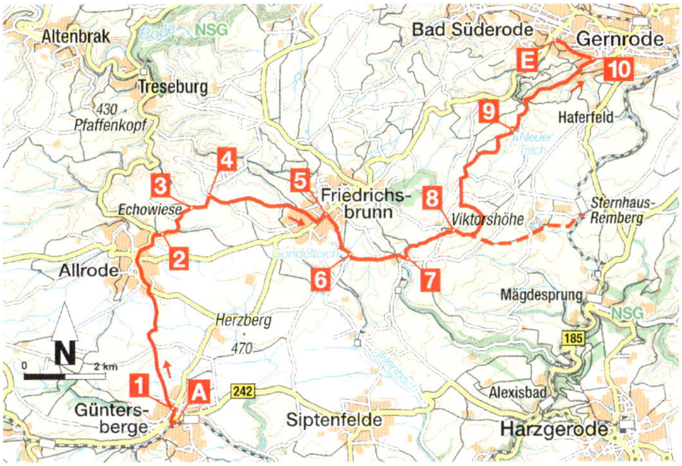

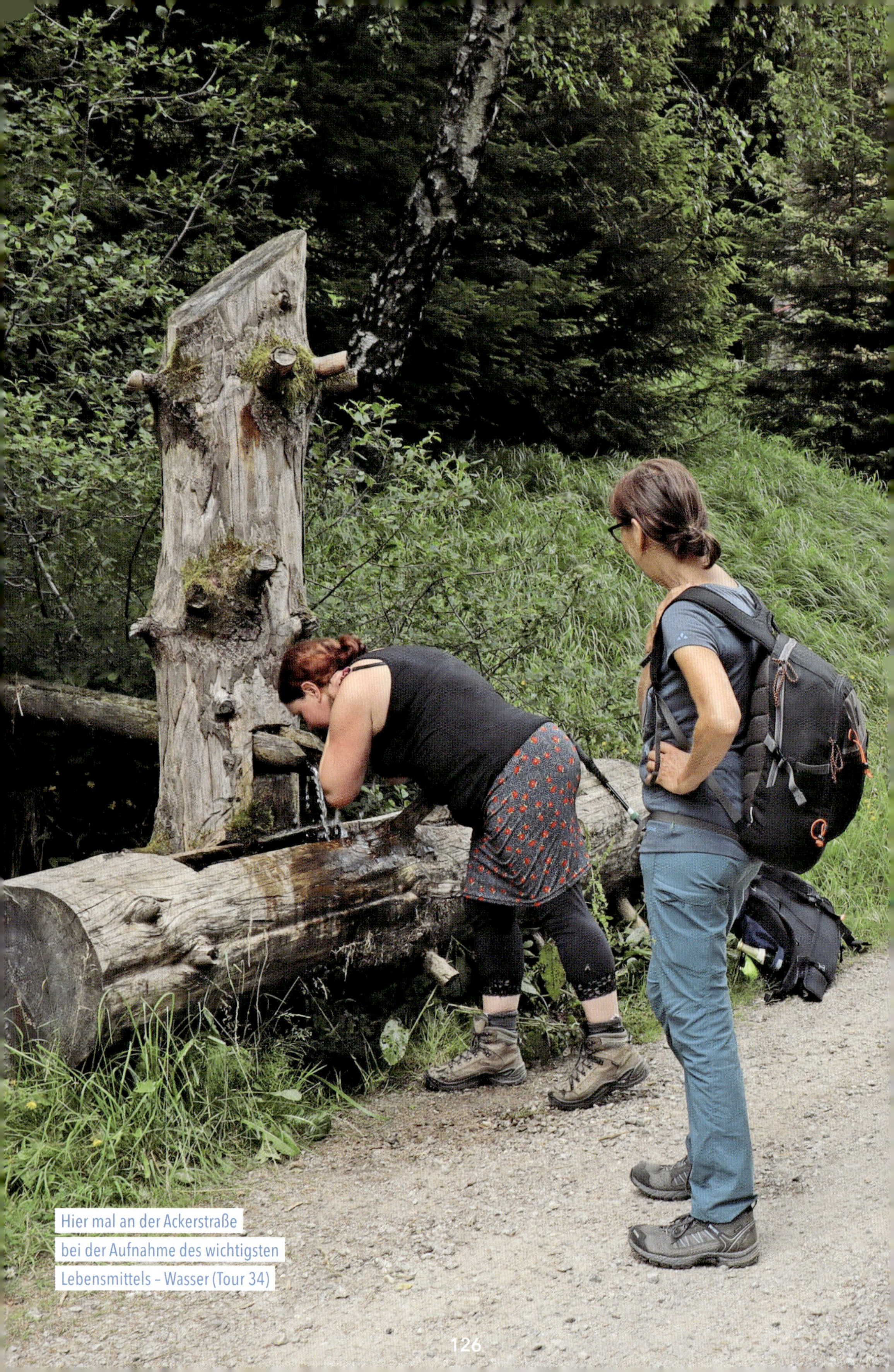

Hier mal an der Ackerstraße
bei der Aufnahme des wichtigsten
Lebensmittels – Wasser (Tour 34)

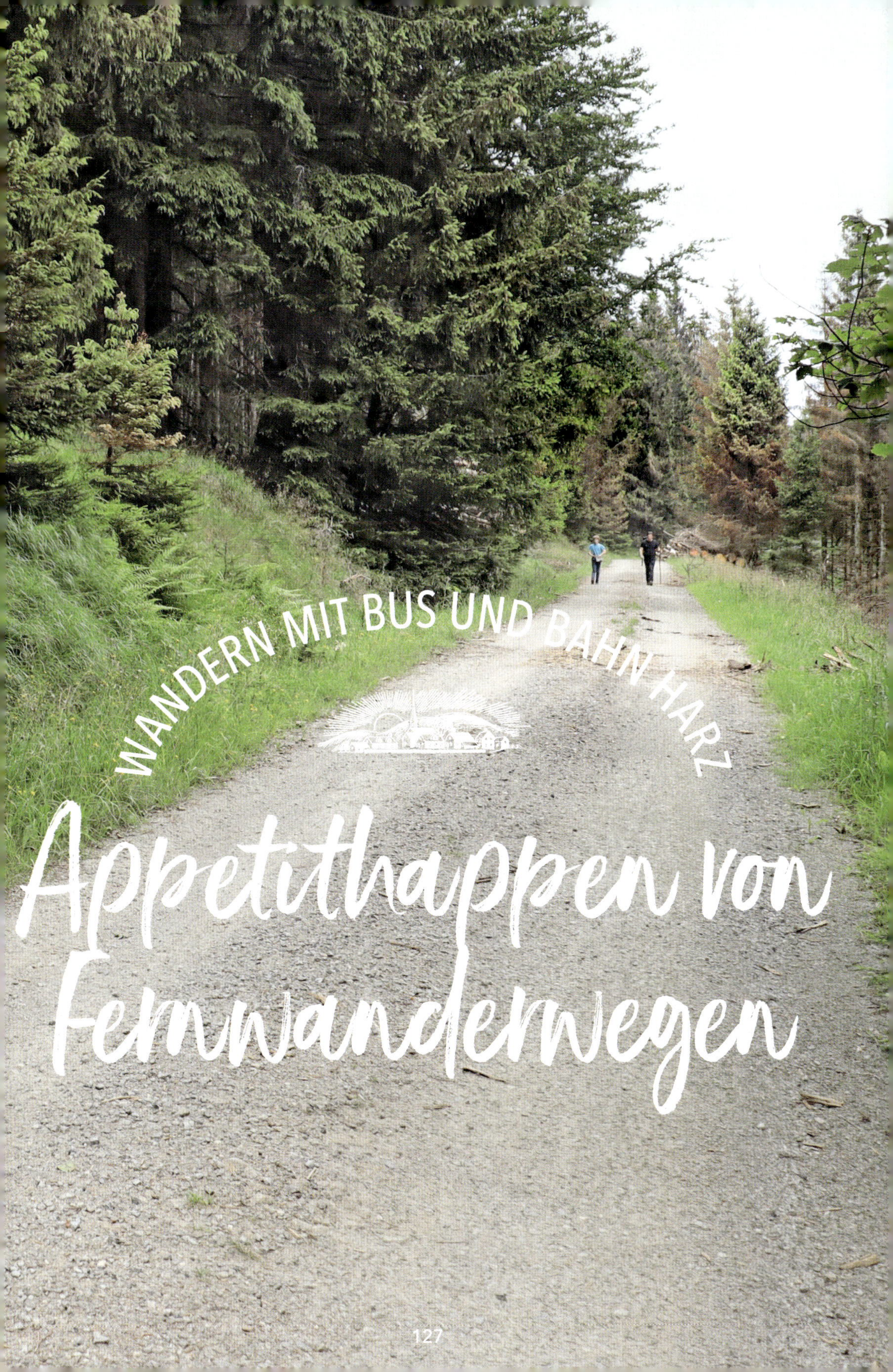

WANDERN MIT BUS UND BAHN HARZ

Appetithappen von Fernwanderwegen

EIN HAPPEN DES PILGERWEGS

33

Ilsenburg – Darlingerode – Wernigerode

Der Pilgerweg verbindet eine Reihe von alten Klöstern. Er führt nahe dem Harzrand von Goslar ostwärts bis Gernrode und ist mit einem lila Kreuz markiert. Hier wird die Teilstrecke vom Kloster Ilsenburg über Drübeck zum vergangenen Kloster Himmelspforte und nach Wernigerode vorgestellt.

Von Ilsenburg nach Drübeck

Vom **Bahnhof Ilsenburg** A gehen wir kurz auf dem Vorplatz nach links, dann rechts den Tannengang zum Kitzsteinteich, weiter zur Hauptstraße und danach etwas rechts die Kroatenstraße zum **Forellenteich** 1 entlang. Durch die Mühlenstraße gelangen wir zur Brücke und gehen links hinüber in die Schlossstraße und rechts durch eine Grünanlage zum **Schloss und Kloster Ilsenburg** 2. Dahinter gehen wir im Schlosspark rechts vom Teich hinauf zu einer Bank mit Luther-Zitat und den mit dem lila Kreuz markierten Weg weiter. Er führt zu einem Weg entlang des Pfennigsgrabens, auch Mönchsgraben genannt, südostwärts. Bei einer Gabelung nehmen wir links den Weg hinab nach Drübeck und gelangen zur Kirche beim ehemaligen **Kloster Drübeck** 3, jetzt evangelische Begegnungsstätte.

Zum Kloster Himmelspforte

Vom Klostergarten überqueren wir beim Parkplatz die Autostraße und folgen einem begrünten Weg im Bogen zur Öhrenfelder Straße. Sie führt ins Tänntal. Nach den letzten Häusern biegt der Pilgerweg aus dem Talgrund nach links. Er bringt uns nun quer über einen Bergsporn im Wald südwärts in ein Bachtal. Nun gehen wir auf der Waldstraße ostwärts, zuerst ansteigend, dann fast eben am Bergfuß entlang. Nach Queren eines kleinen Baches passieren wir zwei Abzweigungen zum nahen **Ütschenteich** 4 und erreichen einen markanten **Bergsattel** 5 (Stein Wasserscheide). Rechts abwärts steht eine Bank. Mit einem Abstecher erreichen wir von hier den **Lutherstein** 6 und die wenig unterhalb erkennbaren Ruinenhügel des ehemaligen Klosters Himmelspforte.

Weiter nach Wernigerode

Von der Bank gehen wir südostwärts hinab und passieren mehrere **Teiche** 7. Sie wurden einst von Mönchen angelegt. Unten erreichen wir die Straße Wernigerode–Hasserode. Rechts liegt der **Bushalt Christuskirche** E von Wernigerode.

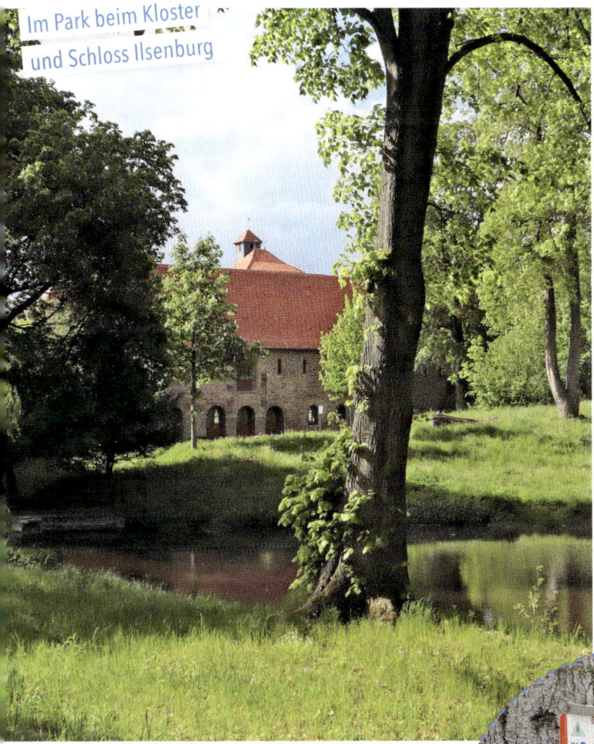

Im Park beim Kloster und Schloss Ilsenburg

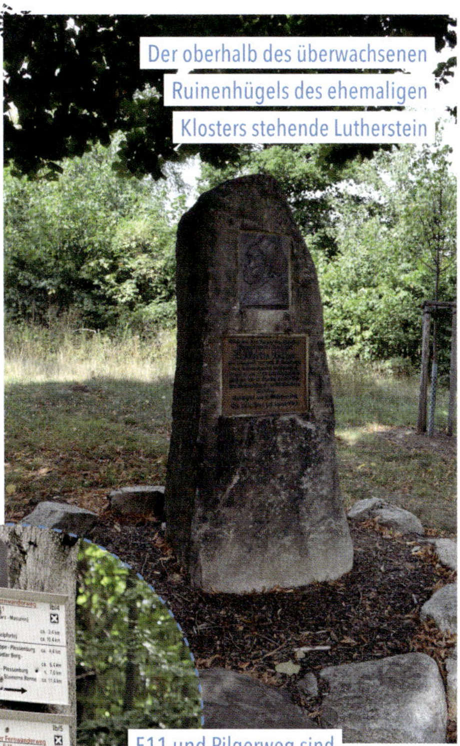

Der oberhalb des überwachsenen Ruinenhügels des ehemaligen Klosters stehende Lutherstein

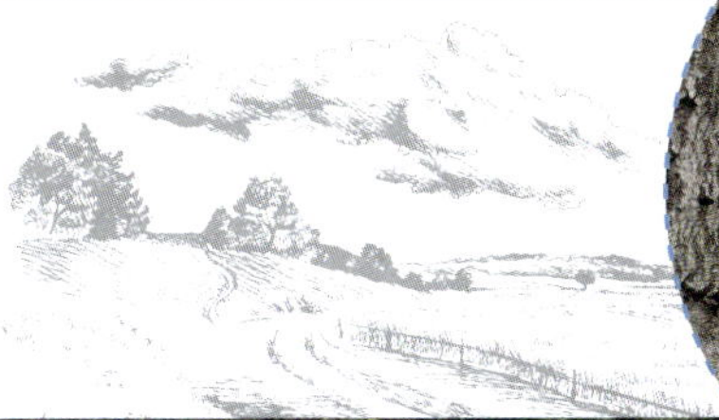

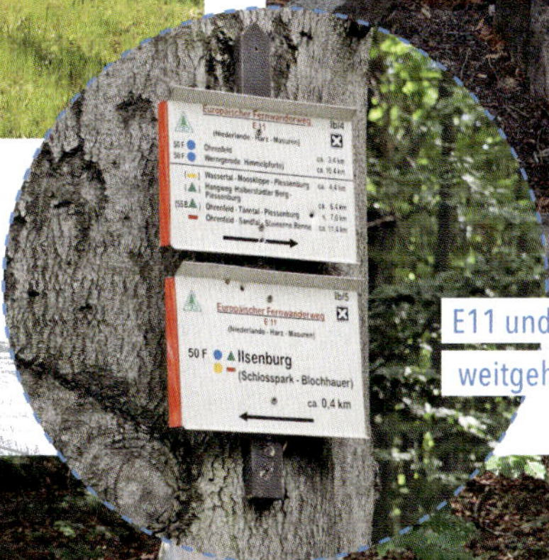

E11 und Pilgerweg sind weitgehend identisch.

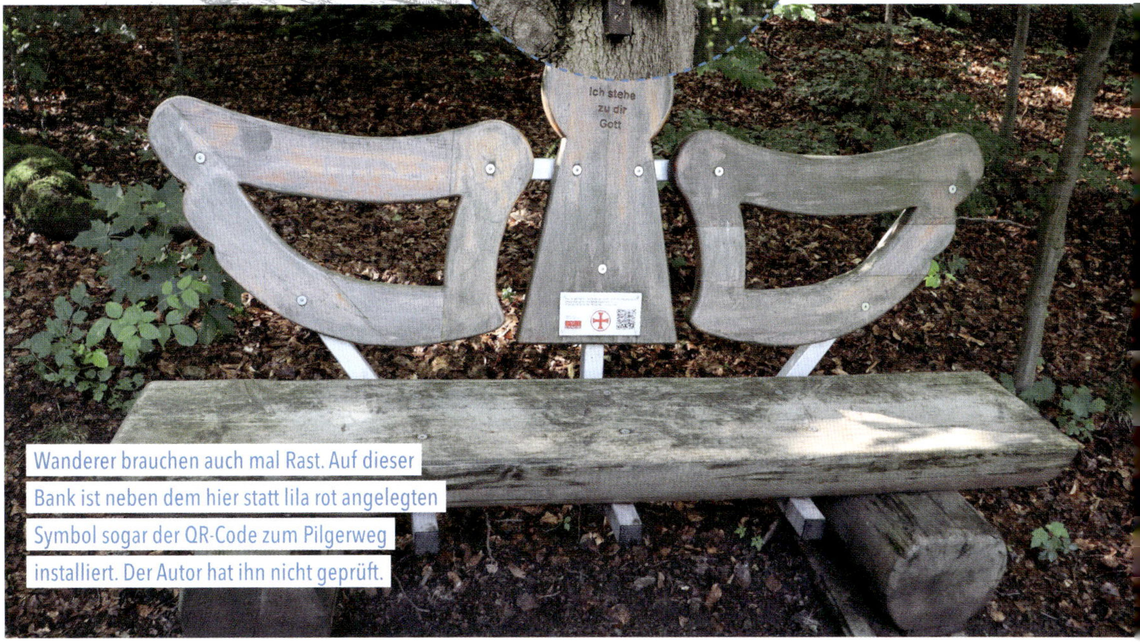

Wanderer brauchen auch mal Rast. Auf dieser Bank ist neben dem hier statt lila rot angelegten Symbol sogar der QR-Code zum Pilgerweg installiert. Der Autor hat ihn nicht geprüft.

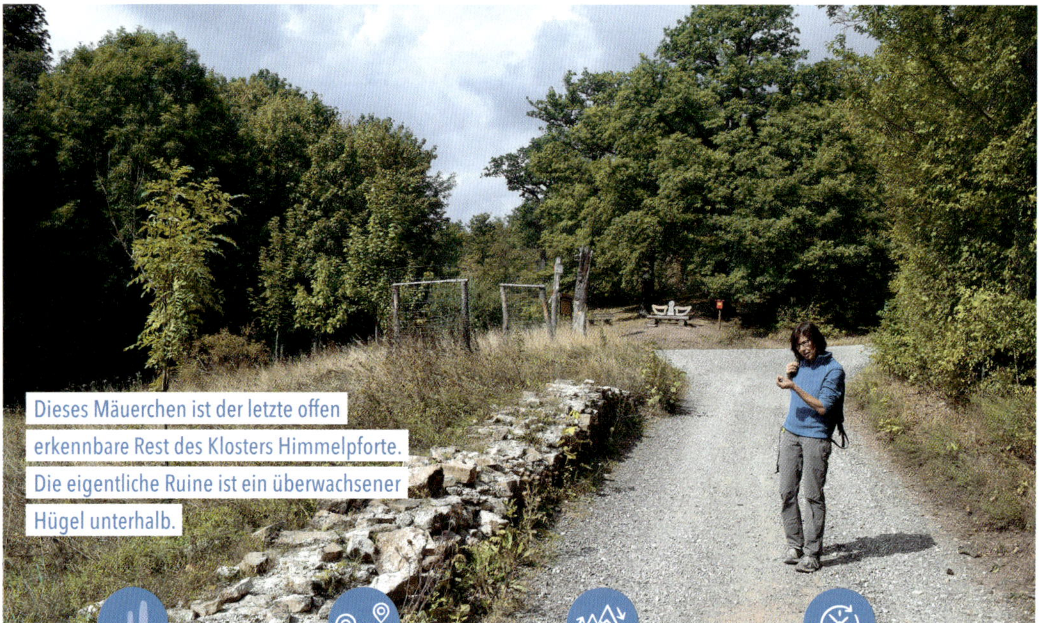

Dieses Mäuerchen ist der letzte offen erkennbare Rest des Klosters Himmelpforte. Die eigentliche Ruine ist ein überwachsener Hügel unterhalb.

leicht | 12 km | 220 Hm | 3:30 h

Auf einen Blick

Übersicht
Bf Ilsenburg – Schloss und Klosterkirche Ilsenburg – B Drübeck Klosterkirche – Lutherstein bei Ruine Kloster Himmelpforte – B Wernigerode Christuskirche
B Goslar – Harzrandweg – H Oker – B Bad Harzburg – Ilsenburger Stieg – B Ilsenburg – B Drübeck – B Wernigerode – B Benzingerode – B Michaelstein – B Blankenburg – Teufelsmauer – B Timmenrode – Wendhusen – B Gernrode

Tourencharakter
Abwechslungsreiche Harzrandwanderung mit relativ geringen Steigungen zu mehreren markanten Denkmälern der Harzgeschichte

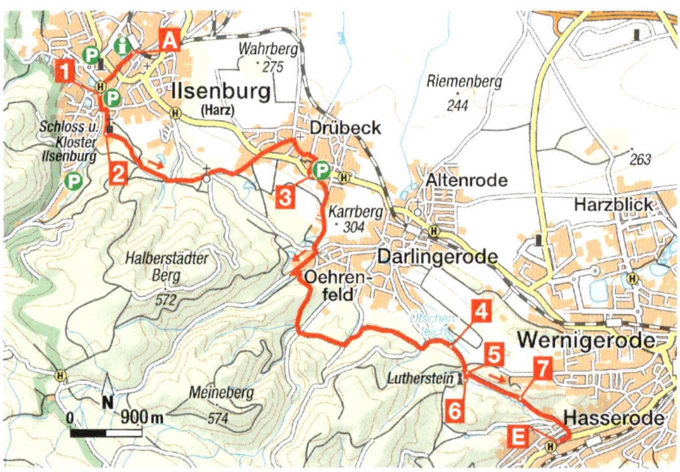

Ausgangspunkt
Bahnhof Ilsenburg

Endpunkt
Bushaltestelle Wernigerode Christuskirche bei der Fachhochschule

Anfahrt
Bahn bis Ilsenburg

Rückfahrt
Bus zur Haltestelle Wernigerode, dann Bahn

Karte
»Der Harz in vier Teilen« 1:30 000, Verlag Schmidt-Buch, Blatt Mittlerer Harz

Einkehr
Begegnungsstätte Kloster Drübeck

Info
- *www.harztourist.de*
- *www.harzinfo.de*

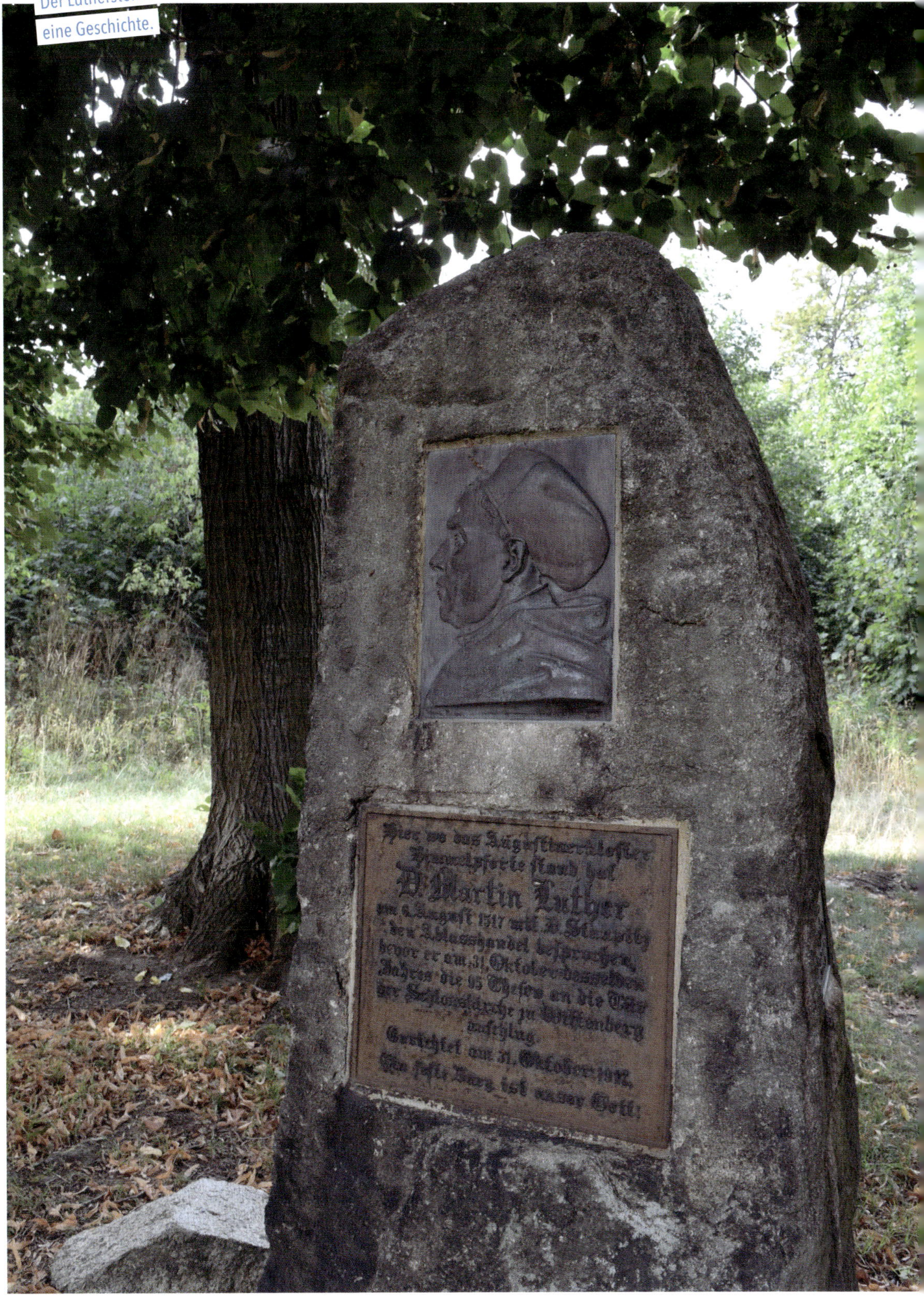

Der Lutherstein erzählt eine Geschichte.

EIN STÜCK E6 QUER ÜBER DEN HARZ

34

Von Altenau über den Acker nach Sieber

Der Fernwanderklassiker verläuft im Harz von Goslar bis Scharzfeld. Im Folgenden wird die höchstgelegene Teilstrecke von Altenau bis Sieber beschrieben. Mit der per Variante empfohlenen Hanskühnenburg ist auch eins der markantesten verkehrsfernen Wanderziele des Westharz dabei.

Von Altenau zur Stieglitzecke

Von der **Bushaltestelle Altenau Glockenbergweg** A gehen wir zur Autostraße, gegenüber den Wiesenweg hinauf zum Dammgraben und dort rechts zur Straße beim ehemaligen **Grabenhaus Rose** 1 (hierher geht es auch von der Straße weiter westlich). Nach der Überquerung des Dammgrabens gehen wir rechts neben der Fortsetzung der Straße einen kleineren Weg geradeaus südostwärts hinauf. Später überqueren wir die Straße wieder und gehen weiter südostwärts und später südwärts hinauf zur niedrigen **Branderklippe** 2 . Dort erreichen wir eine Waldstraße und folgen ihr nach rechts zur Harzhochstraße. Daran entlang wandern wir links an einem größeren Parkplatz vorbei und zur **Bushaltestelle Stieglitzecke** 3 an der Magdeburger Hütte und am Beginn der Ackerstraße.

Hinab nach Sieber

Wir folgen der Ackerstraße über eine flache Kuppe und dann abwärts, immer auf den oberen Südosthängen des Bergkammes. Nach etwa vier Kilometern zweigt die Straße links nach Sieber ab. Sie führt an einer Wanderhütte **Waidmannsruhe** 4 vorbei und später mit zwei scharfen Kehren ins Schmelzertal und in dessen Grund hinab nach Sieber. Im Ort gehen wir nach rechts weiter hinab zum **Bushalt Sieber Kirche** E.

Lohnende Variante über Hanskühnenburg

Wir bleiben an der Abzweigung in Richtung Sieber auf der Ackerstraße und folgen ihr noch weitere 2,5 Kilometer bis zum **Teilungspfahl** 5. Von dort steigen wir steil hinauf zum Bergkamm zur urigen **Baude Hanskühnenburg** 6. Nach ihrem Besuch gehen wir zurück zum Teilungspfahl und nun der Markierung Baudenstieg nach südwärts hinab auf einen Bergrücken. Von diesem führt ein ausgeschilderter kleiner Zickzackweg jetzt sonniger als früher nach links steil hinab ins Schmelzertal zur Originalroute (2,5 km, 60 Hm länger).

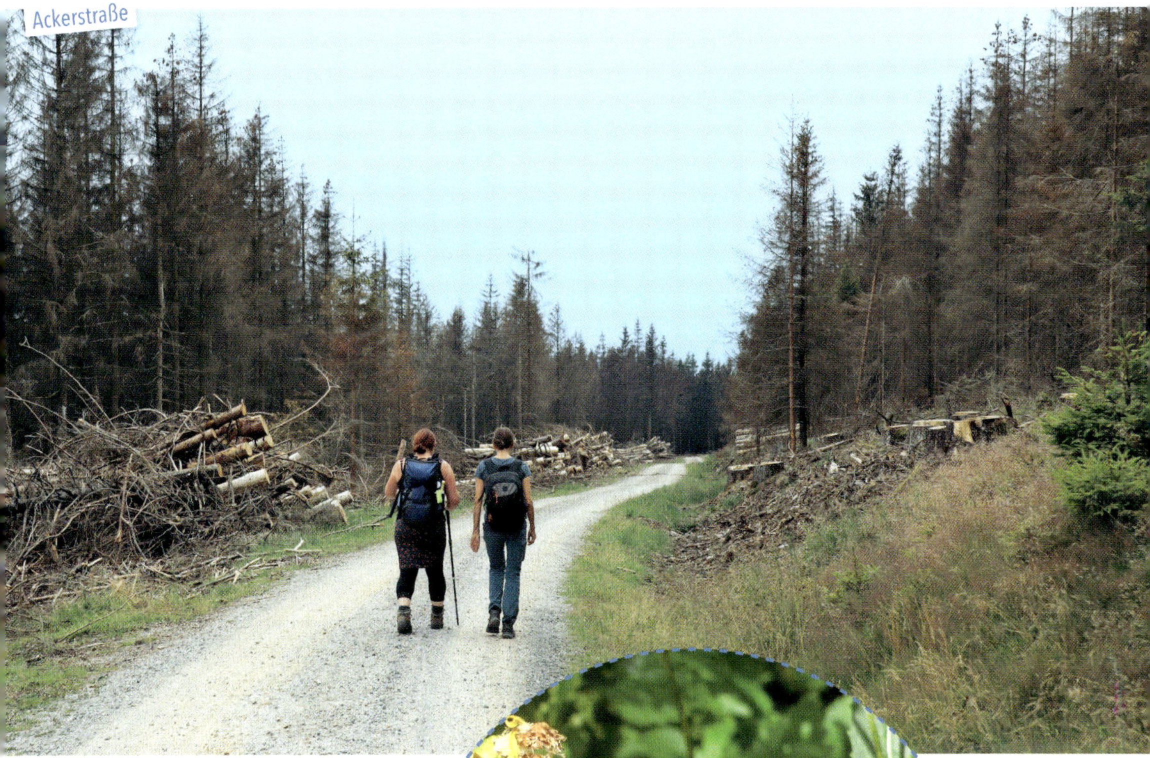

Ackerstraße

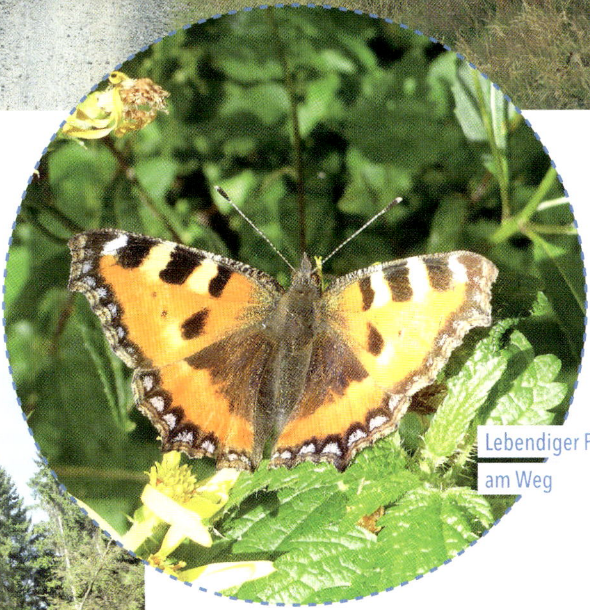

Lebendiger Farbtupfen am Weg

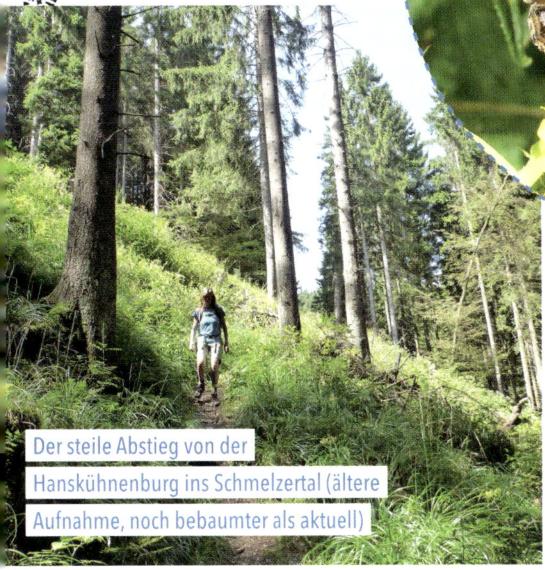

Der steile Abstieg von der Hanskühnenburg ins Schmelzertal (ältere Aufnahme, noch bebaumter als aktuell)

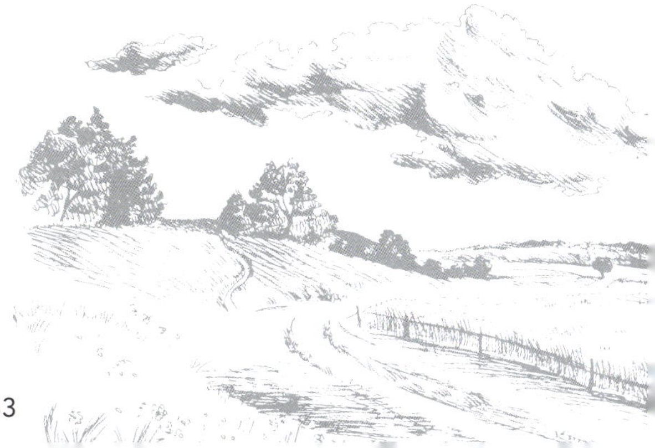

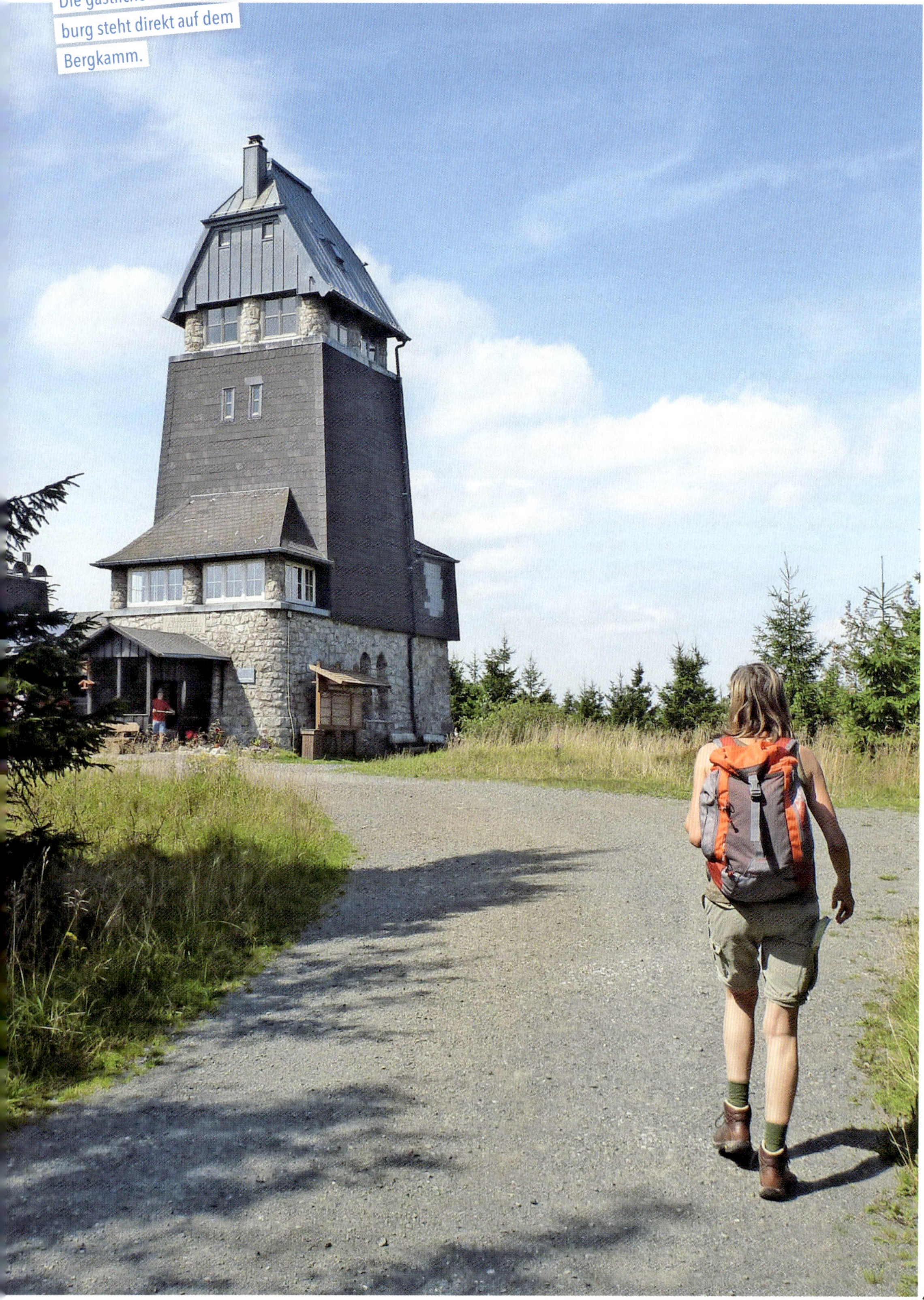

Die gastliche Hanskühnenburg steht direkt auf dem Bergkamm.

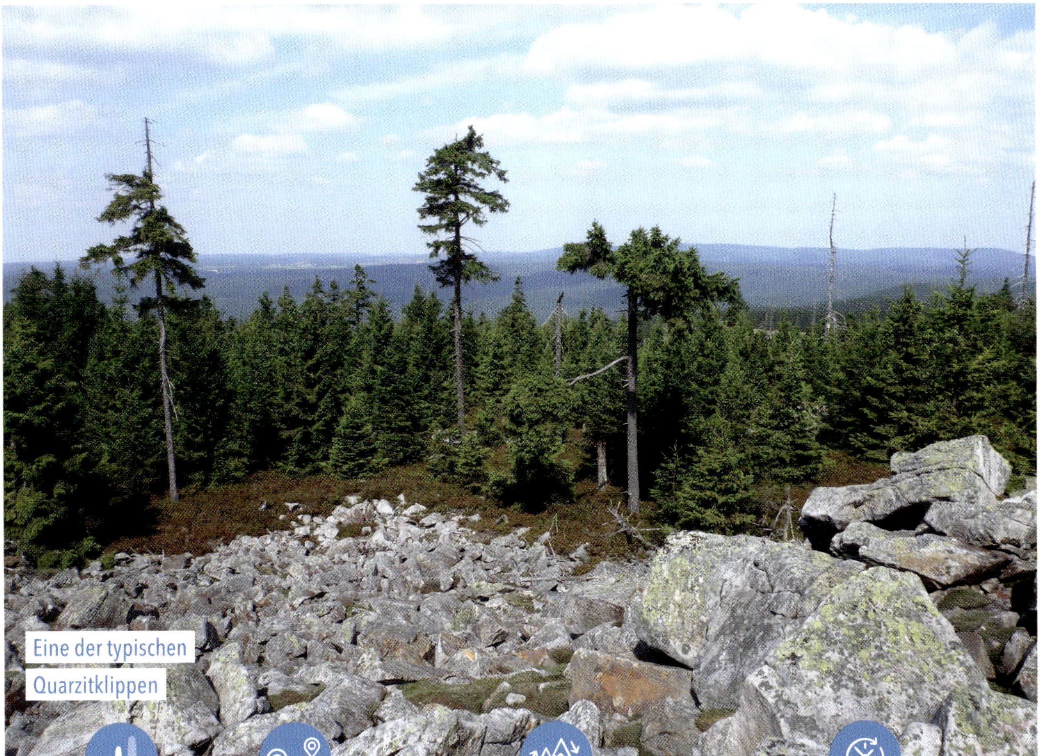

Eine der typischen Quarzitklippen

mittel | 15 km + 2,5 km | 300/500 Hm + 60 Hm | 6 h + 1 h

Auf einen Blick

Übersicht
B Goslar – Randweg – B Waldhaus – Okertal – Birkental – Okersee – B Altenau – Branderklippe – B Stieglitzecke – Ackerstraße – (Var. Hanskühnenburg) – B Sieber – Großer Knollen – B Scharzfeld

Tourencharakter
Großzügige Wanderung in teils mittelgebirgigen Bereichen

Ausgangspunkt
Bushaltestelle Altenau Glockenbergweg, nahe der Therme

Endpunkt
Bushaltestelle Sieber Kirche

Anfahrt
Bahn bis Goslar oder Oker, Bus bis Altenau

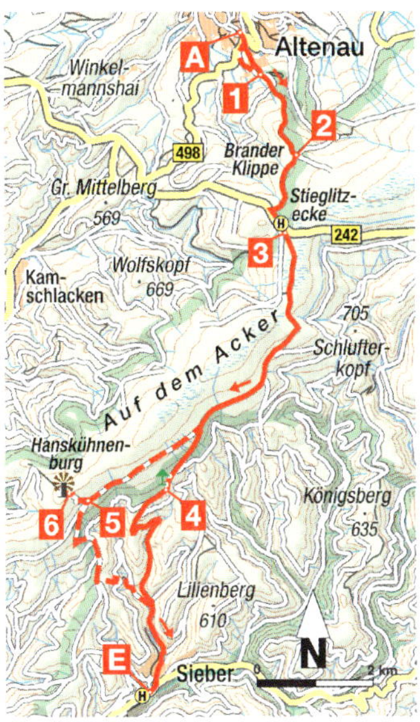

Rückfahrt
Bus bis Haltestelle Herzberg

Karte
»Der Harz in vier Teilen« 1:30 000, Verlag Schmidt-Buch, Blatt Oberharz und Südharz

Einkehr
Bei Variante Hanskühnenburg, auch in Sieber

Info
- *www.nationalpark-harz.de*
- *www.harztourist.de*
- *www.harzinfo.de*

AUF DEM ALTEN HANDELSWEG – KAISERWEG

35

Zwischen Zorge und Wieda

Diese großzügige, klassische Wanderung bietet aktuell durch Waldschäden weite Ausblicke. Die naturgegebene Passage über die relativ trockenen und festeren Höhen ist durch Bodenfunde von Handelsgütern seit der Steinzeit als Handelsweg nachgewiesen. Die alte Bezeichnung »Heidenstieg« macht deutlich, dass er bereits vor der Christianisierung bekannt war.

Bis Lausebuche

Von der **Bushaltestelle Königskrug** Ⓐ gehen wir südwärts auf der Alten Harzburger Straße bis zur Stelle des ehemaligen **Forsthauses Brunnenbach** ❶ (Rastplatz). Nun etwas nach rechts biegend auf der auch als Naturmythenpfad dekorierten Strecke weiter hinab ins Tal und vor einem Heim rechts weiter zu einer Kreuzung. Hier folgen wir geradeaus dem jetzt kaum befestigten Weg über eine Kuppe (seitlich alte Hohlwege) zur Lokalität der historischen, aber längst vergangenen und noch nicht richtig erfolgreich ersetzten **Lausebuche** ❷ an der Autostraße Braunlage – Bad Lauterberg (Busstopp).

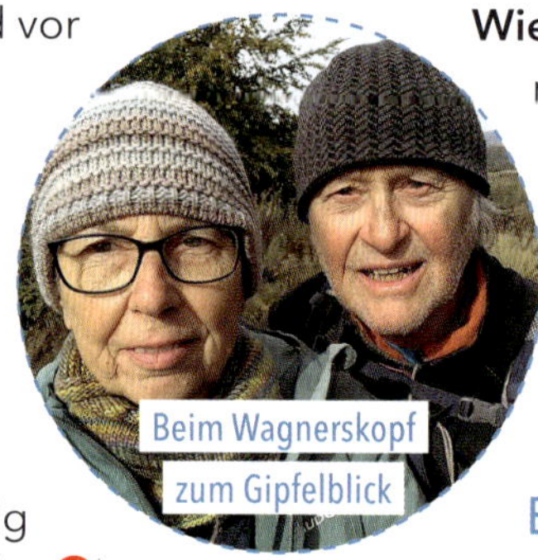

Beim Wagnerskopf zum Gipfelblick

Über den Sattel Wiedaer Straße zum Wagnerskopf

Wir folgen südwärts dem zur Straße ausgebauten Kaiserweg. Zunächst gelangen wir zum **Kapellenfleck** ❸ und weiter zu einem großen Waldstraßenkreuz in aktuell nicht sehr hohem Wald. Dieser lässt auf dem Weiterweg deutlich den noch erhaltenen Bahndamm der erst 1963 stillgelegten Südharzer Bahn erkennen. Ebenso sind nebenan immer wieder alte Hohlwege des uralten Handelsweges zu sehen. Zuletzt nach links abbiegen, und wir erreichen den **Sattel Wiedaer Straße** ❹. Hier wurde gerade von einem nostalgischen Eisenbahnverein eine neue Wanderhütte im Stil der historischen Wartehäuschen der ehemals hier kreuzenden Südharzer Eisenbahn erbaut.

Bis Zorge

Beim Weiterweg südwärts geht es zunächst hinab, zu einem Sattel (wo einstmals die Bahnlinie querte). Danach führt der Weg teils um Kuppen herum und dann stetig aufwärts. Schließlich erreichen wir an einem Linksbogen den wahrhaft tollen Aussichtspunkt **Gipfelblick** ❺ zum zentralen Bergland, kurz vor der Kuppe des Wagnerskopfes. Der Kaiserweg führt danach abwärts zu einem Bergsattel mit Wegekreuz (hier

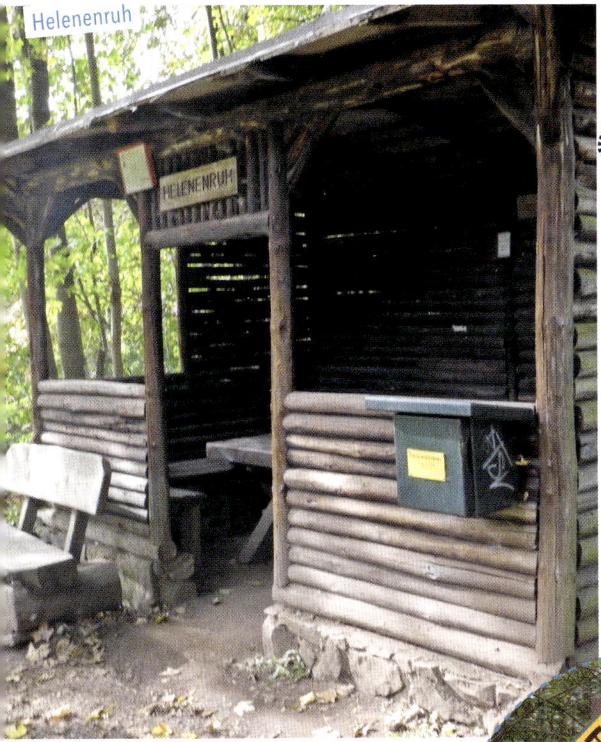

Helenenruh

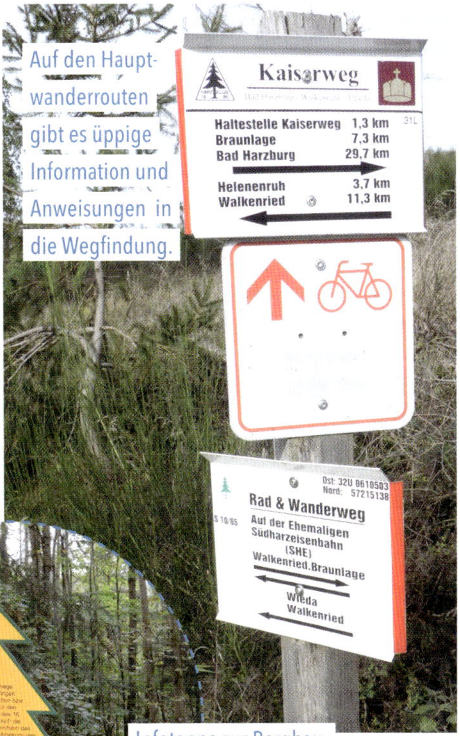

Auf den Hauptwanderrouten gibt es üppige Information und Anweisungen in die Wegfindung.

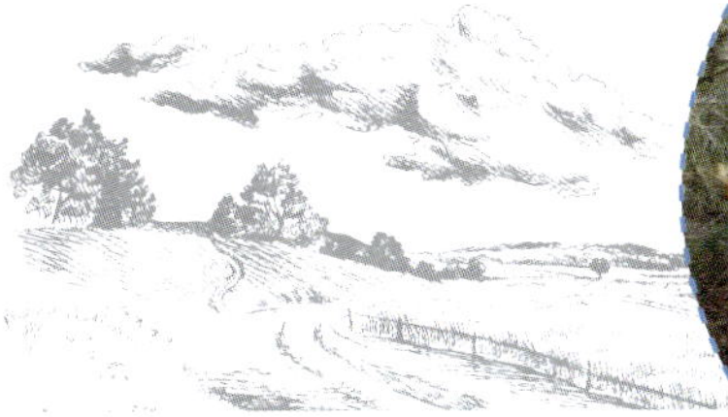

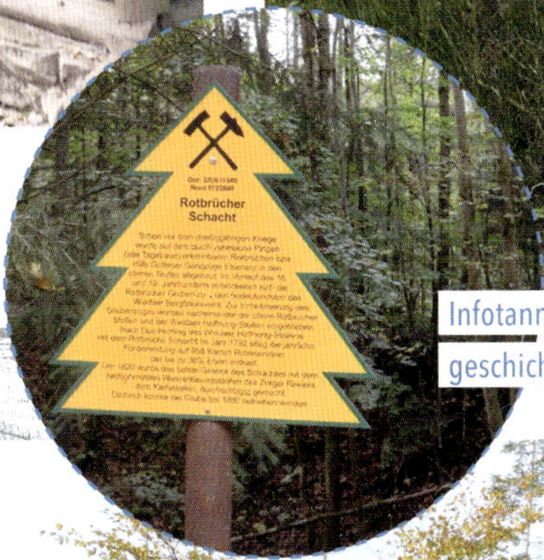

Infotanne zur Bergbaugeschichte im Harz

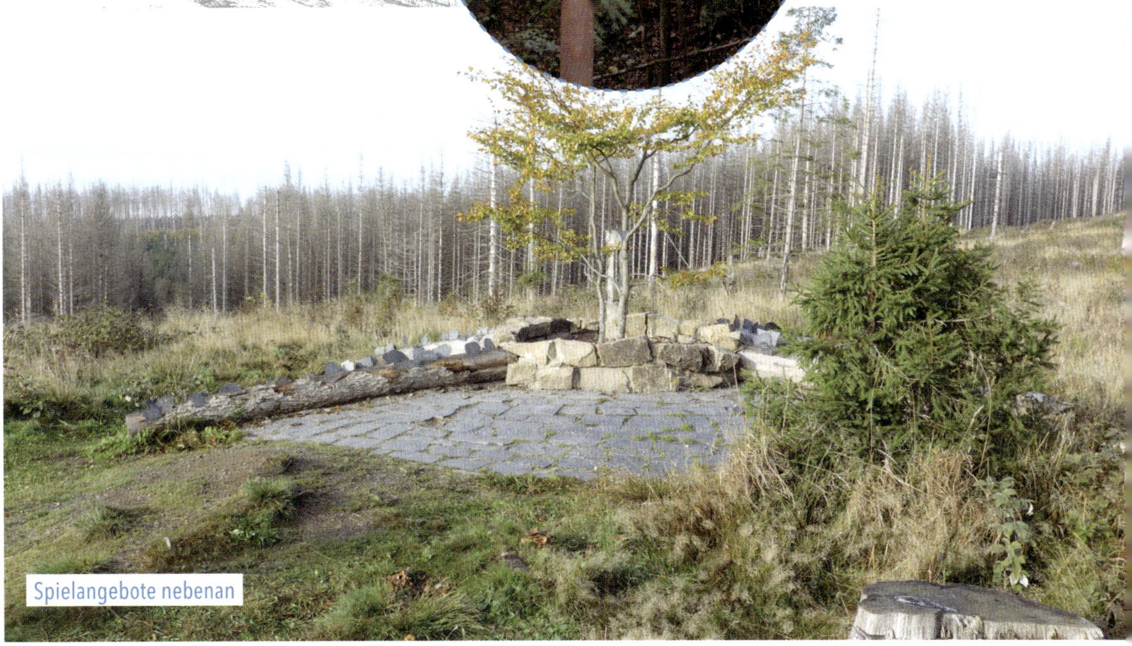

Spielangebote nebenan

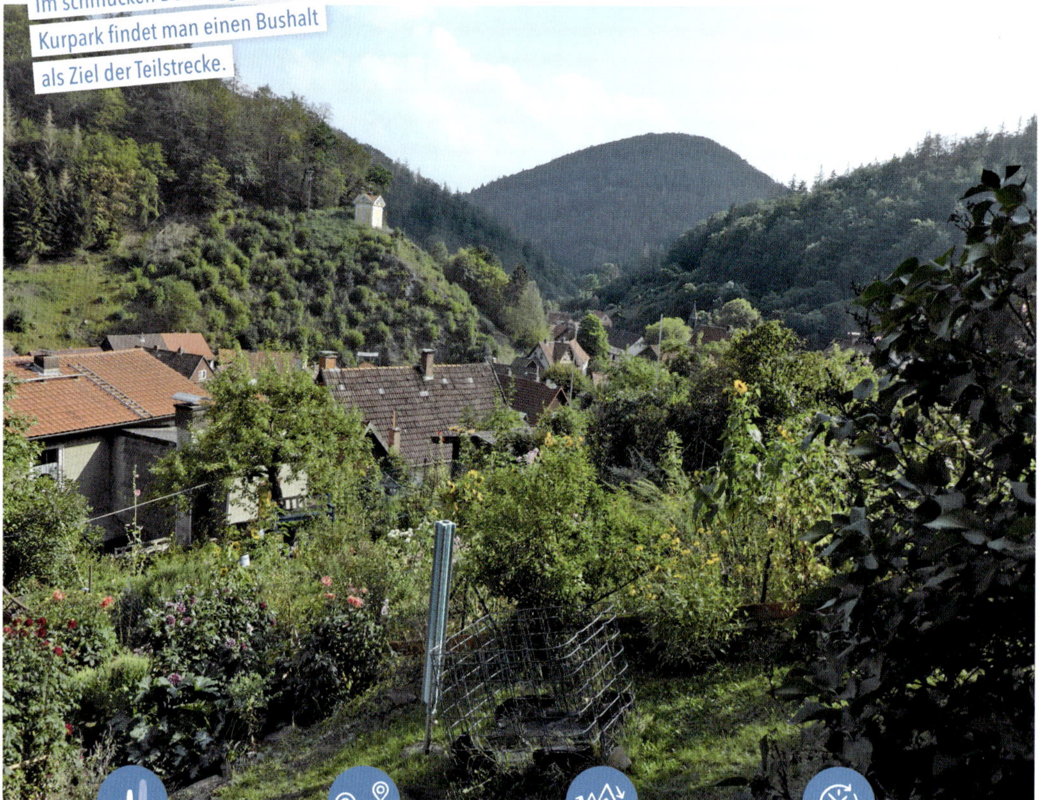

Im schmucken Dorf Zorge am Kurpark findet man einen Bushalt als Ziel der Teilstrecke.

mittel | 16 km | 150/450 Hm | 4–5 h

Auf einen Blick

Übersicht
Bf Bad Harzburg – B Kurhaus – Seilbahn/ Herzogsweg – Burgberg – Kaiserweg – Molkenhaus – B Luisenbank – Abbeträнke – (B Torfhaus) – Hopfensäcke – B Oderbrück – B Königskrug – (B Braunlage) – B Lausebuche – Kapellenfleck – Wiedaer Straße – Wagnerskopf – Helenenruh – B Zorge Kurpark – Jagdkopf – Walkenried – HP Walkenried (insgesamt 42 km)

Tourencharakter
Großzügige, panoramische Wanderung auf festen Forststraßen

Ausgangspunkt
Bushaltestelle Königskrug

Endpunkt
Bushaltestelle Zorge Kurpark

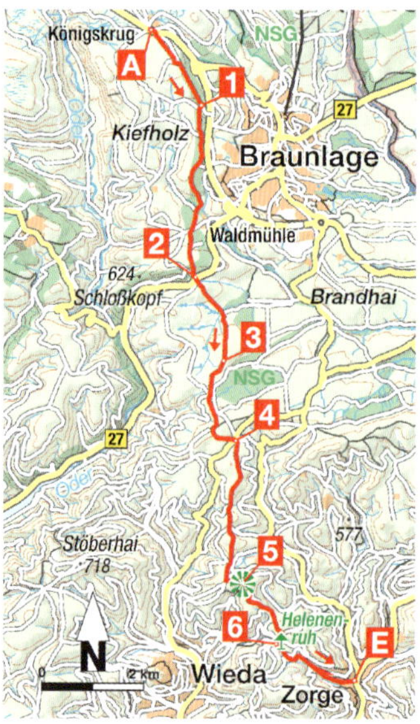

Anfahrt
Am besten Bahn bis Bad Harzburg, dann Bus Richtung Braunlage

Rückfahrt
Bus nach Haltestelle Walkenried, Bahn bis Herzberg

Karte
»Der Harz in vier Teilen« 1:30 000, Verlag Schmidt-Buch, Blatt Oberharz und Südharz

Einkehr
Unterwegs keine Einkehrmöglichkeiten

Info
- *www.nationalpark-harz.de*
- *www.harztourist.de*
- *www.harzinfo.de*

leitet er in gleicher Richtung wieder hinauf in Richtung Jagdkopf). Wir gehen jetzt am Wegekreuz ostwärts, an einem dicken Ahorn und der **Wanderhütte Helenenruh** 6 vorbei. Alte Bergmannswege bringen uns hinab nach Zorge zur **Bushaltestelle Kurpark** E.

»Kaiserweg«

Die im 19. Jahrhundert erfolgte Umbenennung in Bezug auf den Fluchtweg eines 700 Jahre zuvor von unzufriedenen Bauern in seiner Burg belagerten Kaisers hat mit dem Weg nichts zu tun und zeigt nur devote historisierende Propagierung royalistischer Denke. Der griffige Name wurde bei der touristischen Entwicklung durch den kaiserzeitlichen Harzklub verbreitet und der Weg vor Ort schon früh markiert und in Teilstücken oder komplett entsprechend oft begangen.

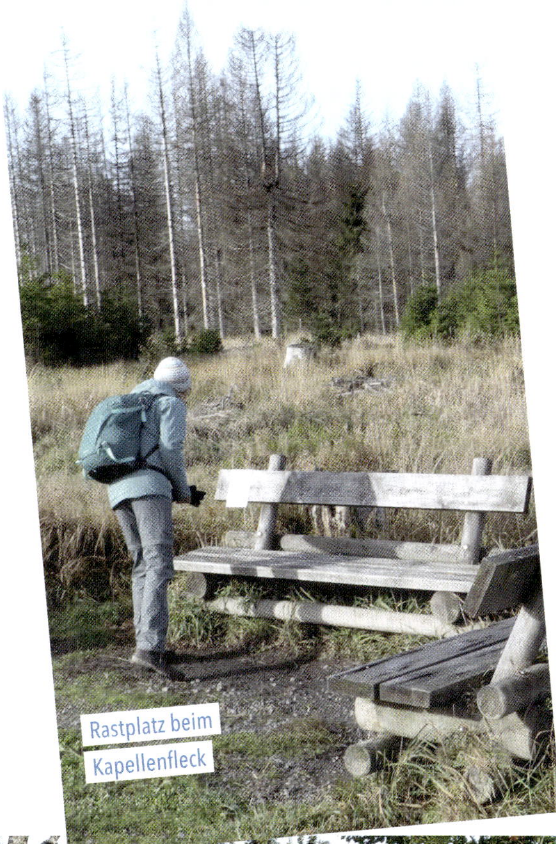

Rastplatz beim Kapellenfleck

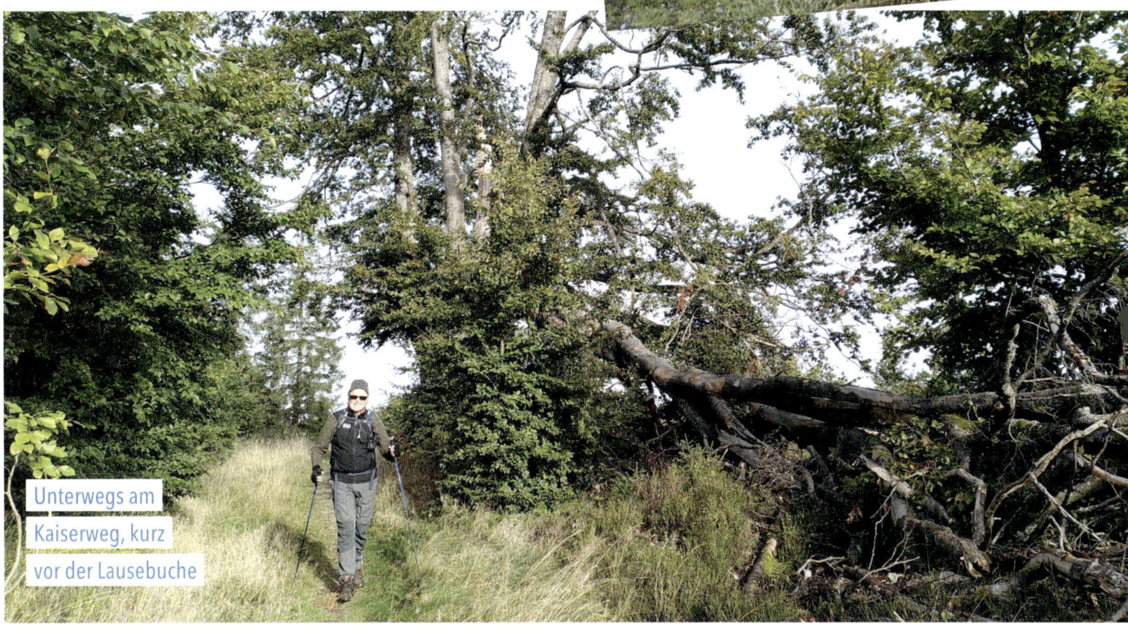

Unterwegs am Kaiserweg, kurz vor der Lausebuche

BAHNPARALLEL WANDERND

36

Von Sophienhof zum Netzkater

Dies ist ein durch die Harzquerbahn entstandenes vielfach variables Angebot an Wandernde. Der landschaftliche Reiz der bahnnahen Wege verbindet sich mit Aussichten auf die malerischen Züge. Zugleich gerät man in Versuchung, die Gehstrecke nach Belieben abzukürzen - oder auch einfach weiter zu gehen als ursprünglich geplant. Hier wird eine kurze, ruhige Abwärtswanderung beschrieben.

Vom Busstopp Sophienhof zum Netzkater

Vom **HSB-Bedarfshalt Sophienhof** Ⓐ gehen wir südwärts hinauf zu den Häusern von **Sophienhof** ❶. Wir folgen rechts der geraden Hauptstraße durch die Siedlung, dann in gleicher Richtung südwestwärts einem geraden Feldweg in den Wald. Dort geht es weiter zu einer Waldstraße, der wir weiter zu einem **Wegedreieck** ❷ mit einer querenden Straße folgen. Diese gehen wir nach links, insgesamt südwärts, zu einem Bergsattel und um eine weitere Kuppe links herum zu einem Wegedreieck an einem **Sattel** ❸. Nun folgen wir südostwärts einer breiten Waldstraße. Nach 1,5 Kilometern biegt sie sehr markant nach Norden. Hier beginnt beim **Aussichtspunkt Beretal** ❹ zuerst westwärts, dann nach Süden ein deutlicher Hangweg. Diesem folgen wir durch die steilen Hänge und mehrere Tälchen querend abwärts. Er mündet schließlich auf die Autostraße im Beretal. Nach rechts gelangen wir nach kurzer Zeit zum Wirtshaus und zur **Bushaltestelle Netzkater** Ⓔ1, oder nach links zur Bahnlinie und zum **HSB-Haltepunkt Netzkater/Rabensteiner Stollen** Ⓔ2.

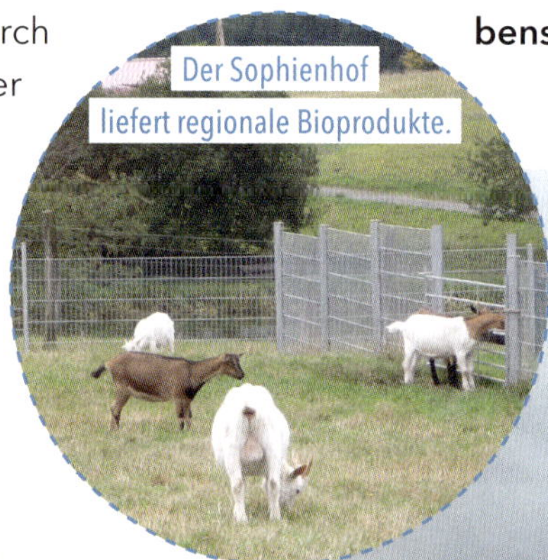

Der Sophienhof liefert regionale Bioprodukte.

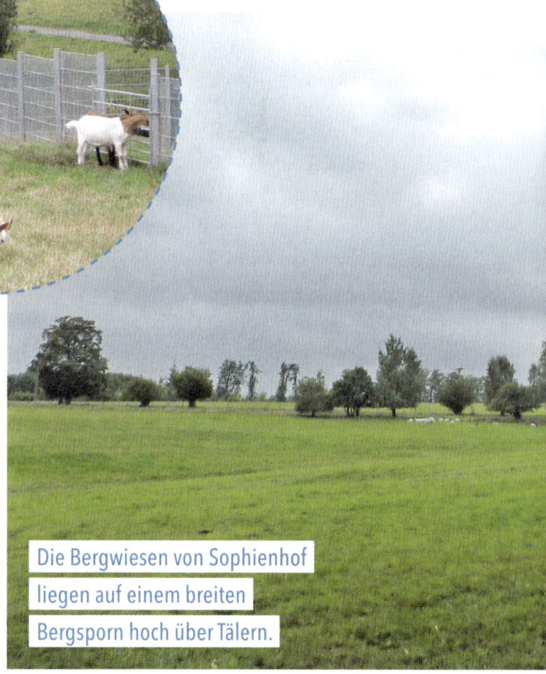

Die Bergwiesen von Sophienhof liegen auf einem breiten Bergsporn hoch über Tälern.

In Sophienhof steht ein Denkmal an einen Pionier der Waldpflege.

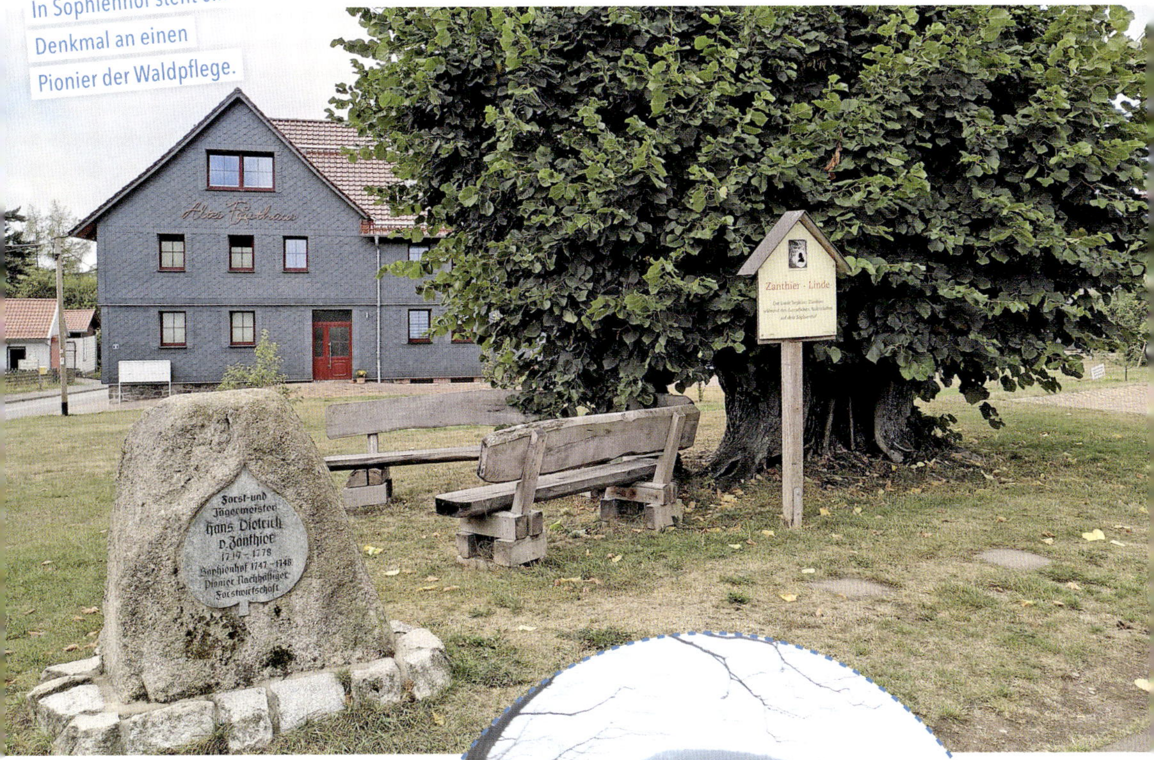

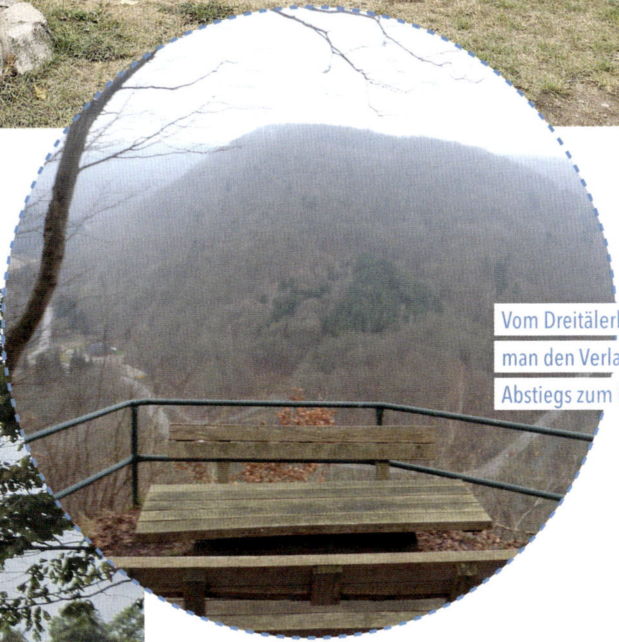

Vom Dreitälerblick kann man den Verlauf des Abstiegs zum Netzkater

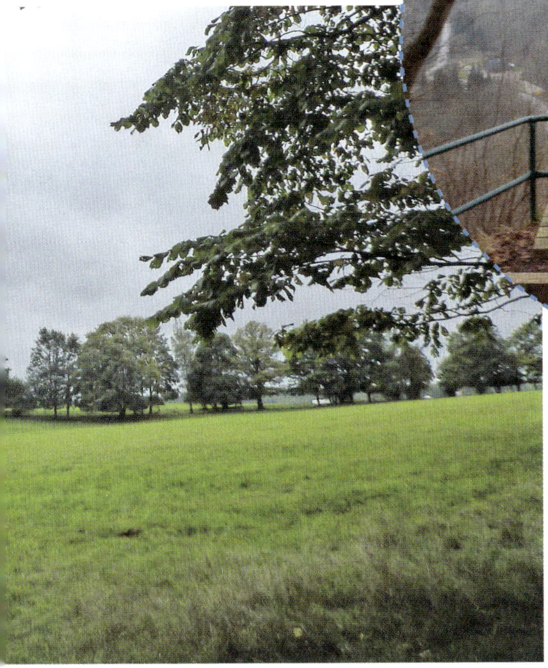

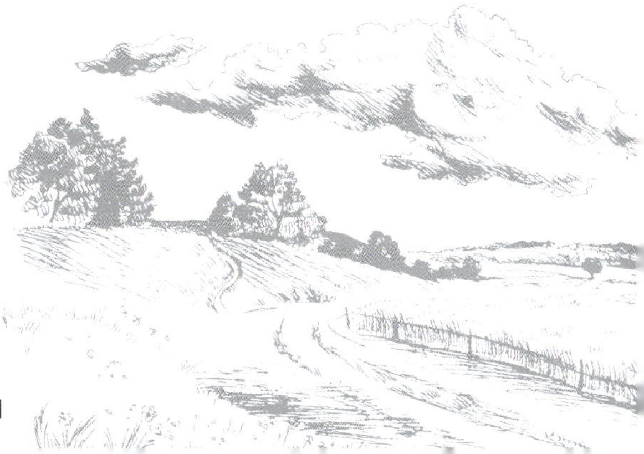

Hier steigen wir aus.

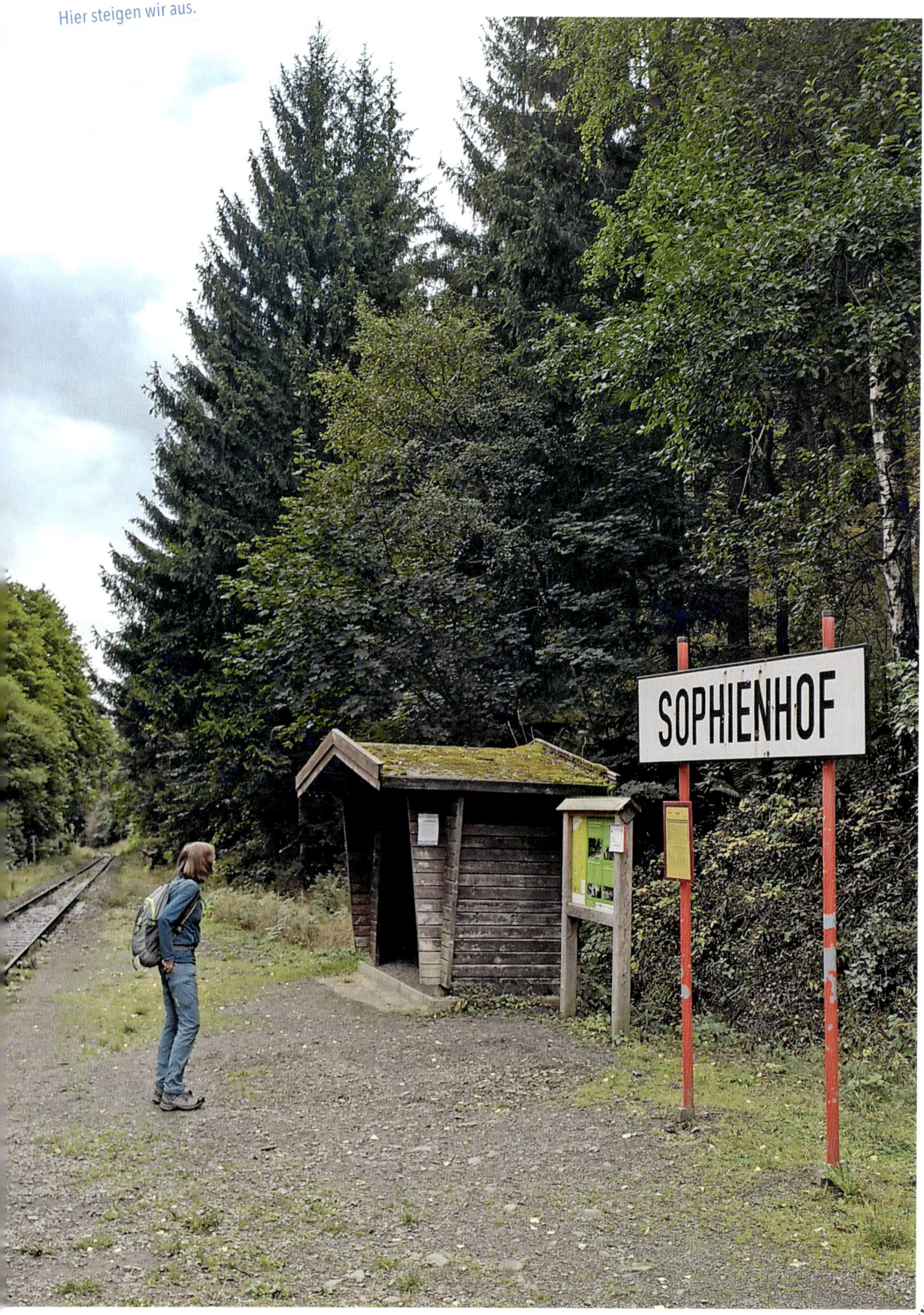

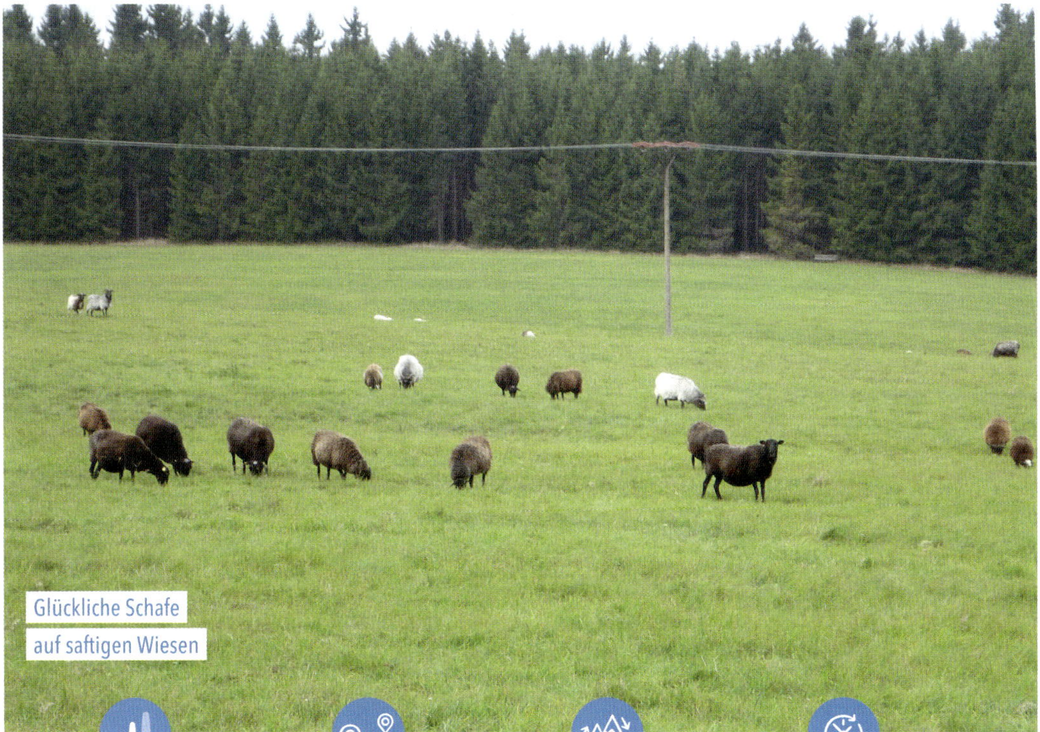

Glückliche Schafe auf saftigen Wiesen

mittel | 7 km | 100/300 Hm | 2:30 h

Auf einen Blick

Übesicht
Bf Wernigerode – HP Wernigerode Hochschule Harz – HP Steinerne Renne – HP Drei Annen – HP Elend – HP Sorge – Bf Benneckenstein – HP Sophienhof – HP Tiefenbachmühle – HP und B Netzkater – HP Ilfeld – HP Niedersachswerfen Ilfelder Straße – HP Niedersachswerfen Ost – HP Nordhausen Altentor – Bf Nordhausen Nord

Tourencharakter
Ruhige Wanderung weitgehend abwärts, teils durch Laubwald, teils durch ehemaligen Fichtenforst

Ausgangspunkt
HSB-Haltepunkt Sophienhof

Endpunkt
HSB-Haltepunkt Netzkater/Rabensteiner Stollen oder Bushaltestelle Netzkater

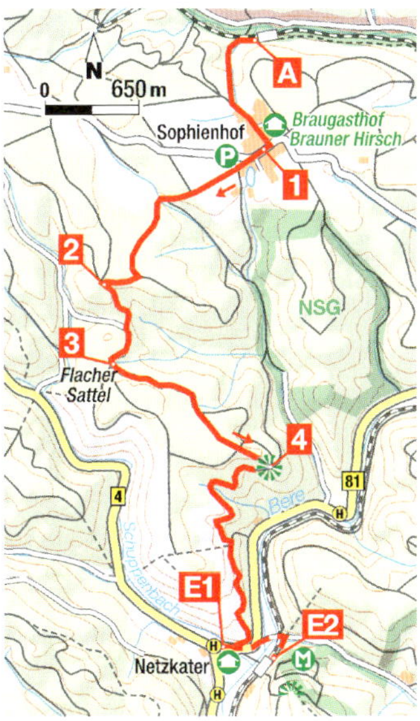

Anfahrt
Bahn bis Wernigerode oder Nordhausen, dann HSB

Rückfahrt
Bus oder HSB nach Nordhausen, dann Bahn

Karte
»Der Harz in vier Teilen« 1:30 000, Verlag Schmidt-Buch, Blatt Südharz

Einkehr
Ziegenhof Sophienhof und bei der Bushaltestelle Netzkater

Info
- www.harztourist.de
- www.harzinfo.de

AUF DEM SELKESTIEG ENTLANG

37

Durch das felsige Tal nach Mägdesprung

Der Selkestieg ist unter den langen Harzwegen ein Geheimtipp. Auch von ihm wird hier eine markante Teilstrecke beschrieben. Dazu kommt eine anspruchsvoll stramme Variante durch das idyllische autofreie untere Tal.

Kurztour von Alexisbad nach Mägdesprung

Vom **Busstopp oder HSB-Haltepunkt Alexisbad** Ⓐ gehen wir über die Brücke zur **Peterskirche** ❶ und dann rechts den mit Laternenmasten kenntlichen Weg in einem Tälchen hinauf. Auf halber Höhe verlassen wir ihn nach rechts, südwärts hinauf, und gelangen oben an einem Ausguck mit Birkenhäuschen vorbei zum felsigen Bergsporn mit Wanderhütte, Aussichtsbank und der skurrilen **Verlobungsurne** ❷. Wir folgen nun dem schmalen Weg oben auf dem Bergsporn ostwärts an urigen alten Eichen vorbei. Später führt er kurz nach rechts hinab und leitet schließlich durch lockeren Wald zu einem Wegekreuz. Hier gehen wir nach rechts, ostwärts weiter zur am Waldrand gelegenen **Krause-Hütte** ❸. Wir folgen nun nach links, nordwestwärts, einer Allee. Sie führt am Ort eines alten Bergwerks vorbei und zum oberen Teil des Weges mit den alten Laternen. Diesen Weg gehen wir nun ein Stück abwärts, dann aber nach rechts hinaus und oberhalb der steileren Hänge weiter. An einer weiteren Kreuzung wenden wir uns nun wieder nach links und gehen hinab zum **Luisentempel** ❹ und noch weiter hinab bis vor die Autostraße. Hier beginnt der Pionierweg (direkt hierher geht es von der Peterskirche in nur 10 Minuten). Der Pionierweg führt als schmaler Weg nach rechts, ostwärts deutlich ansteigend. Bei einer Gabelung gehen wir links auf dem unteren Weg weiter. Er führt durch schöne Waldhänge und später kurz durch einen **Tunnel** ❺ und zu einem Aussichtsplatz. Danach quert er eine Klippe und leitet schließlich in weniger steilem Gelände weiter zur auf einem Bergvorsprung stehenden **Köthener Hütte** ❻. Etwa zehn Meter oberhalb gehen wir auf einem Hangweg weiter zu einem eisernen

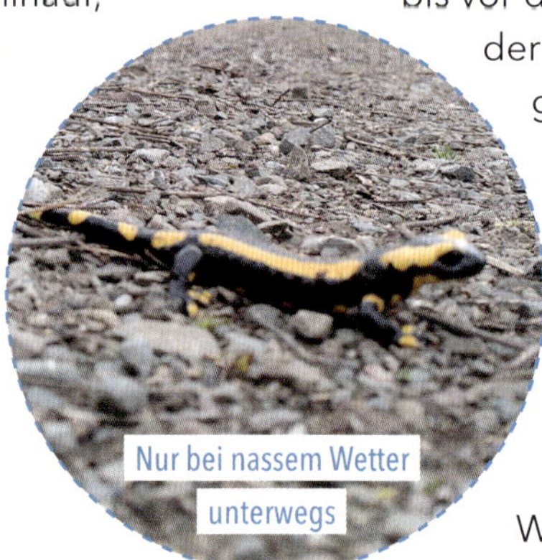

Nur bei nassem Wetter unterwegs

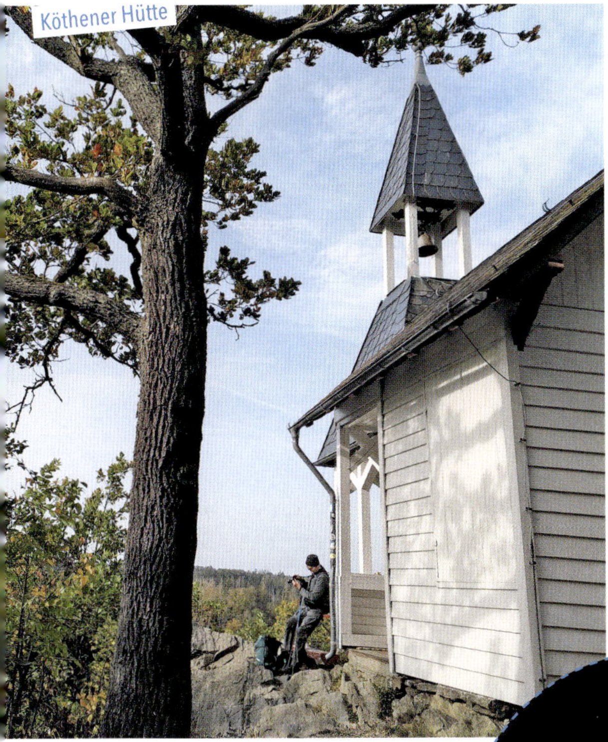
Köthener Hütte

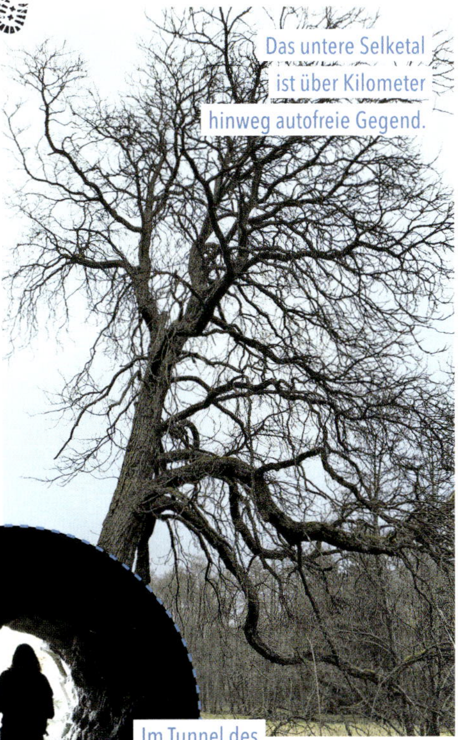
Das untere Selketal ist über Kilometer hinweg autofreie Gegend.

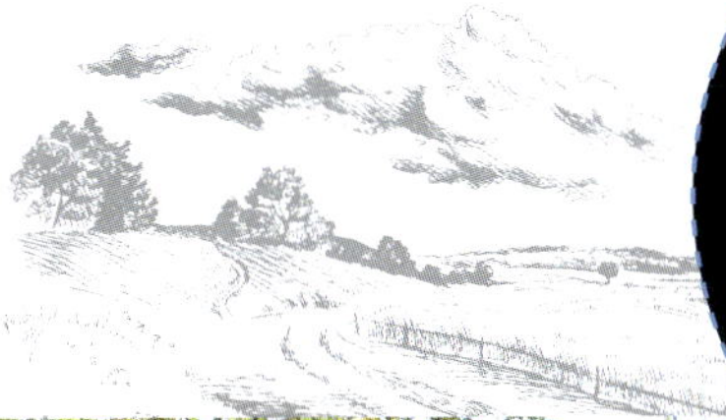

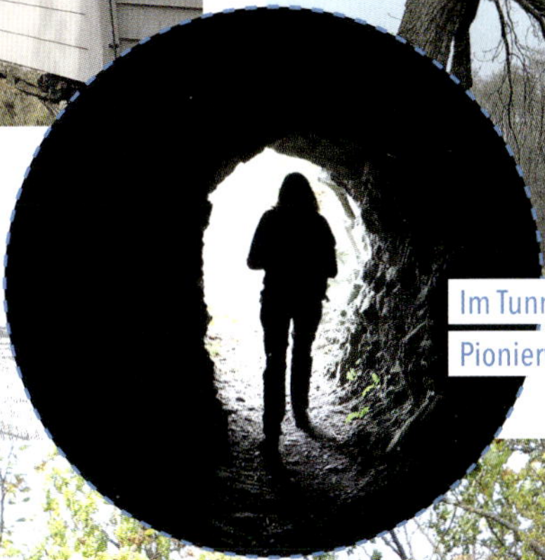
Im Tunnel des Pionierwegs

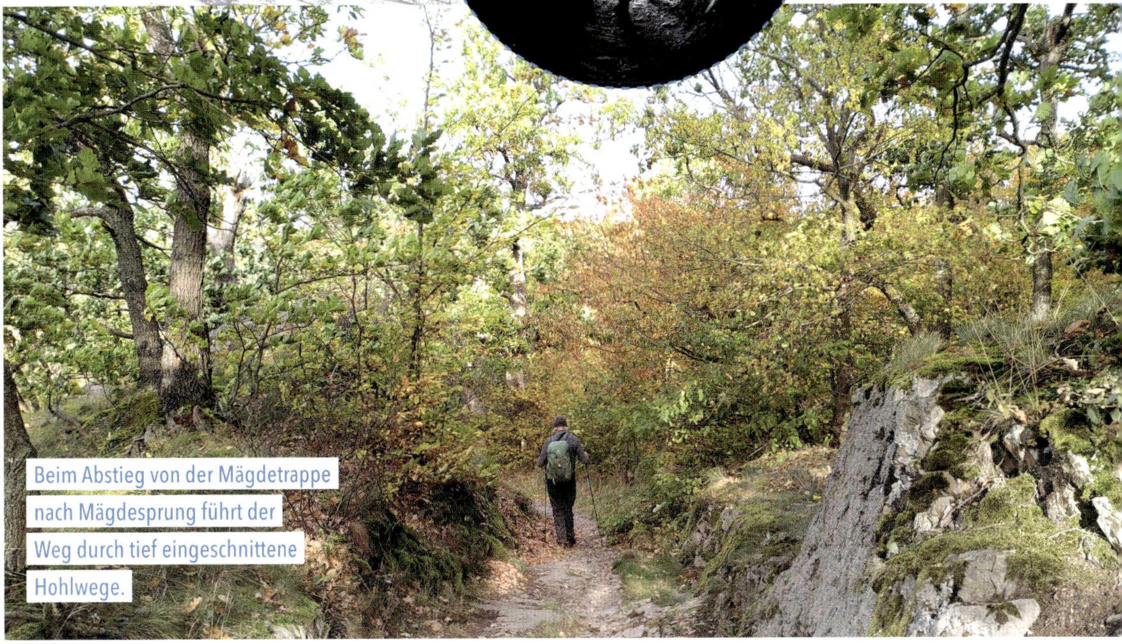
Beim Abstieg von der Mägdetrappe nach Mägdesprung führt der Weg durch tief eingeschnittene Hohlwege.

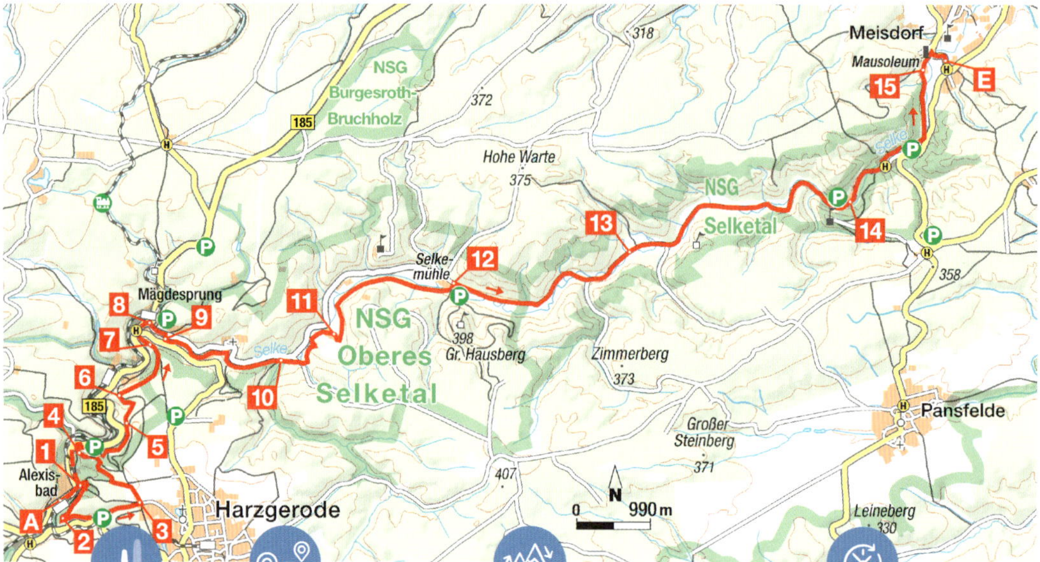

mittel | 6,5 km + 15 km | 180/50 Hm + 50/150 Hm | 2:30 h + 4 h

Auf einen Blick

Übersicht
HP und B Stiege – HP Albrechtshaus – HP und B Güntersberge – HP und B Straßberg – HP und B Silberhütte – HP und B Alexisbad – HP und B Mägdesprung – Selkemühle – Talmühle – Zum Falken – B Meisdorf

Tourencharakter
Ein Highlight von Wanderung, gut teilbar: die erste Strecke abwechslungsreich, die zweite eindrucksvoll und großzügig autofern. Zu jeder Jahreszeit lohnend – grauwinterlich, frühlingshellgrün, sommersattgrün oder herbstbunt

Ausgangspunkt
HSB-Haltepunkt und Bushalt Alexisbad

Endpunkt
Bushaltestelle Meisdorf Liethe, Zwischenziel: HSB und Bushalt Mägdesprung

Anfahrt
Bahn bis Quedlinburg, dann Bus oder HSB nach Alexisbad

Rückfahrt
Bus bis Quedlinburg, dann Bahn

Karte
»Der Harz in vier Teilen« 1:30 000, Verlag Schmidt-Buch, Blatt Ostharz

Einkehr
Zum Falken

Info
- www.harzgerode-tourismus.de
- www.harztourist.de
- www.harzinfo.de

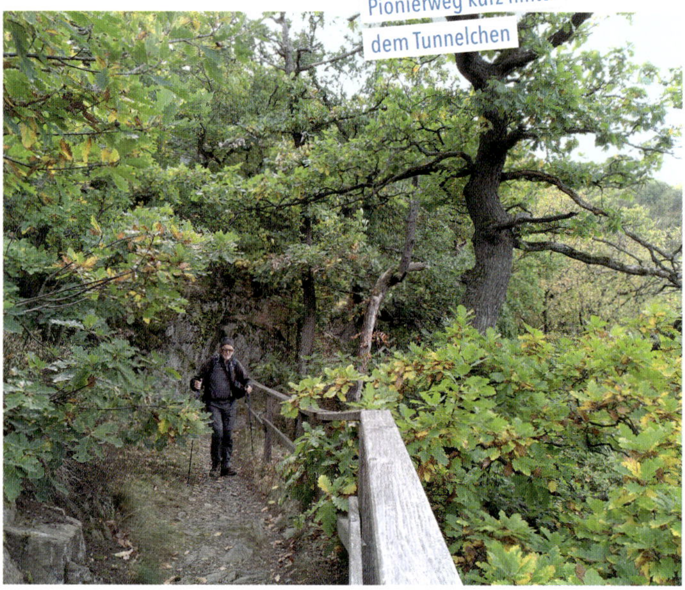

Pionierweg kurz hinter dem Tunnelchen

Gedenkkreuz und zum Felsabbruch **Mägdetrappe** 7. Danach führt der Weg als Hohlweg eingetieft und schließlich mit einer Rechtsschleife hinab auf die Harzgeroder Straße und zur Talstraße in **Mägdesprung** 8 (Bushaltestelle und HSB-Haltepunkt).

Von Mägdesprung durch das idyllische Selketal nach Meisdorf

In Mägdesprung gehen wir gegenüber dem markanten Obelisken ostwärts hinab zum Industriemuseum **Carlswerk** 9. Gleich dahinter führt vom Parkplatz eine Brücke über die Selke. Auf der anderen Seite beginnt ein schmaler Wanderweg. Er führt neben dem Bach, teils auch an einem Bergsporn weiter oben, nach etwa zwei Kilometern durch einen kurzen, überwurzelten Tunnel und kurz danach rechts zum wuchtigen Portal des **Erbstollens** 10. Wir gehen auf der südseitigen Waldstraße zum **Vierten Friedrichshammer** 11 (nahe der Brücke, im Sommer leckere gastronomische Angebote) und weiter auf der südseitigen Straße bis zur **Selkemühle** 12 (bis hier von Mägdesprung fünf Kilometer; von hier auch einstündiger Abstecher nach Süden auf den Hausberg zur Ruine der Burg Anhalt möglich).

Nun gehen wir über die Brücke und nördlich der Selke auf der von hier an autofreien Straße weiter. Sie führt nach 3,5 Kilometern zur **Wanderhütte Mettenberg** 13. Nach weiteren 1,5 Kilometern auf der hübsch von Bäumen gesäumten Talstraße bringt uns die Ackeburgbrücke wieder zum Südufer. Daran entlang passieren wir dann die oberhalb aufragende Burg Falkenstein und die gegenübergelegene Talmühle. Wir erreichen so das Hotel **Zum Falken** 14 (12,5 Kilometer von Mägdesprung). Hier gehen wir über eine Brücke und nun am nördlichen Ufer weiter. Wir passieren das düstere, als Fledermausquartier geschützte **Mausoleum** 15 und gelangen danach kurz vor Meisdorf wieder auf die Autostraße. Südwärts über die Brücke erreichen wir den nahesten **Bushalt Meisdorf Liethe** E (von Mägdesprung 15 Kilometer).

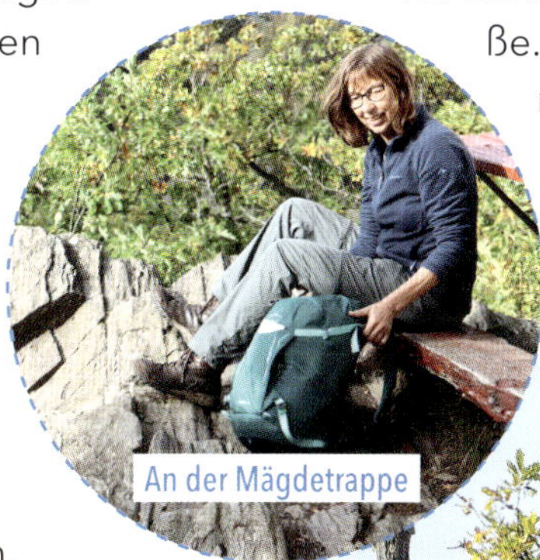

An der Mägdetrappe

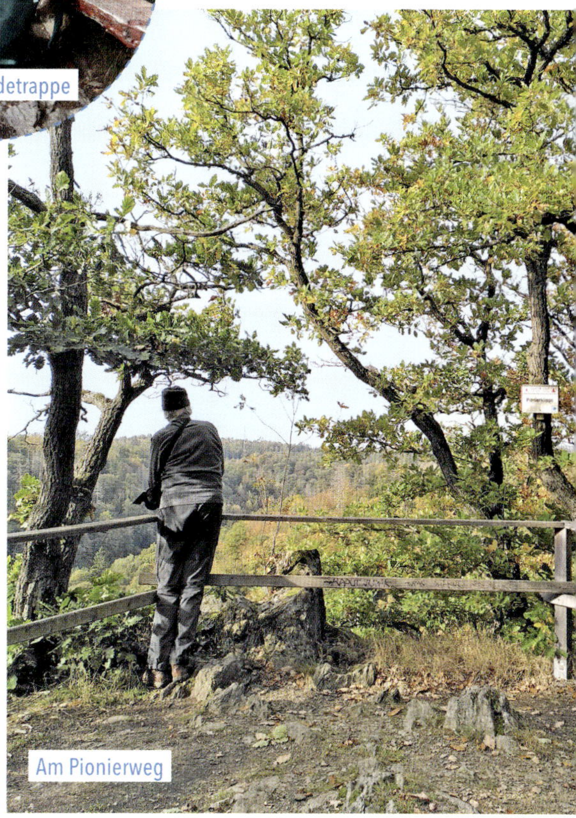

Am Pionierweg

AUF DEM KARSTWANDERWEG

38

Durch Gipskarstlandschaft nach Ellrich

Der Südharzer Karstwanderweg misst von Lichtenhagen im Westen weit über 100 Kilometer bis zum Endpunkt in Pansfelde im Osten. Im Folgenden wird das vielfältig besonders sehenswerte Teilstück um Walkenried beschrieben.

Über den Sachsenstein zum Bahnhof Walkenried

Vom **Bahnhof Bad Sachsa** Ⓐ gehen wir über die Bahnlinie und in der Siedlung rechts in die Heidebergstraße und nach dieser rechts in die Johannisstraße. Sie führt bald im Bogen nach links und dort zur Abzweigung eines Feldweges. Dieser fuhrt zum durch Gipsabbau entstandenen Oberen Kranichteich. Davor gehen wir links zu einem wiederaufgebauten historischen **Gipsbrennofen** ❶. Wir folgen dem Weg weiter zum Unteren Kranichteich und biegen dann noch vor den ersten Häusern von Neuhof scharf nach links. Dieser Weg führt durch ein Stück Wiesenaue nordwärts zu den ersten Häusern der Siedlung zurück. Wir gehen auf der Autostraße über die Uffe und biegen gleich danach links in einen hübschen Grasweg ein. Er führt entlang des Baches bis vor steile Gipshänge. Dort bringt uns ein schmaler Treppenweg steil hinauf zu einer Wiese und oberhalb davon auf den **Sachsenstein** ❷, mit Wanderhütte und Aussicht. Wir gehen nun nach links oberhalb der bröckelnden Oberkante des Steilabbruches auf Pfaden mit gebührendem Abstand weiter und gelangen so nach etwa 400 Metern zu einem stärker begangenen Weg nach rechts hinab zur **Karl-Helbing-Hütte** ❸ (hierher auch einfacher direkt von der Hütte Sachsenstein). Weiter ostwärts gehend gelangen wir zum Waldrand

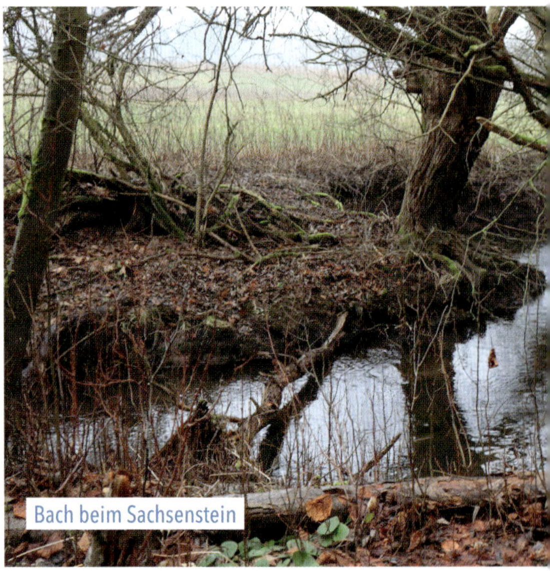

Bach beim Sachsenstein

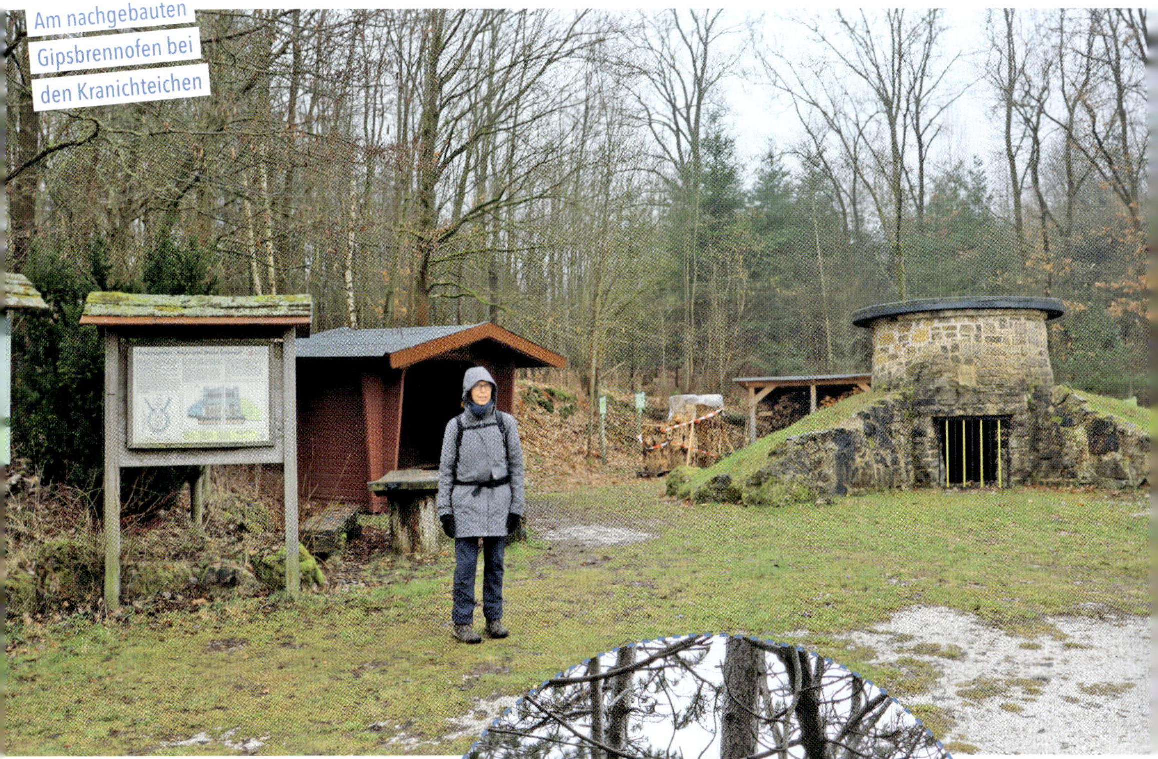

Am nachgebauten Gipsbrennofen bei den Kranichteichen

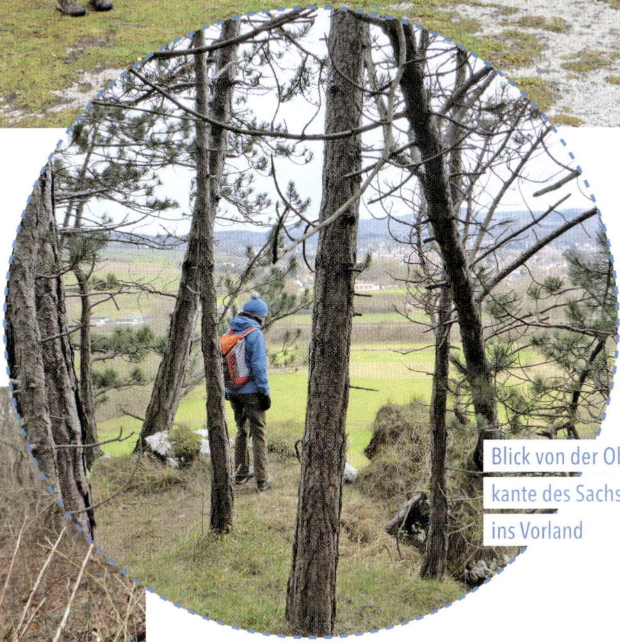

Blick von der Oberkante des Sachsenstein ins Vorland

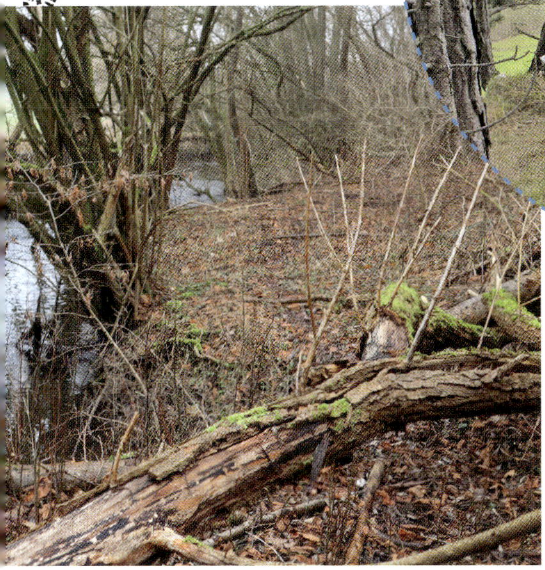

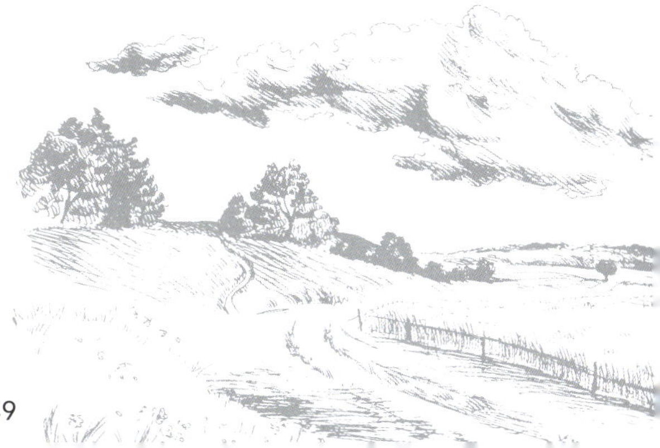

und bald zu einem Querweg. Dieser bringt uns nach links, immer am Waldrand um einen Waldzipfel herum, und bis zum Ende der Wiesen. Hier steht markant die mächtige **Sachseneiche** ❹. Vor ihr folgen wir nun dem schmalen Höllstein-Klippenweg nahe der Kante des gebuckelten Gipsmassivs, teils mit Blick auf die nördlich unterhalb gelegenen malerischen Teiche, und schließlich hinab zu einer festen Straße. Auf dieser gehen wir zwischen den Teichen hindurch und über die Bahnlinie zum **Bahnhof Walkenried** ❺.

Weiterweg nach Ellrich

Auf der Bahnhofstraße gehen wir 500 Meter ostwärts zum Klosterhotel und dann rechts, südwärts zu den malerischen Ruinen der Zisterzienserkirche und zum **Zisterziensermuseum** ❻.

Hinter den Parkplätzen bringt uns der Klosterweg und dann vor der Autostraße links die kurze Kupferbergstraße zur Brücke über die Wieda. Danach folgen wir dem Weg am Waldrand ostwärts und dann weiter nach rechts über die Bahnlinie. Der Feldweg führt uns am Gebüsch des Itelteiches vorbei zu einer Wegabzweigung nach links. An einer Wanderhütte vorbei geht es über den Bergrücken an urigen alten Eichen und Buchen vorbei, mit Tiefblicken zu Itelteich zur Höhe oberhalb des Bahntunnels und zuletzt nach rechts hin zur Aussicht **Ellrichblick** ❼, auch Hexentanzplatz genannt. Von hier leitet der Weiterweg hinab zur **Gedenkstätte KZ Ellrich** ❽. Danach gehen wir entlang der Bahnlinie, an den Resten eines Beobachtungsturmes vorbei, zum Bahnübergang und links zum **Bahnhalt Ellrich** Ⓔ.

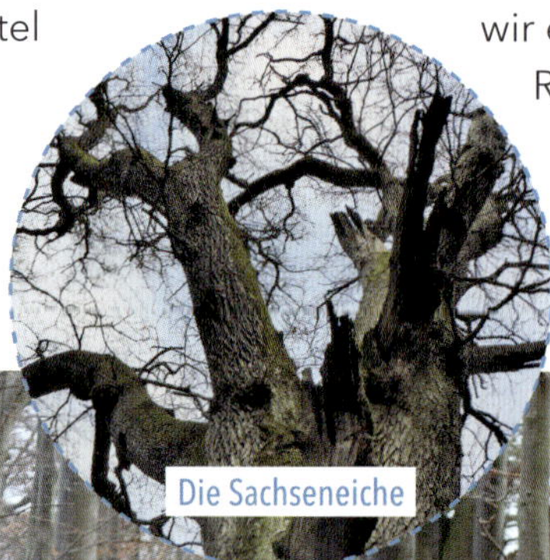

Die Sachseneiche

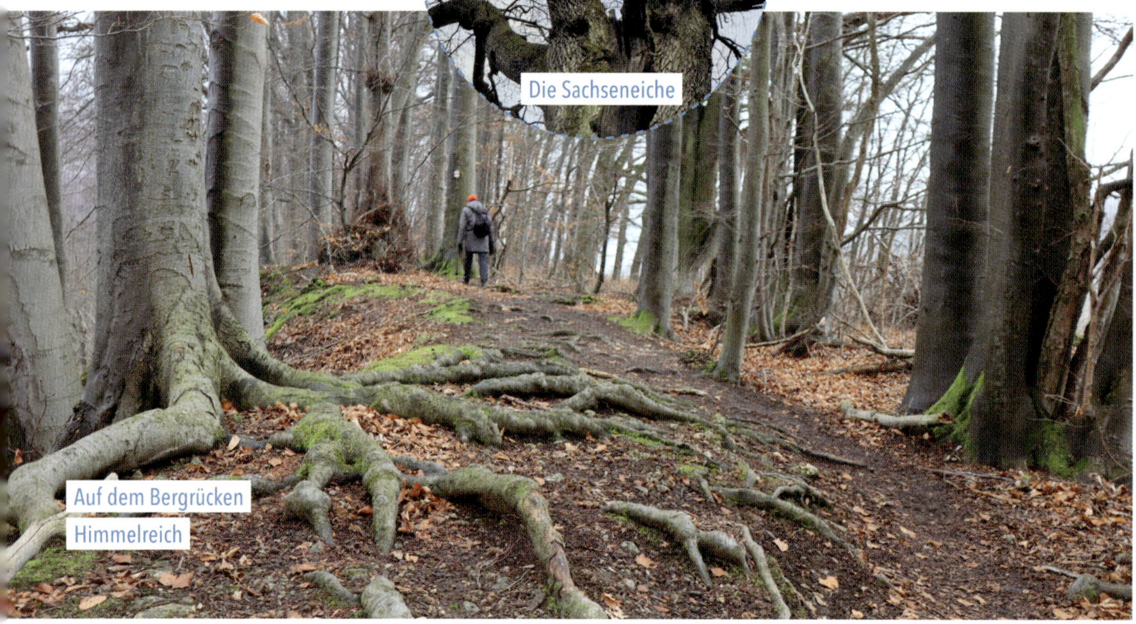

Auf dem Bergrücken Himmelreich

Die Kranichteiche sind durch Gipsabbau entstanden.

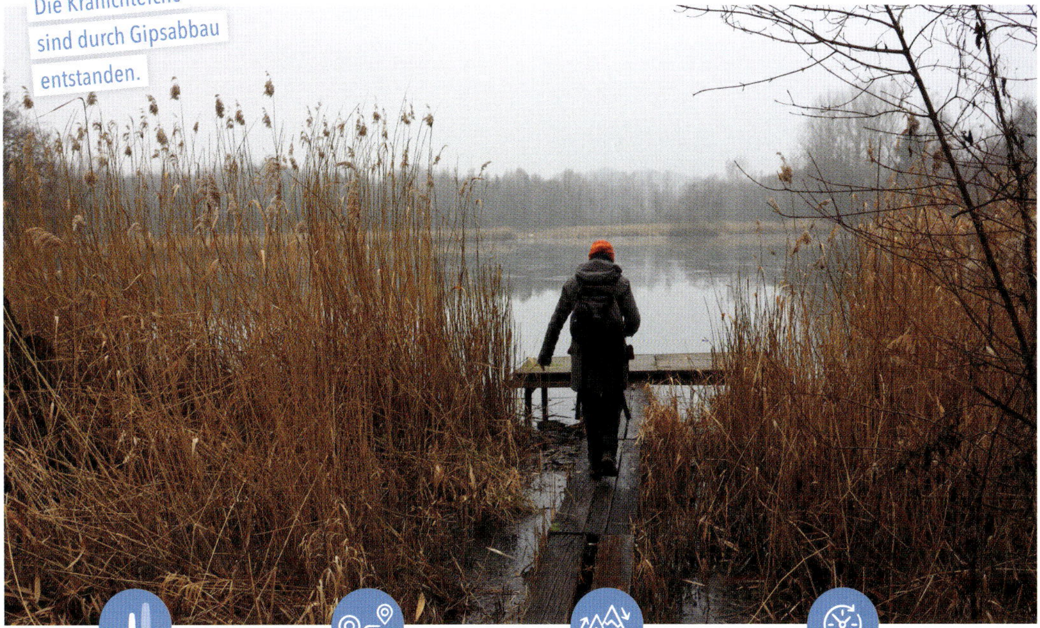

mittel | 11,5 km | 150 Hm | 3:30 h

Auf einen Blick

Übersicht
B Lichtenhagen - B Steina – Römerstein – HP Tettenborn – Mönchsschwinde – Kranichteiche – HP Bad Sachsa – Sachsenstein – Hölle – HP Walkenried – Himmelreich – Gedenkstätte KZ Ellrich – HP Ellrich – Gedenkstätte KZ Mittelbau Dora – HP Niedersachswerfen – Bf Nordhausen – Alter Stolberg – Höhle u Gedenkstätte Heimkehle – B Uftrungen – Bauerngraben – B Questenberg – B Großleinungen – NSG Mooskammer – B Wettelrode – B Obersdorf – B Pölsfelde (Bf Sangerhausen)

Tourencharakter
Abwechslungsreiche Wanderung durch kleingekammerte Gipskarstlandschaft mit vielfältigem Formenschatz und charakteristischen Lebensgemeinschaften, außerdem mit historischen Relikten aus mittelalterlicher Kolonisation und der Barbarei der NS-Zeit. Die Tour ist durch den Bahnstopp Walkenried bei Bedarf teilbar.

Ausgangspunkt
Bahnhof Bad Sachsa

Endpunkt
Bahnhof Ellrich

Anfahrt
Bahn über Nordhausen oder Herzberg

Rückfahrt
Bahn ab Walkenried oder Ellrich

Karte
»Der Harz in vier Teilen« 1:30 000, Verlag Schmidt-Buch, Blatt Südharz

Einkehr
In Walkenried

Info
- *www.biosphaerenreservat-karstlandschaft-suedharz.de*
- *www.harztourist.de*

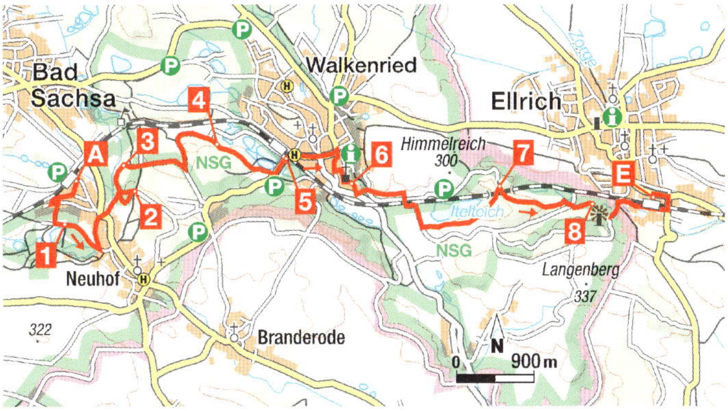

Am Premiumwanderweg Hexenstieg

39

Von Osterode zur Clausthaler Hochfläche

Dies ist der Beginn des bekannten Weges vom Harzrandort, mit aktuell weiten Rundblicken über Bergrücken hinauf zur von Bergbau und Wasserwirtschaft geprägten Hochfläche. Dort verlässt die hier beschriebene Strecke die Originalroute hin zu einem passenden Bushalt.

Von Osterode nach Clausthal

Vom **Bahnhof Osterode Mitte** A gehen wir nordostwärts durch den alten Ortskern, über die Brücke der Johannistorstraße und danach rechts zur Scheerenberger Straße. Diese bringt uns nach 400 Metern zu einem großen Parkplatz. Gegenüber zweigt schräg links der Hundtsche Weg ab. So hieß der alte Handelsweg hinauf zur Harzhochfläche. Er führt kurz vor dem großen Straßentunnel über eine Brücke und dann auf dem langen Bergrücken hinauf zum markanten Wegekreuz **Eselsplatz** 1 (Hütte, Abstecher zur nahen Kuppe mit weitem Rundblick zum Sösesee). Der markierte Hexenstieg verlässt hier die alte Trasse des Hundtschen Weges und führt nach links weiter durch die Hänge der Kuppe Rote Sohl, oberhalb des im Tal lang gestreckt liegenden Lerbaches. Nach 2,5 Kilometern erreichen wir so die Wegabzweigung **Marienblick** 2 mit Hütte und einem Wegebuch Hexenstieg. Wir folgen dem rechten Weg stetig ansteigend hinauf zum **Mangelhalber Tor** 3. Hier erreichen wir wieder die Trasse des alten Hundtschen Weges. Er führt nun auf dem Bergrücken ostwärts weiter zur Kuppe Blockkötenkopf, dann nordwestwärts weiter über die Heidelbeerköpfe und schließlich abwärts zum **Bärenbrucher Teich** 4. Wir gehen über den Damm geradeaus und zu einer schräg querenden Straße. Ihr folgen wir nach rechts, an der Abzweigung zum Zeltplatz vorbei und bis vor den Oberen Nassewieser Teich. Hier verlassen wir den nun ostwärts weiterführenden Hexenstieg, gehen links den geraden Weg hinab in ein Tälchen und dann hinauf auf den **Clausthaler Mühlenberg** 5 (Rundsicht). In gleicher Richtung überqueren wir den Damm des Johann-Friedrich-Teiches und gelangen schließlich zur

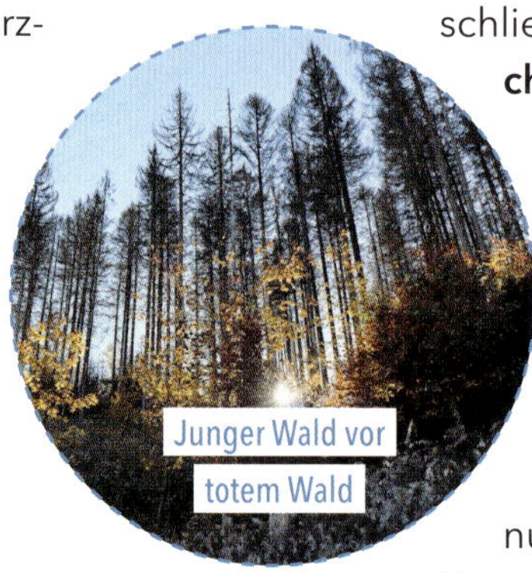
Junger Wald vor totem Wald

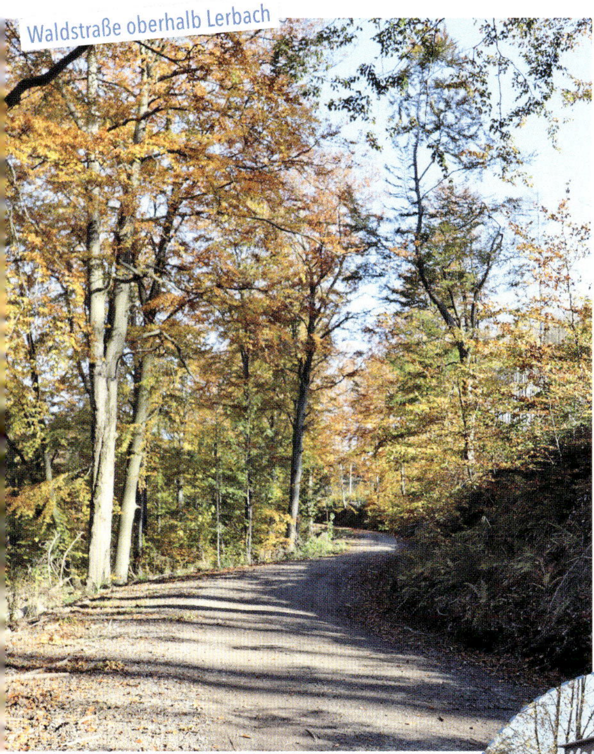
Waldstraße oberhalb Lerbach

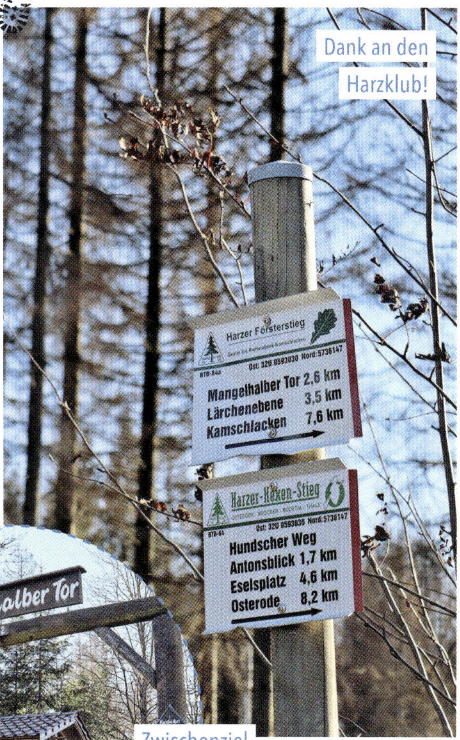

Dank an den Harzklub!

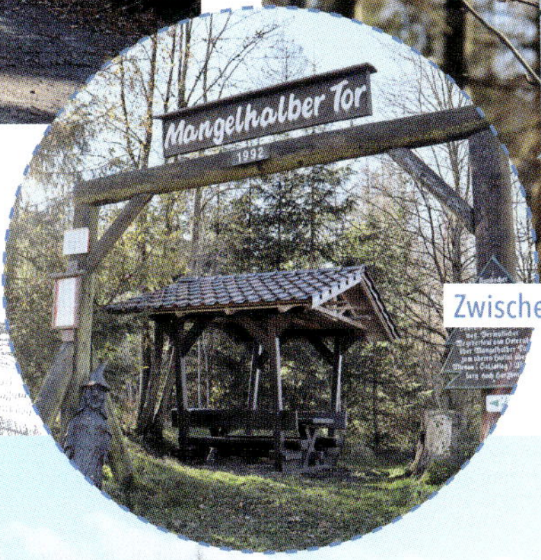

Zwischenziel

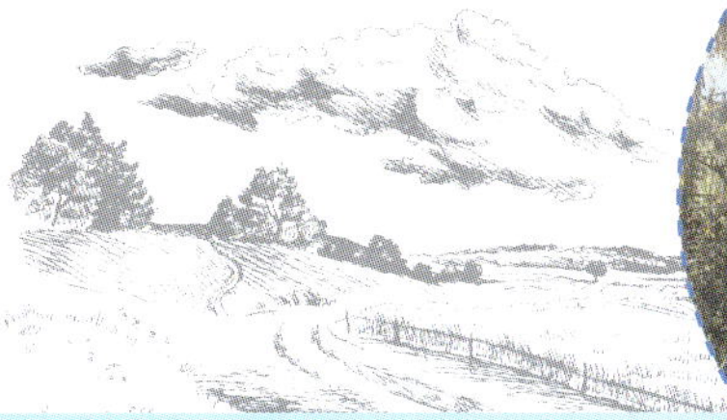

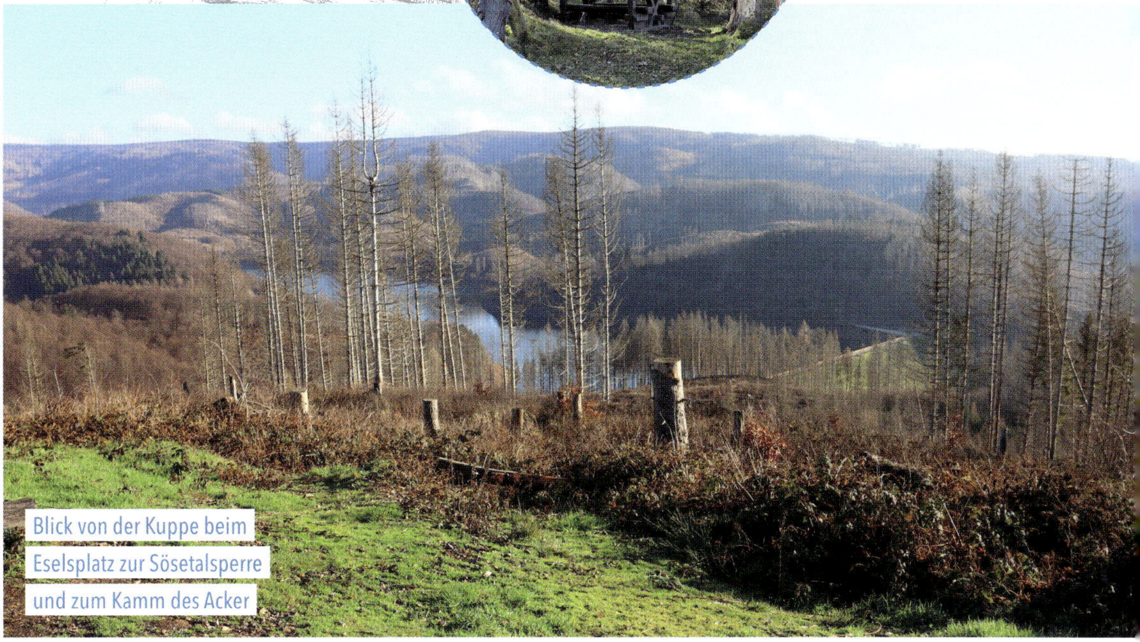
Blick von der Kuppe beim Eselsplatz zur Sösetalsperre und zum Kamm des Acker

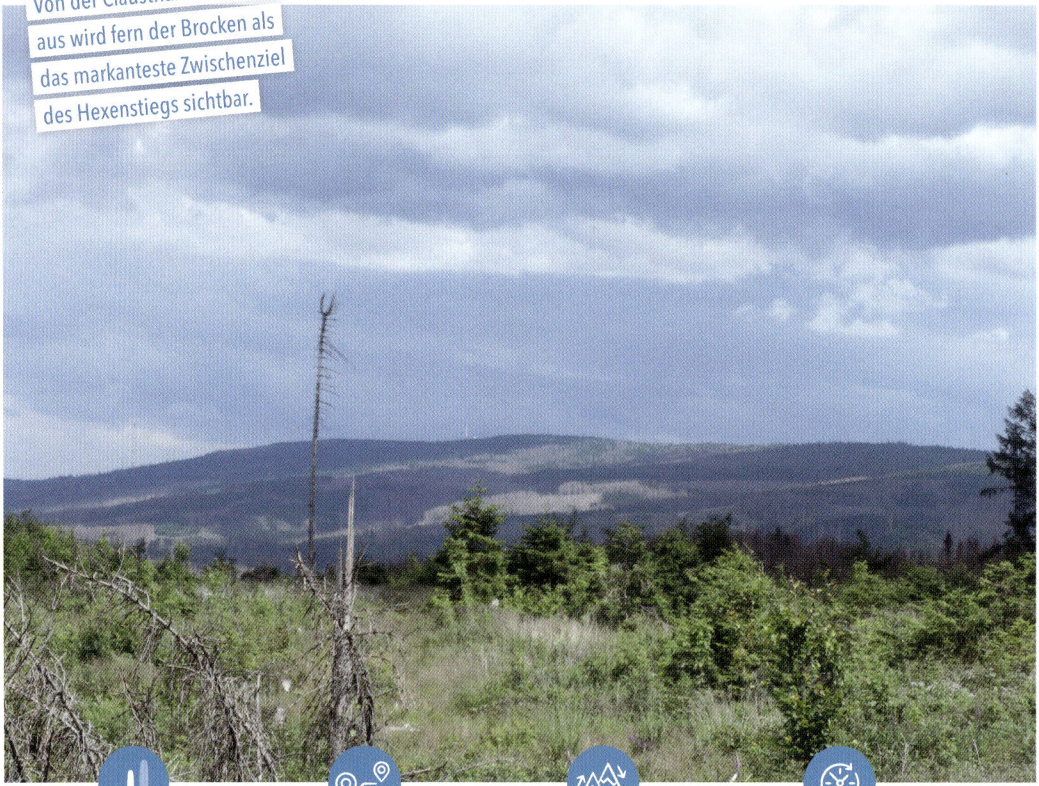

Von der Clausthaler Hochfläche aus wird fern der Brocken als das markanteste Zwischenziel des Hexenstiegs sichtbar.

mittel | 16 km | 380/70 Hm | 5 h

Auf einen Blick

Übersicht gesamter Hexenstieg
Bf Osterode – Hexenstieg – Eselsplatz – (B Buntenbock) – Pixhaier Mühle – (Clausthal Leibnizstraße) – Huttaler Widerwaage – B Sperberhaier Dammhaus – Dammgraben – (B Altenau) – Dammgraben – Magdeburger Weg oder Variante – B Torfhaus – Goetheweg – Bf Brocken – Brockenbett – Glashüttenweg – Bf Drei Annen – B Rappbode-Staumauer – B Wendefurth – B Altenbrak – B Treseburg – Bodetal – Bf Thale

Tourencharakter
Großzügiger Beginn der beliebt gewordenen Harzwanderung

Ausgangspunkt
Bahnhof Osterode Mitte

Endpunkt
Bushaltestelle TU Leibnizstraße in Clausthal-Zellerfeld

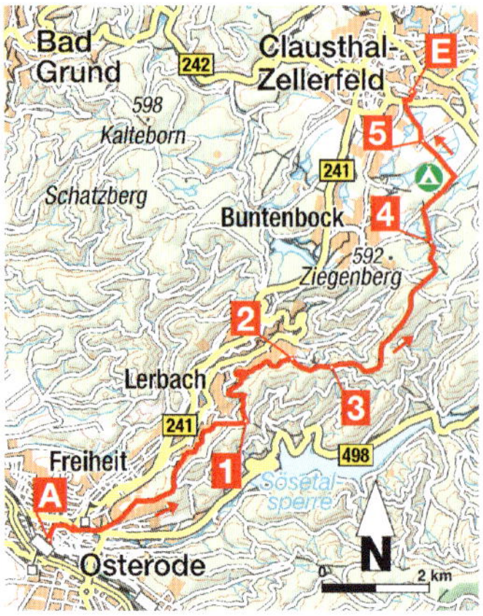

Anfahrt
Bahn bis Osterode

Rückfahrt
Bus nach Goslar oder Osterode, dann Bahn

Karte
»Der Harz in vier Teilen« 1:30 000, Verlag Schmidt-Buch, Blatt Oberharz

Einkehr
Camping Pixhaier Teich, in Clausthal

Info
- *www.nationalpark-harz.de*
- *www.harztourist.de*
- *www.harzinfo.de*

Andreasberger Straße. Wir überschreiten sie, gehen auf der anderen Seite kurz nach rechts und dann einen kleinen Weg nach links, nordwärts ins Gelände der Universität zum **Bushalt TU Clausthal Leibnizstraße** E.

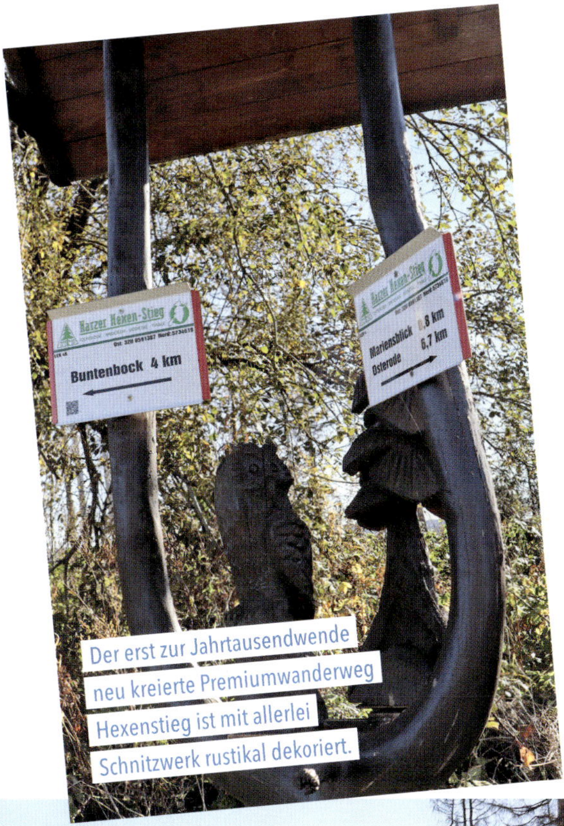

Der erst zur Jahrtausendwende neu kreierte Premiumwanderweg Hexenstieg ist mit allerlei Schnitzwerk rustikal dekoriert.

Der Hexenstieg

Das ist ein erst vor wenigen Jahren kreierter Weg entlang einer Reihe von Harzer Highlights aus Natur und Kultur. Er ist durchwegs, auch in Varianten, mit dem weißen Symbol »Hexe« markiert. Den Weg in einem Zuge gehen – das ist ein Hammer und dauert mehrere Tage. In der Hauptwandersaison verlangt das sorgfältige Planung mit frühzeitigem Buchen von Quartieren und damit verbunden mit der Notwendigkeit, auch weniger schönes Wetter hinzunehmen.

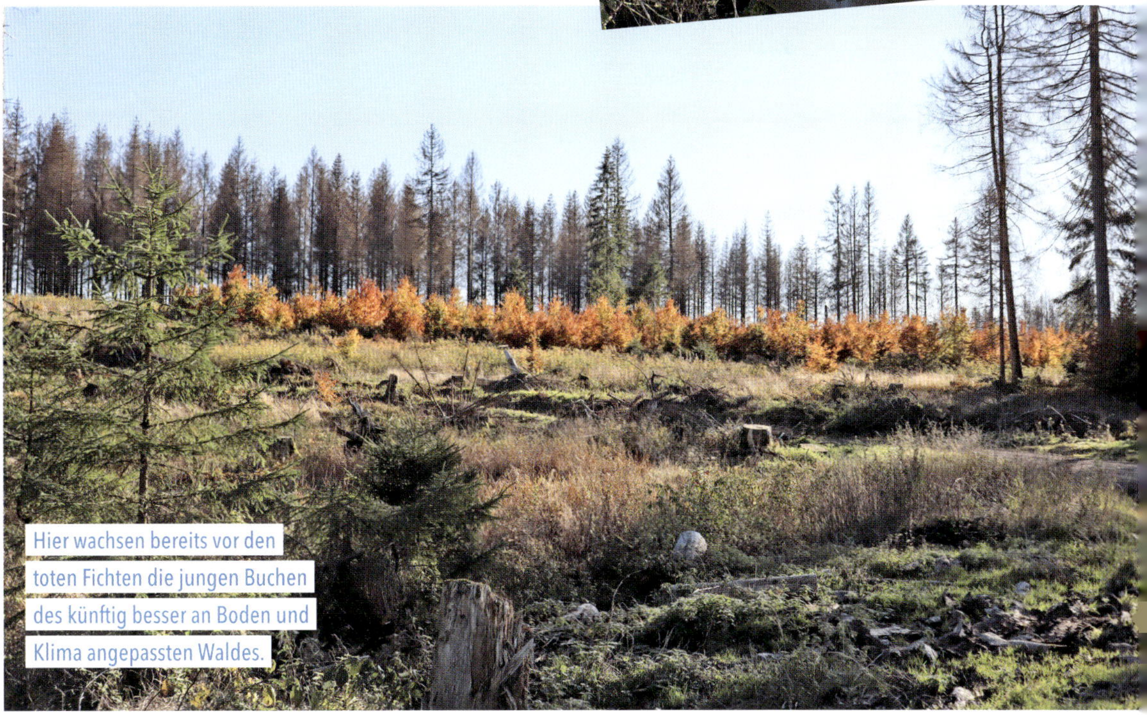

Hier wachsen bereits vor den toten Fichten die jungen Buchen des künftig besser an Boden und Klima angepassten Waldes.

Register

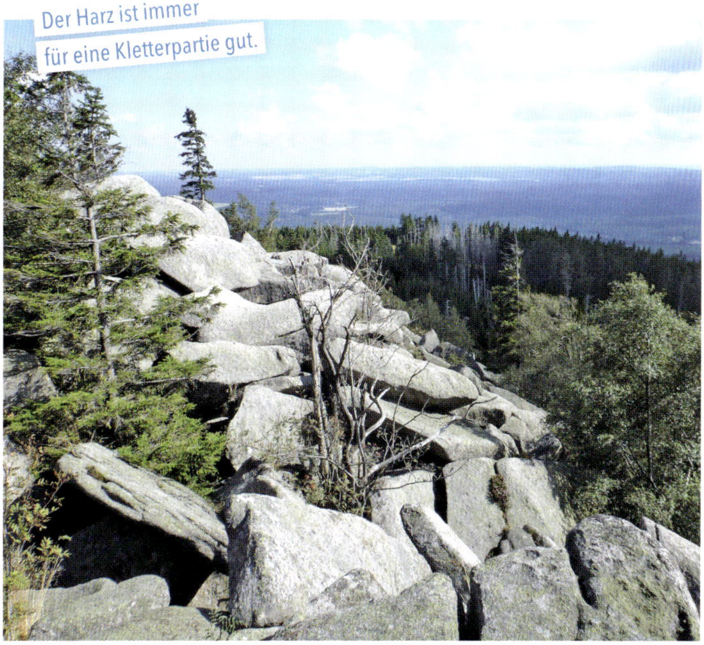

Der Harz ist immer für eine Kletterpartie gut.

Von Richard Goedeke gibt es im Bruckmann- und J. Berg-Verlag weitere Wanderführer über den Harz. Sie haben jeweils einen Schwerpunkt und beinhalten einiges Wissenswertes über den Harz sowie Land und Leute:

- »Harz für Langschläfer« (eher kurze und populäre Routen)
- »Vergessene Pfade Harz« (ruhige Wege)
- »Harz für Senioren« (kurze Routen, die besonders hindernisarm sind)
- »Historische Pfade Harz« (zu Orten mit Geschichte)
- »Winterwandern Harz« (besonders gut im Winter zu erwandernde Wege)
- »Geheimnisvolle Pfade Harz« (erlebnisintensive Routen)
- »Harz für Entdecker« (relativ unbekannte Routen)
- »Panoramawege für Senioren Harz« (einfachere Wege mit besonders schönen Ausblicken)

Die Routen in den Büchern sind für die Anreise mit dem Auto gedacht, aber meist auch mit dem ÖPNV machbar – inklusive Tipps dazu.

Impressum

Verantwortlich: Julia Vogl
Redaktion: Lena-Maria Denu
Umschlaggestaltung: Ina Zimmermann, Mathias Frisch
Karten: Eva Schmalfuß
Layoutgestaltung: Anna Lena Ibiş
Layout: Eva-Maria Klaffenböck
Repro: LUDWIG:media
Herstellung: Bettina Schippel

Printed in Poland by CGS Printing

★ ★ ★ ★ ★

Sind Sie mit diesem Titel zufrieden? Dann würden wir uns über Ihre Weiterempfehlung freuen. Erzählen Sie es im Freundeskreis, berichten Sie Ihrem Buchhändler oder bewerten Sie bei Onlinekauf. Und wenn Sie Kritik, Korrekturen, Aktualisierungen haben, freuen wir uns über Ihre Nachricht an den J. Berg Verlag, Postfach 40 02 09, D-80702 München oder per E-Mail an lektorat@verlagshaus.de.

Unser komplettes Programm finden Sie unter: www.j-berg-verlag.de

Bildnachweis
Alle Bilder im Innenteil stammen vom Autor mit folgenden Ausnahmen:

Illustrationen: Dorf im Sonnenaufgang (Kapitelillustration), Icons, Wanderweg S. 3, Gräser S. 11, Bäume S. 11, Bäume S. 15, Brotzeit S. 15, Stadt S. 15, Luchs S. 15: www.shutterstock.com
Fußspuren, Bus S. 11, Kompass S. 13, Jacke S. 13, Fernglas S. 13, Taschenlampe S. 13: www.freepik.com

Umschlagvorderseite: Die Brockenbahn auf dem WEg zum Brocken (shutterstock.com/Markus Hofmann)
Umschlagrückseite: Radautal und Eckertal (Tour 23)

Die Deutsche Nationalbibliothek verzeichnet diese Publikation in der Deutschen Nationalbibliografie; detaillierte bibliografische Daten sind im Internet über http://dnb.d-nb.de abrufbar.

ISBN 978-3-86246-938-3